Manfred Rommel

JOSEF SCHUNDER

MANFRED ROMMEL
DIE BIOGRAFIE

THEISS

Bibliografische Information der Deutschen Nationalbibliothek
Die Deutsche Nationalbibliothek verzeichnet diese Publikation
in der Deutschen Nationalbibliografie; detaillierte bibliografische Daten
sind im Internet über http://dnb.d-nb.de abrufbar.

Umschlaggestaltung: Stefan Schmid, Stuttgart, unter Verwendung
eines Fotos von Deniz Saylan (©Deniz Saylan Photographer)

Lektorat: Nicole Janke, Neuhausen auf den Fildern
Satz und Gestaltung: Satz & mehr, Besigheim
Druck und Bindung: CPI – Ebner & Spiegel, Ulm
Gedruckt auf säurefreiem und alterungsbeständigem Papier

ISBN 978-3-8062-2588-4

Besuchen Sie uns im Internet: www.theiss.de

Elektronisch sind folgende Ausgaben erhältlich:
eBook (PDF): 978-3-8062-2738-3

INHALTSVERZEICHNIS

VORWORT

Beginnen wir mit dem Dichter! Jawohl, dem Dichter! Die Verdienste Manfred Rommels als Stuttgarter Stadtoberhaupt, als deutscher Städtetagspräsident und deutsch-französischer Brückenbauer sind nämlich so oft respektvoll und meist auch liebevoll gewürdigt worden, dass sein poetisches Wirken dahinter unangemessen zurücktreten musste. Dabei ist er der einzige deutsche Dichter, von dem ich ein gesamtes Gedicht auswendig gelernt habe, weil es mit biblischer Wortgewalt anhebt, dann aber das Geworfensein des Kommunalpolitikers in die Abgründe alltäglicher Banalität mit lakonischer Gelassenheit konstatiert. Es lautet:

> »Des Bürgermeisters täglich Brot
> ist und bleibt der Hundekot!«

Wie viele Bürgergespräche, -versammlungen und -proteste wurden hier zu einem Zweizeiler verdichtet!

Ähnlich knapp fiel seine Bilanz hunderter Haushaltsberatungen und Konsolidierungsgespräche aus: Es liege nun einmal in der Natur des Menschen, am liebsten auf Kosten anderer zu sparen. So ist es. Besser lässt sich das große Feilschen mit all seinem verlogenen Pathos nicht beschreiben.

Überhaupt das Sparen: Manfred Rommel war der Erste, der darauf hinzuweisen wagte, dass wir alle in der Politik diesen Begriff ausschließlich falsch verwenden. Ursprünglich meint „sparen" nämlich, dass man Geld, das man hat, nicht ausgibt, sondern auf die hohe Kante legt; heute spricht die Politik hingegen schon von „sparen", wenn sie Geld, das sie *nicht* hat, auch nicht ausgibt, was nach Rommels Meinung eine Selbstverständlichkeit und keine Sparleistung ist.

Es waren solche Aphorismen und Formulierungen, die die Texte und Reden von Manfred Rommel beliebt gemacht haben, bundesweit und über den Tag hinaus. Seine populären Kolumnen fasste er zu stattlichen Büchern zusammen, die auch Jahrzehnte später noch gewichtige Einsichten vermitteln – über den hohen Stellenwert der Selbstverwaltung zum Beispiel, über die Notwendigkeit einer ausreichenden Finanzausstattung der Kommunen und die Vorzüge der kommunalen Daseinsvorsorge –, und darüber hinaus bieten sie immer auch Lesegenuss.

Manfred Rommel hat wie kaum ein anderer die feindlichen Welten der Politik und des Humors versöhnt. In Stuttgart, das sich viele Auswärtige seinetwegen als heitere Stadt vorstellten. Mittlerweile ist aber ausgerechnet seine Schwabenmetropole durch den Bierernst ins Gerede gekommen, mit dem dort der Bahnhofskonflikt ausgetragen wurde. Dabei sei – so hat es Baden-Württembergs grüner Ministerpräsident Winfried Kretschmann beim letzten Karlsruher Verfassungsgespräch formuliert – die Rechthaberei von den arroganten Behördenspitzen auf die Repräsentanten der Zivilgesellschaft „übergesprungen wie ein Floh". Man kann den Stuttgartern nur wünschen, dass Rommels Geist der heiteren Gelassenheit, der Selbstironie und des Humors in ihrer Stadt wieder einziehen möge, zumal sich diese liebenswerten Eigenschaften nachweislich seines beeindruckenden Lebenswerkes durchaus mit Geradlinigkeit und Prinzipientreue vereinbaren lassen.

Schon zu Zeiten, als ich mir nicht einmal vorstellen konnte, später mal sechs Jahre lang einer seiner Nachfolger als Städtetagspräsident zu sein, war Manfred Rommel für mich ein großes Vorbild bei der Zielsetzung, für die eigene Stadt mit aller Kraft zu arbeiten, aber nie ohne Humor.

„Oft genug können oder wollen die Politiker, die an der Spitze stehen, ihre Koordinierungsaufgabe nicht mehr so richtig wahrnehmen, weil Parteien, vor allem Fraktionen, sie zu sehr gängeln, weil nicht jedes Amt von Gott stammt und seinen Inhaber mit dem nötigen Verstand ausstattet, und weil heute eine Sache für umso politischer gilt, je eher sie geeignet ist, am nächsten Tag in der Zeitung zu stehen." Diese Worte hat Manfred Rommel zum Festakt „175 Jahre Stein'sche Städteordnung" 1983 gesprochen. In seinem ganzen politischen Wirken hat er selbst diesen Mustern nicht nur widerstanden sondern bewiesen, dass man es auch dann zu etwas bringen kann, wenn man fortgesetzt dagegen verstößt.

Manfred Rommel ist ein herausragender Politiker und ein vielseitiger Mensch, der sich weit über seine Geburts- und Heimatstadt Stuttgart und weit übers „Musterländle" Baden-Württemberg hinaus einen Namen gemacht hat. Auf nationaler und internationaler Ebene gewann er höchstes Ansehen nicht nur als Verfechter kommunaler Selbstverwaltung und urbaner Lebensweise, sondern auch als liberaler Konservativer, als Symbolfigur für Toleranz und politischen Pragmatismus sowie als Protagonist einer integrativen Ausländerpolitik und als Botschafter der Völkerverständigung und Völkerversöhnung.

Sein Lebensweg, sein politisches Engagement und sein Einsatz für die Demokratie waren in erster Linie durch die Rolle seines Vaters und dessen tragisches Schicksal im „Dritten Reich" geprägt. Mit seiner Wahl zum Oberbürgermeister 1974 bescherte er der Stadt insgesamt 22 Jahre eine glänzende Entwicklung. Angebote höherer Ämter – wie das des Ministerpräsidenten, des Finanz- oder Verteidigungsministers oder gar des Bundespräsidenten – sind immer wieder an seiner Vorliebe für die Kommunalpolitik gescheitert.

Über 20 Jahre gehörte Manfred Rommel dem Präsidium des Deutschen Städetages an und stand damit länger an der Spitze dieses Verbands als jeder andere Politiker. Für sein verdienstvolles Wirken u. a. auch als Koordinator der deutsch-französischen Zusammenarbeit erhielt er zahlreiche Auszeichnungen.

Manfred Rommel hat sich wahrlich nicht nur um seine Stadt und den Deutschen Städtetag, sondern um die politische Kultur in Deutschland bleibende Verdienste erworben.

Christian Ude

EINLEITEND

Manfred Rommels Leben und Wirken zu beschreiben – ist dieses Ansinnen nicht von vornherein zum Scheitern verurteilt? Er selbst zeichnete für 20 Bücher, umfangreiche und weniger umfangreiche, verantwortlich und machte damit Auflage wie kein anderer Stuttgarter. Besonders mit seinen Erinnerungen unter dem Titel „Trotz allem heiter“ scheint er selbst alles gesagt zu haben, was man über seine zutiefst deutsche Familiengeschichte, über seine berufliche Karriere in der Landesverwaltung und in der Politik sowie über seine bemerkenswerten Eigenschaften, wie die betont weltoffene Haltung, wissen muss.

Vor allem aber: Dieser Manfred Rommel ist schwer zu fassen. Er ist politischer Kopf, Stratege, philosophierender Pragmatiker, Meister der Aphorismen, Spaßmacher, Kalauerkönig, Stadtoberhaupt, besonders aber ein Mensch mit feinem Gespür für die Menschlichkeit. Einmal ist er mehr dieses, einmal mehr jenes – und fast immer alles zusammen. Dass ganz wenige Schreiber sich der Aufgabe stellten, Rommel zu porträtieren, mag ein hinreichendes Indiz für die Größe dieser Herausforderung sein.

Der Lohn der Mühe scheint außerdem fraglich. Junge Menschen haben ihn kaum mehr auf dem Radarschirm, weil er Ende 1996 als Oberbürgermeister von Stuttgart ausschied, sich krankheitsbedingt mehr und mehr aus dem aktiven Dienst an der Gesellschaft zurückziehen musste. Unter den Älteren aber war und ist er populär wie kein anderer Oberbürgermeister, ja, wie wenige andere Politiker. Ihnen Rommel nahebringen zu wollen, ist fast wie Eulen nach Athen zu tragen.

Andererseits: Mit seinen Veröffentlichungen, Reden und Taten hat Manfred Rommel so viele Spuren gelegt, dass denen, die ihm folgen wollen, die Bestimmung seines eigentlichen Weges nicht immer leicht fällt. Dabei gibt es viele Anlässe, Rommels Fährten zurückzuverfolgen und das Leben des zeitweilig vielleicht bekanntesten Oberbürgermeisters der Welt zu beleuchten. Dieses Buch soll dafür Material liefern und Vergessenes wieder in Erinnerung rufen.

Manfred Rommel hat seine eigene Interpretation des Lebensweges, der Karriere, der Begegnungen, der Höhepunkte und der Familientragödie in dem 1998 erschienenen Buch „Trotz allem heiter" niedergeschrieben, das als authentische Schilderung von großer Bedeutung ist. Als Quelle muss es schon deshalb herangezogen werden, weil durch Rommels Erkrankung die Stimme des großen Demokraten leise geworden ist – im übertragenen wie im wörtlichen Sinne. Zahlreiche Episoden, die darin vorkommen, hat Rommel im Laufe seines Lebens ganz ähnlich in vielen Vorträgen, Reden, Interviews und Unterhaltungen angesprochen.

Nicht unerheblichen Raum nimmt im vorliegenden Buch sein Vater als legendäre Heldenfigur ein, ergänzt um eine kurze Darstellung der Diskussionen, die sich um die Person Erwin Rommels ranken. Der Grund ist naheliegend: Der Manfred Rommel, den wir kennen, ist nicht zu erklären ohne die Familientragödie am 14. Oktober 1944, den erzwungenen Selbstmord seines Vaters, und die Entwicklungen, die dazu geführt hatten. Diese Tragödie kann nicht in wenigen Zeilen beschrieben werden. Erwin Rommels Schicksal hier erschöpfend zu behandeln, wäre aber auch vermessen, hat seine Person doch ein Heer von (Militär-)Historikern, Biografen und Filmemachern beschäftigt. Und ein Ende ist nicht abzusehen. Jedes Mal, wenn sich jemand mit Erwin Rommel befasst, fragt sich auch Manfred Rommel wieder, wie es damals zu den unseligen Ereignissen kommen konnte. Jedes Mal bleiben auch bei ihm Spuren zurück.

DAS PHÄNOMEN MANFRED ROMMEL

Der triumphale Einzug, der große Auftritt, sie waren nie Manfred Rommels Art. Nicht einmal, als er längst zum bekannten und unverwechselbaren Politiker von unüberhörbar schwäbischer Provenienz aufgestiegen war. Als die Menschen in Stuttgart sich anstießen, wenn er irgendwo auftauchte, und sagten: „Da schau, der Rommel!" Als auch die Deutschen in anderen Gegenden der Republik halb ungläubig, halb bewundernd auf diesen ungewöhnlichen Schwaben blickten, auf diesen Überschwaben, der für vieles, auch für viele Positionen und für viele Ämter, gut zu sein schien.

Er war nie einer von denen, die so vor das Publikum treten, als wären sie gerade eben mit dem Fallschirm in einer Punktlandung auf der Bühne eingeschwebt. Rommel betrat immer leise die Szene. Wie einer, der aus dem Hintergrund kommt, mit den Händen sachte die Vorhänge teilt und schüchtern hinaustritt ins Rampenlicht, leicht irritiert, aber sehr konzentriert, ein bisschen distanziert ins Publikum schaut, die Zusammensetzung zu wägen versucht und dann langsam in Fahrt kommt. Die Gesten des Manfred Rommel, sie wirkten immer minimalistisch – aber ehrlich. Seine Gesten logen nicht. Ganz typisch, wie er die Hände vor seinem Kinn faltete. Nicht um zu beten, sondern um sich so mit dem kurzen unterstützenden Neigen des Kopfes zu bedanken für Aufmerksamkeit und Beifall. Ein bisschen fernöstlich.

Es war der Dank des politischen Unterhaltungskünstlers, der in Jahrzehnten gelernt hatte, mit dem Publikum umzugehen und seine Worte mit ungeheurer Präzision ins Ziel zu lenken. Es war die Haltung eines Politikers, der um seine Wirkung wusste. Der seine Bedeutung kannte. Der auf seinen Platz in der Rangordnung pochte.

Dessen Stuhl im Großen Sitzungssaal des Stuttgarter Rathauses eine etwas höhere Lehne haben musste als die Stühle der anderen Bürgermeister, wie sein Stellvertreter Rolf Thieringer einmal verriet. Der sich deswegen aber noch lange nicht aufspielte. So stellte er, in Erinnerung an frühere Lobpreisungen und in Erwartung vieler Lobesbekundungen aus Anlass seines 80. Geburtstages, über seine Zeit als Stuttgarter Oberbürgermeister nüchtern fest: „Man soll es nicht übertreiben. Immerhin wurde ich bezahlt dafür."

Es ist schon so: Manfred Rommel hat sich weit weniger wichtig genommen als viele andere, die ihm schwerlich ebenbürtig waren. Meistens jedenfalls. In seinem Repertoire gab es Gesten der Demut. Bescheidenheit? Wahrscheinlich wurde seine persönliche Eitelkeit einfach durch die Einsicht im Zaum gehalten, dass Selbstgefälligkeiten letztlich lächerlich sind, wenn man sich die schicksalhaften Fragen für die Menschen in Erinnerung ruft – und wenn man den Lauf der Geschichte betrachtet. Nicht zuletzt seine eigene Geschichte.

Manche schätzen Rommel vielleicht bis heute für diese Haltung. Andere zollen ihm Achtung, weil er der Inbegriff des Oberbürgermeisters war, ein für alle Bevölkerungsgruppen der Großstadt erreichbares und eintretendes Stadtoberhaupt. Oder sie honorieren, dass er ein verantwortungsvoller, notfalls bis zur Grausamkeit ehrlicher Realpolitiker war, der uns die schwere Kost aber sogleich durch humorvolle Darreichung wieder etwas erträglicher machte.

Überhaupt: dieser Humor! Diese schelmische Art, milde über den politischen Betrieb zu witzeln, von dem er immer lebte. Hätte er diese Gaben nicht, wäre ein so positives Manfred-Rommel-Bild in der Bürgerschaft nie und nimmer entstanden. Sein Humor, der oft tiefschwarz ausfällt, zielt häufig auf die eigene Person, denn auch Selbstironie gehört zum Arsenal dieses wandlungsfähigen Menschen. Diese brachte er früher bei öffentlichen Auftritten oft zum Einsatz. Mit Humor und mit Selbstironie fängt für ihn die Menschlichkeit an.

Humor sei letztlich die Fähigkeit, auch über sich selbst zu lachen, sagte Manfred Rommel einmal. Wer das kann, gewinnt eine gesunde Distanz zu sich selbst. Und wer so eine Selbstdistanz hat, ist besser davor gefeit, sich voller Eitelkeit in gedankliche Sackgassen zu verrennen oder dem erstbesten Hundefänger schon bei der ersten Lockung zu folgen. Damit ist Rommels Grundhaltung untrennbar mit seinen persönlichen Erfahrungen und Lehren aus der Zeit des Nationalsozialismus verbunden. Denn dass ein Volk so bereitwillig in die Diktatur marschiert, das sollte sich nie mehr wiederholen, mahnte er.

Der Humor diente Rommel aber auch als Kunstgriff in der öffentlichen Auseinandersetzung. Wenn er sich in einer Kontroverse voller Charme eines Witzes bediente, schwiegen die Waffen und die Fronten lösten sich auf. Da war und ist ihm schwer zu widerstehen.

In seiner aktiven Zeit konnte er freilich auch anders sein als freundlich und witzig. Er konnte auch andere Saiten aufziehen. Manche erlebten, dass der Liberale unter den Konservativen das ganze Gewicht seiner Autorität einzusetzen wusste, um zu lenken, wenn es nicht mehr angeraten war, seinen Mitarbeitern Leine zu lassen.

Hinter Toleranz, Jovialität und Liebenswürdigkeit verbarg sich manchmal ein harter Hund, besonders im Innenverhältnis im Rathaus, wo er, vielerlei Berichten zufolge, seine eigenen politischen Ziele nie aus den Augen verlor. Wo er ständig die neueste Lage analysierte und seine Taktik neu einstellte. Wo er donnerstagvormittags vor den Gemeinderatssitzungen mit seinen wichtigsten Mitarbeitern beriet, wie man die Stadträte am besten zu dem gewünschten Beschluss veranlassen könnte – und wo nur einer die Marschrichtung vorgab: Manfred Rommel.

Der Zivilist Manfred Rommel erwies sich dabei als fast so einfallsreich wie der Feldherr Erwin Rommel in der Kriegsführung. Den Blick auf diese Eigenschaft hat er der Öffentlichkeit in seiner Zeit als Stuttgarter Oberbürgermeister mit seiner Aura der Gelassenheit und Nachdenklichkeit allerdings verstellt. So blieb das Bild, das sich manche von ihm machten, oft ein wenig unvollständig. Es wäre aber auch zu einfach, wenn die bekanntesten Etiketten, die man Rommel verpasste, zur Erklärung dieses Phänomens schon ausreichen würden.

Wer genau hinsieht, entdeckt Eigenschaften bei Manfred Rommel, die im beständigen Widerstreit zu liegen scheinen. Als Redner konnte er wie wenige andere die Aufmerksamkeit der Menschen auf sich ziehen und sie fesseln – dabei war er als ein wenig unbeholfen auftretender, etwas lispelnder, oft stockender und nach Worten ringender Redner nicht eben prädestiniert dafür. Doch er wusste auch dies in sein Kalkül einzubeziehen. Plötzlich tauchten seine Pointen und Witze auf wie aus dem Nichts. Wie eine Wasserschnelle in einem langen, ruhigen Fluss.

Die plötzliche Bewegung war sorgfältig konstruiert, die Wortfolge komponiert. In einem stattlichen Zettelkasten hegte und pflegte Rommel den Bestand an Geistreichem oder auch rustikal Lustigem, um es zur rechten Zeit zu heben und in seine Reden einzubauen. Ebenso war ihm klar, dass er in Interviews für die Medien die unverzichtbaren Bestandteile des Rommel'schen Erfolgsrezeptes zur Anwendung bringen müsse. Die Sentenzen, die das Publikum bis heute erheitern und die Verbindung zu ihm herstellen und erhalten.

So verrät sogar noch der unter den Beschwernissen des Alters und verschiedener Krankheiten leidende Rommel gern, dass er nächtens in seinen Träumen bisweilen wieder in die Uniform des Luftwaffenhelfers schlüpft und am Krieg teilnimmt, was eigentlich schon Bürde genug wäre, auch wenn im realen Dasein nicht plötzlich sein schwerer Kater zu ihm aufs Bett springen und den Platz verteidigen würde. Eines war Rommel immer heilig: das Bemühen, sein Publikum nicht zu langweilen – und die Zeit, die sich ein guter Redner genehmigen sollte, nicht zu überziehen.

Nach 22 Jahren im Stuttgarter Rathaus, als er den Dienst für Stadt und Bevölkerung quittiert hatte, sagte Rommel einmal, er betätige sich mit Lesungen und Rednerauftritten als Unterhaltungskünstler. Und tatsächlich hat er diese Lust, bei allem auch noch Spaß und Humor zu verbreiten, nie verloren.

Zum Zirkus, wie es ihm nach Ausbrüchen des jugendlichen Schalks einmal der Vater geraten hatte, ging Rommel zwar nicht. Ein Unterhalter ist er dennoch geworden. Ein Allroundkünstler. Ein Politiker und Volksdichter. Eben noch krachledernen Humor fürs Festzelt darbietend, dann wieder der Vordenker einer überaus ernsten und im Großen und Ganzen eher asketischen Botschaft, die da hieß, die Politik und der Staat dürfen die Grenzen ihrer finanziellen Möglichkeiten nicht missachten, wenn sie nicht Vertrauen verspielen wollen.

Rommel für einen Stegreifkünstler zu halten, wäre schon deshalb verfehlt, weil er in der Regel nichts dem Zufall überließ. Manchmal, in schwierigen Situationen, in Zeiten großer Emotionen und hitziger politischer Atmosphäre, war er aber doch gezwungen, in kurzer Zeit die Worte zu finden, die den Nerv treffen und beim Volk, zumindest bei größeren Teilen davon, nach den üblichen Reflexen wieder Nachdenklichkeit herstellen. Das gelingt nur, wenn man über wirkliche Lebenserfahrung verfügt und wenn die nötige moralische und ethische Substanz vorhanden und jederzeit abrufbar ist. Für sie gilt dasselbe wie für das Charisma des Politikers. Man hat sie eben, oder man hat sie nicht. Bei allen Widersprüchen. Oder vielleicht gerade deshalb. Der Widerspruch zwischen dem Einsatz begrenzter rednerischer Mittel und dem Erfolg seiner Reden und Schriften ist dabei nur einer unter vielen Widersprüchen bei Rommel. Hier der Politiker, der zum Sinnbild für Toleranz und Liberalität wurde, dort der Verwaltungschef, der mit dem größten Vertrauen delegieren und dann wieder autoritär sein konnte. Der morgens vor neun nur beschränkt ansprechbar war, nachmittags oder abends aber ganz anders mit sich reden ließ. Hier das Stadtoberhaupt und der Politiker, der allen Terminen zum Trotz Langmut praktizierte, dort der Verwaltungschef, der vor allem im kleinen Kreis auch ungeduldig auftreten konnte. Hier der einstmals linkische und faule, zumindest ziellose und wenig ehrgeizige Schüler, dort der spät auf den Geschmack gekommene Jurist, der in der Landesverwaltung binnen 15 Jahren vom Regierungsassessor zum Amtschef des Finanzministeriums aufstieg, sich nach einem weiteren Jahr Staatssekretär nennen konnte, wenngleich er, was seinen Ehrgeiz kränkte, kein Stimmrecht im Kabinett hatte. Damals legte Rommel eine so atemberaubende Karriere hin, dass es sich kaum mehr lohnte, Visitenkarten drucken zu lassen, wie er selbst sagte. Sie wären zu schnell veraltet gewesen.

Der Verdacht liegt nahe, dass dieser vergleichsweise komplexe, widersprüchliche Schwabe nur so werden konnte, nur so souverän das Amt des Stuttgarter Oberbürgermeisters prägen konnte, weil er einen weiten Weg durch gegensätzliche menschliche Erfahrungswelten zurückzulegen hatte. Dabei haben ihn die Zeiten und die Ereignisse gezeichnet, haben sich Familiengeschichte und deutsche Geschichte verknüpft.

Manfred Rommel musste sich mit einem Vater auseinandersetzen, der deutscher Held war und der als Hitlers General, wie sich irgendwann wohl auch sein Sohn eingestehen musste, an der Grenze zwischen professioneller Pflichterfüllung und Begünstigung von Verbrechern operierte. Manfred Rommel wirkte so überzeugend, weil er selbst als junger Mensch unvermeidlich geprägt worden war durch nationalsozialistische Ideologie und weil er sich erst mühsam von ihr trennen musste, um als Demokrat die Berufung seines Lebens zu finden. Um als Sohn des Kriegsgenerals schlechthin der Zivilist schlechthin zu werden.

Sein Leben gibt daher Aufschluss darüber, wie aus beispiellosen geschichtlichen Ereignissen und einer damit verwobenen Familientragödie, aus dem moralischen Bankrottzustand einer Gesellschaft, eine imponierende Persönlichkeit erwachsen kann. Eine Persönlichkeit, die mit viel Zivilcourage bis heute den Menschen Gewissen, Leitfigur und Sachverwalter ist. Ein Mann, der nach vorne denkt, der aber die Tragödie seiner Familie in einer Zeit der Diktatur nie vergessen kann. » DER PREIS DER FREIHEIT IST DER MUT. DAS GILT WEITERHIN. «

Die Auseinandersetzung mit dieser Geschichte, das zwiespältige Verhältnis zum verehrten und doch kritisch zu hinterfragenden Vater, das Ringen mit den Gespenstern der alten Zeit ist natürlich auch eine Frage nach den verpassten Chancen. Wie schwer, hat der ehemalige Bundeskanzler Willy Brandt 1989 in seinen „Erinnerungen" gefragt, wiegt wohl die Persönlichkeit dessen, der an geschichtlichen Wendemarken Verantwortung trägt? Es ist eine Frage, die sich auch Manfred Rommel oft gestellt hat. Schließlich sind ihm an wichtigen Weggabelungen viele Persönlichkeiten begegnet, die Einfluss auf den Lauf der Geschichte hatten oder hätten haben können. Keine dieser Persönlichkeiten war so wichtig für ihn wie sein Vater Erwin Rommel, der Hitlers Lieblingsoffizier war, als die Deutschen sich in eine Katastrophe verstrickten und die Welt mit Deutschland in eine nie gekannte Barbarei versank.

Manfred Rommel nutzte die Erfahrungen aus der Vergangenheit, um für eine bessere Gegenwart und Zukunft zu arbeiten. Er blieb nicht Statist der Geschichte, sondern er brachte sich als Handelnder ins deutsche Geschichtsbuch. Das rührt unter anderem daher, dass er beispielsweise in dem vom Terror geprägten Deutschen Herbst

Verantwortung als Oberbürgermeister übernahm und Zeichen setzte. Damals übrigens wieder als Liberaler, nicht als Konservativer.

Manchmal changierte der Politiker Rommel eben, ohne allerdings unveräußerliche Überzeugungen zu verraten oder zu einem der Opportunisten zu werden, die in der Politik in nicht unbeträchtlicher Zahl in Erscheinung treten. Wenn Manfred Rommel Meinungen wechselte, dann nicht eines persönlichen Vorteils oder eines prozentualen Erfolges bei Wahlen willen, sondern weil er sich eines Besseren besonnen hatte und sich nicht scheute, es zuzugeben. Er leistete sich den Luxus einer eigenen, einer differenzierten Meinung und eines ebensolchen Weltbildes. Seine geistige Heimat war und ist im bürgerlichen Lager. Aber einengen ließ Rommel sich von ihm nie. Fesseln legte nur er sich manchmal an, die Partei nie.

Er selbst mutete sich manchmal freilich Angriffe auf seine geistigen Besitzstände zu. Gerade im Rückblick auf seine Erfahrungen in der Jugend war ihm klar, dass auch vermeintlich sichere Gewissheiten überprüft werden müssen. Dabei mag ihm eine Eigenschaft geholfen haben, die jeder rechte Schwabe hat: die Neigung zum Grübeln, auch zum Räsonnieren. Da war und ist er natürlich Schwabe. Sein Horizont jedoch ist der eines Weltbürgers, der in späteren Jahren zwar ungern reiste, aber mit seinen Gedanken überall daheim war.

Für uns ist Manfred Rommel nicht nur zu einem Politiker geworden, dem man jederzeit alles und jeden anvertrauen konnte. Für uns Deutsche wurde er auch einer der wichtigsten Zeitzeugen für die Jahre zwischen Hitlers wahnwitzigem Aufstieg, Auschwitz und der Blüte der deutschen Demokratie. Mit seinem Vater und mit seinem Vaterland hat er viel durchlitten, gleichwohl schaut er nicht mit Verdruss zurück, sondern „trotz allem heiter".

Sein Vater Erwin Rommel sorgte dafür, dass der Familienname für deutsche Kriegsführung stand. Losgelöst vom verbrecherischen Hintergrund der Hitler-Helfer wurde Erwin Rommel zum Mythos über die Landesgrenzen und die Zeiten hinweg, als die Nationalsozialisten zu ihrem eigenen Vorteil den Grundstein für die Mythenbildung gelegt hatten.

Manfred Rommel suchte die Versöhnung mit den einstigen Kriegsgegnern, wann immer sich die Gelegenheit bot. Und er setzte sich für die Demokratie ein, die den Deutschen von den Siegermächten geschenkt worden war. Seine Lehre aus Deutschlands Geschichte ist, „dass man nie, unter keinen Umständen, die Demokratie aufgeben darf", wie er 1996 im Gespräch mit einem Journalisten der italienischen Tageszeitung „Corriere della Sera" sagte. Aber nicht nur in diesem Gespräch.

Diese Mahnung ist Rommels wichtigste Botschaft. Der Zerfall der Demokratie in der Weimarer Republik war in seinen Augen einer der wichtigsten Gründe, weshalb Hitler und seine Helfer die nationalsozialistische Diktatur errichten konnten. Ähnliches in der Zukunft nicht mehr zuzulassen, sei die Aufgabe, die den Menschen aus der deutschen Geschichte zukomme.

Damit geht es Rommel aber nicht nur um ein Lippenbekenntnis zur Demokratie. Man müsse auch dafür eintreten, dass die Demokratie unter keinen Umständen in ihrer Funktionsfähigkeit verletzt werde, mahnte er. Falls dies misslinge, drohten chaotische politische Verhältnisse – und „wenn das Chaos kommt, dann kommt der Wahnsinn in irgendeiner Form wieder", warnte er 1982 in einem Interview mit dem Männermagazin „Playboy". Rommel gab darin an, dass er den Menschen vertraue. Aber er würde nicht die Hand dafür ins Feuer legen, dass sie sich bewähren, falls die Demokratie nicht mehr funktioniert. Es habe sich doch gezeigt, dass Chaos immer zur Diktatur führe, wenn auch nicht immer zu einem monströsen Diktator wie Adolf Hitler.

» Wer die Diktatur nicht will, muss die Demokratie wirklich wollen. «

Bestätigt sieht Rommel seine Chaostheorie auch beim Blick auf die Französische Revolution. Dem großen Ruf nach Freiheit, der Sternstunde der Menschheit, sei die Entgleisung gefolgt. Die Freiheit habe nur noch darin bestanden, „jeden einen Kopf kürzer zu machen". Die allgemeine Sehnsucht nach Ordnung habe dann Napoleon Bonaparte nützen können, um sich ohne großes Federlesens als Konsul und Kaiser aufzuspielen.

Ist erst ein Keim gelegt, kann die Saat auch unvermutet schnell und heftig aufgehen. Das kann Rommel bezeugen. Die Versuchung der Menschen, warnende Vorzeichen auszublenden, ist ihm nur zu gut aus eigenem Erleben bekannt. Das sei ja das Faszinierende an einer Diktatur, dass ihre Anhänger „die Empfindung von Unfreiheit gar nicht haben", sagte Rommel einmal. Unter Hitler habe sich der Rechtsstaat in wenigen Wochen in einen Unrechtsstaat verwandelt.

Das Erschrecken darüber, dass es den Nationalsozialisten gelang, binnen kürzester Zeit die Loyalität fast eines ganzen Volkes auf diesen Unrechtsstaat zu verpflichten, hat Manfred Rommel nie verlassen. Und so waren seine Arbeit und sein Leben immer ein Ringen um Vernunft im Sinne der Anwendung der Denkgesetze. Sie allein reicht nach seiner Überzeugung aber nicht aus, weil man mit großer Vernunft auch unmoralische Ziele wie einen Bankeinbruch oder schlimmere Verbrechen planen könne.

Die Vernunft betrachtete Rommel daher als ein Instrument, um für die richtigen, die moralischen Ziele zu arbeiten. Sie hat er mit einem stabilen System von Grundwerten bestimmt. Umfassende Bildung und ein festes Weltbild, das er jedoch nicht hermetisch abriegelte, sondern immer mit der Realität konfrontierte, kamen hinzu. Dies versetzte ihn in die Lage, in allen Funktionen, die er im Laufe seines Lebens wahrnahm, die Dinge „zusammenzudenken", womit er sich auch ein wenig in der Tradition der Philosophen Hegel und Kant sah, die nicht nur Zerleger der Welt, sondern zugleich Zusammensetzer gewesen seien, nicht nur Auseinanderdenker, sondern auch Zusammendenker, wie der OB Rommel 1981 bei der Eröffnung des Stuttgarter Hegel-Kongresses sagte. „Was wir brauchen, ist ein profundes Nachdenken über die Bestimmung des Menschen und über die Rolle, die er auf dieser Welt spielen soll", schrieb Rommel den „Playboy"-Lesern ins Stammbuch. Statt der Agitation bedürfe man der Argumente.

Manfred Rommel wusste genau, wovon er sprach, denn er war einst begeisterter Hitlerjunge gewesen. Ein gefühlter Nationalsozialist, der zehn Jahre später schmerzlich erkennen sollte, wie seine Gefühle und die der anderen Heranwachsenden manipuliert und für die Zwecke der NS-Diktatur eingesetzt worden waren. Davon blieben ihm eine grundsätzliche Angst vor Gefühlen und ein Misstrauen, weil dieses blindgläubige Hinterherrennen hinter den Herren, die stets über die Gefühlsebene die Menschen zu erreichen suchten, viele andere so teuer zu stehen gekommen sei.

» Totalitäre Systeme haben demonstriert, wie verführbar der Mensch ist, wenn der moralische Kompass nicht mehr funktioniert. «

In dem distanzierten Umgang mit seinen Gefühlen machte Rommel sogar eine Wurzel seiner liberalen Grundhaltung aus. Ihm falle es leichter als gefühlsbetonten Menschen, bei seinen Gesprächspartnern völlig gegensätzliche Meinungen zu tolerieren. Selbst dann, wenn er sich an die Zeit erinnert fühle, als auch er sehr begeistert gewesen sei, ohne zu wissen wovon.

Sogar der Tod seines Vaters hatte bei dem jungen Rommel nicht den sofortigen und finalen Bruch mit der Welt des Nationalsozialismus bewirkt, höchstens den Anstoß für wachsende Ablehnung dieses Unrechtsstaates gegeben, aber nicht zur Aufgabe der Denkmuster geführt, die hinter diesem Staat standen. Wie hätte es auch so schnell und so gründlich vonstatten gehen können? Manfred Rommel und viele seiner Altersgenossen konnten sich damals gar nicht vorstellen, wie es anders sein könnte. Die Welt aus Befehl und Gehorsam war noch intakt, die in Jahren aufgenommenen Botschaften der Nationalsozialisten wirkten noch nach. Jahrzehnte später, geraume Zeit nach dem Krieg, erschien Manfred Rommel wie ein Zivilist durch und durch. Doch das, pflegt er heute zu sagen, sei er erst geworden.

Er selbst war noch nicht einmal fünf Jahre alt, viel zu jung, um erkennen zu können, wie sich 1933 die Katastrophe anzubahnen begann. Als Hitler, wie Manfred Rommel heute weiß, die Macht ergreifen konnte, weil ein großer Teil der Bürger nicht mehr an die Funktionsfähigkeit der Demokratie der Weimarer Republik glaubte. Niemand hätte angenommen, dass Hitler die ihm zugefallene Macht so rasch ausspielen und seine Ziele damit so schnell erreichen könnte. Sekundäre Tugenden wie der Gehorsam, die früher dem Rechtsstaat dienten, nützten jetzt dem Unrechtsstaat – so beschrieb Rommel den unheilvollen Mechanismus. Dabei wäre doch in der neuen Situation Ungehorsam vonnöten gewesen.

Indem der Hitler-Staat die Mitverantwortung der Menschen portionierte, enthielt er vielen von ihnen das Wissen um das große Ganze der Verbrechen vor, machte sie aber doch zu Rädchen im großen Räderwerk. So verführte der Unrechtstaat sie, sich aus der Verantwortung zu stehlen. Einer setzte die Namen derer auf die Liste, die deportiert werden sollten. Ein anderer nahm sie an der Rampe zur Zugfahrt in das Todeslager in Empfang. Wieder andere trieben sie an den Schreckensorten in die Lager und in die Gaskammern. Auf diese Weise und auf andere Arten wie Massenerschießungen tötete der Unrechtsstaat daheim und in den Kriegsgebieten, in denen sich seine rassistische Ideologie austobte, etwa sechs Millionen jüdische Menschen. » DAS MORALISIEREN KANN IN DEUTSCHLAND AUF EINE LANGE, VERHÄNGNISVOLLE GESCHICHTE ZURÜCKBLICKEN, DIE IN ADOLF HITLER IHREN HÖHEPUNKT FAND. «

Die nach und nach erworbenen Erkenntnisse haben Manfred Rommel geprägt. Das Wissen um Begebenheiten, die für ihn persönlich in einer Familientragödie kulminierten. Das Nachdenken über das paradoxe Verhältnis seines Vaters zu Hitler, wozu Manfred Rommel schon gezwungen war, bevor sich Erwin Rommels Schicksal nach dem Krieg auch mehr und mehr einer Weltöffentlichkeit erschloss. Der Diktator hatte Erwin Rommel in einem Unrechtsstaat zuerst eine glänzende Karriere ermöglicht – und ihn dann selbstherrlich zum Tod verurteilt. Das ist der Stoff, der Mythen entstehen lässt.

Die Fragen, wie und wann diese Tragödien zu verhindern gewesen wären, ab wann die totale Kriegsniederlage unvermeidlich war und wie wir uns vor einem Rückfall in die Tyrannis wappnen sollten, durchziehen fast das gesamte Denken und Schaffen Manfred Rommels. Es sind Fragen, die sich jeder Einzelne stellen sollte. Manfred Rommel musste es schon deshalb, weil er der Sohn des getöteten Generalfeldmarschalls Erwin Rommel war. Darum hat er diese Fragen ausgelotet wie kaum ein anderer, sozusagen stellvertretend für viele, mit besonders hohem persönlichem Einsatz. Diese Rolle macht seine Bedeutung als Vorbild für die Deutschen aus. Aber es prägte ihn auch im Brotberuf des Beamten und des Politikers.

Wie kaum ein anderer Politiker, das fiel auch dem SPD-Kanzler Helmut Schmidt auf, war Rommel stets zur Selbstbefragung, zur Prüfung seiner Meinung und zur Korrektur von Irrtümern bereit. Gewarnt durch die Erfahrungen seiner Jugend versuchte Rommel Fehlerquellen im eigenen Kopf nach Möglichkeit zu beseitigen. Er habe versucht, nicht auf etwas zu beharren, wenn ihm gedämmert habe, dass es falsch sei, sagte er. Er habe versucht, zwar wertkonservativ zu denken, aber nicht strukturkonservativ zu sein und aus Prinzip alles zu verteidigen. Andererseits verteidigte er sehr wohl, was er bei seinem inneren Ringen als weiterhin richtig und gültig erkannt hatte. Getreu seinem Motto: „Der Klügere darf nicht immer nachgeben, weil sonst nichts Gescheites herauskommt." Das war gemünzt auf einige unveräußerliche Erkenntnisse und Grundlinien. In Fragen der praktischen Politik war der Kompromiss für Rommel dagegen nie abwegig, sondern vielmehr angeraten, wenn es um bedeutende Fragen ging, deren Regelung nach einer breiten Mehrheit schrien. Deshalb, und weil er als Beamter viele Erfahrungen damit gemacht hat, hielt Rommel große Koalitionen stets für gut.

Diese komplexe Mischung, der geringe Verbrauch von eindimensionalen Erklärungsmustern, verlieh ihm politisch-moralische Autorität. Humor, Gelassenheit und Toleranz trugen außerdem dazu bei, dass ihm bald der Ruf vorauseilte, er sei im Land der letzte Liberale. Und Rommel lieferte oft den Nachweis dafür. Das verdeckte bisweilen, dass sich unter der schönen Oberfläche der Liberalität auch jäh betont konservative, um nicht zu sagen: erzkonservative Züge auftun konnten. Meist dort, wo er neue politische Phänomene mit dem Instrumentarium beurteilte, das er sich bei der Aufarbeitung der Hitler-Zeit zusammengestellt hatte.

»Wir Deutschen flüchten uns in die Illusion des Unmöglichen. Und wir versuchen, uns mit der Moral aus den logischen Zusammenhängen und den Realitäten hinauszustehlen. Das ist eine falsche Anwendung der Moral.«

Der „Anti-Atomfanatismus" und der „Ökologieradikalismus" sind zwei Stichworte dafür, die Rommel selbst geliefert hat. Und auch in der Studentenbewegung glaubte Rommel Verhaltensmuster aus Deutschlands dunkelster Geschichte in Ansätzen wieder zu erkennen. Neuen Bewegungen mit offenen oder latenten Heilsbotschaften misstraute er zutiefst und ging vergleichsweise hart mit ihnen ins Gericht. Das lag an seiner Skepsis, ja Abneigung gegenüber Theorien, die in ihm immer mehr erwachsen war. Forderungen nach mehr direkter Demokratie begegnete er mit Warnungen vor einem Übermaß an Bürgerentscheiden.

Sie könnten vielleicht da und dort funktionieren, sagte Rommel im Januar 2012 nach den schweren politischen Stürmen, die über Stuttgart hinweggefegt waren und die CDU/FDP-Regierung weggeblasen hatten. Man solle Bürgerbegehren und Bürgerentscheide aber nicht massiv ausweiten und inflationieren, warnte er. Es treffe einfach nicht zu, dass der Bürgerentscheid die „demokratischere" Lösung sei.

Der übliche Weg sei nicht der Bürgerentscheid. „Es kann auch nicht sein, dass man eine große Masse von Menschen auf dem Marktplatz versammelt und sie zum Volk erklärt", sagte er vor dem Hintergrund der sogenannten Volksversammlungen, die ein Gegner des Bahnprojekts Stuttgart 21 in Anlehnung ans alte Griechenland auf dem Stuttgarter Marktplatz, direkt vor dem Rathaus, veranstaltete. „Wer das Volk ist, ist durch die Verfassung geregelt. Wir müssen aufpassen, dass wir nicht die Grundlagen unserer Demokratie über den Haufen werfen", mahnte Rommel, der überdies die Frage aufwarf, wie man den Kreis der Abstimmungsberechtigten bei einem Bürgerentscheid überhaupt sinnvoll eingrenzen könnte: „Es kann auch nicht sein, dass örtlich über Themen entschieden wird, die die Menschen in der ganzen Region oder weit darüber hinaus berühren."

» ZUR DEMOKRATIE GEHÖRT, DASS MAN NICHT JEDEN INTERESSENHAUFEN ZUM VOLK ERKLÄRT. «

Manfred Rommel war hier zweifellos einmal mehr der Künder der repräsentativen Demokratie, einer klaren Zuteilung der Verantwortung und einer Machtverteilung durch Wahlen. Dass sich Parteien hinter Volksentscheiden verstecken können, schien ihm wenig sinnvoll. Damit hat er ein wenig den Anschluss an die Zeit oder zumindest an die politische Mode verpasst – oder sich vielleicht auch nur vor Irrtümern gehütet, die anderen unterliefen? Ob er im Streit um mehr Bürgerbeteiligung recht behalten wird, steht noch nicht fest. Sicher ist, dass sein Demokratieverständnis nicht ohne starke, entschlossene und funktionierende Parteien auskommt. Kein Wunder, dass er sich immer wieder wünschte, die Parteien möchten mehr junge Menschen gewinnen. Doch die Realität sah in den vergangenen Jahren oft anders aus. Der Verdacht liegt deshalb nahe, dass Manfred Rommel, dieser Freigeist der deutschen Politik, bisweilen doch zum Gefangenen seines Denkens wurde.

An Rommels manchmal brüsken Absagen an neue ökologische oder politische Bewegungen mag es auch liegen, dass der Münchner Oberbürgermeister Christian Ude zum 80. Geburtstag Rommels, den die Parkinson-Krankheit in den Rollstuhl gezwungen hatte, bei aller Sympathie die vorherrschende Façon der Rommel-Betrachtung partiell sanft gegen den Strich bürstete. „So liberal, wie Sie den Eindruck zu erwecken verstanden, waren Sie gar nicht", sagte er Rommel freundlich ins Gesicht. Und Rommel, dieser Sammler der Worte, dieser Virtuose der Rede, dieser Enthüller der Zusammenhänge in Politik und Finanzen, gab Ude durch Beifall recht.

MANFRED ROMMEL IM INTERVIEW

Herr Rommel, seit Jahren haben Sie Parkinson und Rückenprobleme, aber nichts hat Sie in die Knie gezwungen. Gerade haben Sie wieder neue Bücher herausgebracht, zwölf Jahre lang schrieben Sie Zeitungskolumnen. Woher nehmen Sie diese Energie?
Ich profitierte von dem Mangel an anderen Gelegenheiten. Wenn ich körperlich beweglicher, leistungsfähiger gewesen wäre, wäre ich ins Gebirge gefahren und dort mit meiner Frau vier Wochen geblieben.

Ins geliebte Grindelwald.
Oder auch wie zeitweise im Sommer nach Zermatt. Da war es immer toll. Aber so wie die Dinge sind, bin ich froh, wenn ich nicht irgendwo hin muss. Das ist gar nicht so einfach, den ganzen Tag herumzusitzen, und das auch noch in einem Hotel zu tun. Bei wachsender Verdrossenheit.

Ihre Frau Liselotte würde gern reisen?
Ja. Ich habe ihr immer angeboten: „Fahr doch selber weg, vielleicht gehe ich ja doch noch mit." Aber sie hat gesagt: „Wenn du nicht willst, bleib ich auch daheim." Dann kann ich auch nicht in ihrer Abwesenheit das Geschirr kaputt machen.

Sie bleiben daheim und arbeiten, aber auch das ist schwierig geworden.
Früher habe ich mir weniger Mühe geben müssen, da ist mir immer etwas eingefallen. Aber jetzt bewundere ich alle Journalisten, die pünktlich etwas schreiben können, wenn sie müssen. Außerdem habe ich beim Tippen keinen richtigen Dreh gefunden. Ich kriege erhebliche Rückenschmerzen, und mit den Fingern lande ich auf

der Tastatur zwischen zwei Tasten, oder mein Handgelenk kommt mit den Tasten in Berührung. Wenn ich auf diese Weise etwas niederschreibe, habe selbst ich nachher Probleme, das Geschriebene zu verstehen. Ich komme schon dahinter, was gemeint war, aber andere können das nicht übersetzen.

Der Sinn ist so schwer zu rekonstruieren?
Ich kann es schon, aber es ist mühevoll. Und wenn ich das Geschriebene verbessere, mache ich weitere Fehler. Die Summe der Fehler im Text nimmt zwar ab, aber langsam. Und so brauche ich für eine Sache, die ich früher in kurzer Zeit hergestellt hätte, zum Teil ein paar Stunden. Ein Brief an einen Schweizer Kollegen hat ewige Zeiten gedauert. Aber ich kann den Leuten ja nicht immer mitteilen „Ich kann euch leider wegen gesundheitlicher Probleme nicht schreiben".

Tippt Ihre Frau auch mal für Sie?
Sie tippt nicht. Sie ist sauer, weil ich mich mal darüber beschwerte, dass sie meine alte Schreibmaschine rausgeschmissen hat. Die Computerschrift zu erlernen, hat sie sich bisher auch strikt geweigert, weil sie zu Recht fürchtet, dass sie dann einen Haufen Arbeit von mir bekäme.

Trotzdem konnten und können Sie sich auf Ihre Frau verlassen, ein Leben lang.
Ja, das muss man wirklich sagen.

Etwa die Hälfte der Ehen wird geschieden. Politiker lassen sich scheiden, suchen sich eine Jüngere. Sie waren anscheinend ein Heiliger. Oder haben Sie Ihre Ehekrisen und Affären nur besser versteckt?
Ich hatte keine Ehekrisen. Es ist auch meine feste Überzeugung, dass es falsch ist, die Ehe als so eine zufällige Gemeinschaft zu betrachten, als einen Gesellschaftsvertrag. Hier liegen menschliche Bindungen von einer Qualität vor, die auf andere Weise kaum erreichbar ist. Es ist auch falsch, wenn man sagt, „von der Ehe haben wir genug nach vier Jahren, und wir suchen jemand anderen. Die Kinder müssen finanziert werden, aber da wird der Staat sich ja

erweichen lassen, die auch noch zu finanzieren.“ Das ist gefährlich, wenn alles Rechtsbeziehungen sind und wenn die meisten Beziehungen Ansprüche begründen, die man bei Gericht geltend machen kann.

In Ehefragen sind Sie ganz Konservativer?
Ich halte es nach wie vor für eine Kulturleistung, dass die Ehe grundsätzlich auf Lebenszeit gilt. Man muss halt vorher überlegen, ob sich noch was Besseres findet. Ich bin gegen die Beliebigkeit und glaube, dass das auch den moralischen Kern unserer Gesellschaft trifft. Es sollte schon bedacht werden, ob man nach Tausenden Jahren Ehe jetzt eine Aktionsgemeinschaft Mann und Frau einrichten will.

Von einem automatischen Ende der Ehe nach einer bestimmten Laufzeit, wie auch mal vorgeschlagen worden ist, halten Sie also gar nichts?
Nein, davon halte ich gar nichts. Außerdem: Dieser Glaube der Männer mit 40 oder 50, man sei noch jung, ist eine Illusion.

Sie meinen die sogenannten besten Jahre.
Manche sollten in der Phase besser, bevor sie ihre Gattin kritisch betrachten, sich selber im Spiegel anschauen.

Der leidige Bierbauch …
… bietet ja auch keinen erfreulichen Anblick.

Aber man kann doch im besten Glauben eine Ehe eingehen, und dann geht es nach 20 oder 30 Jahren doch nicht mehr. Umso mehr sind Sie ein Wunder an Kontinuität.
Ich kam nie auf die Idee, mich zu trennen. Nie. Das ist wahr. Wenn sie sich mehr Mühe gäben, würden auch andere beisammenbleiben. Wenn man ein gewisses Alter erreicht hat, wird man sowieso keine großen erotischen Abenteuer mehr erwarten können.

Wir wollten eigentlich weniger über die Ehe sprechen. Sie befassten sich zeit Ihres Lebens mit Ihrem Vater, Generalfeldmarschall Erwin Rommel, mit dem Nationalsozialismus, mit Diktatur und Demokratie. Fliegen Ihnen immer noch neue Erkenntnisse zu?

Es kommen immer wieder neue Aspekte. Nehmen Sie die Weimarer Republik. Manches weiß man, aber es ist einem nicht bewusst. Es ist ungeheuerlich, wie im Jahr 1933 Hitler die Berufung zum Reichskanzler erhielt. Viele sagten, ihr müsst die Nationalsozialisten ranlassen. Erst mal wird Hitler sich blamieren, aber gewisse Dinge werden die Nationalsozialisten auch tun, die richtig sind und die man jetzt wegen der Mehrheitsverhältnisse im Reichstag nicht erreichen konnte.

Eine verhängnisvolle Fehleinschätzung.
Die Nazis haben dann doch tatsächlich sämtliche Grundrechte abgeschafft. Der Bürger hatte in Wirklichkeit keine Rechte mehr gegen Hitler. Hitler hat ja gar nicht im Namen des Volkes gehandelt. Er hat bloß immer so getan, als ob er das Volk sei. Er war neben allen anderen Funktionen auch noch oberster Befehlshaber der Wehrmacht, dazu hat er sich kurzerhand ernannt und das Ermächtigungsgesetz in Kraft gesetzt. Eine solche Machthäufung in einem modernen Staat hat es sonst nicht gegeben.

Wahrscheinlich seit Rom nicht mehr.
Auch so eine Entmündigung hat es sonst nicht gegeben. Wie die am 30. Januar umhergezogen sind mit ihren Fackeln! Sie glaubten, sie würden in die Freiheit marschieren. In Wirklichkeit sind sie in die übelste Sklaverei marschiert, die man sich denken kann. Von da an war man nur noch als Diener des Führers jemand.

Die Demokratie hat an ihrer Abschaffung noch mitgewirkt.
Ja, durch die Verordnung, die nach dem Reichstagsbrand gekommen ist, und dann vor allem durch das Ermächtigungsgesetz war Hitler oberster Gesetzgeber und oberster Richter. Die anderen hatten nichts mehr zu sagen. Verlängern lassen hat er das wenigstens noch durch einen formalen Reichstagsbeschluss. Die nächste Verlängerung, die nach acht Jahren fällig war, haben die Nationalsozialisten selber verfügt. Da haben sie niemanden mehr gefragt. So ist damals, was man auch nicht bemerkt hat, aus einem Rechtsstaat ein Unrechtsstaat geworden. Der Staat hat die Gesetze nicht akzeptiert, soweit sie den Bürger vor ihm schützen sollten. Hitler war fast allmächtig.

Und die Herzen flogen ihm zu?
Damals gab es ein Wirtschaftswunder. Das kam dadurch zustande, dass die Propaganda den Menschen eine andere Preispolitik einredete. Nach dem Motto: Wir zahlen keine Wucherpreise und wir verlangen keine Wucherpreise. Da hat der Staat mit seiner Propaganda Wirkungen verhindert, die bei einer solchen Überforderung der Finanzen in einem einigermaßen freiheitlichen Staat sofort eingetreten wären. Die Beschäftigungsverhältnisse und die Eheschließungen nahmen plötzlich zu. Man hatte wieder Mut zur Zukunft. Und in ein paar wenigen Jahren war die Arbeitslosigkeit weg. Das waren wunderbare Vorgänge, die die Menschen erfassten.

Wie stellten sich Ihre Eltern damals zu Hitler und den Nationalsozialisten?
Mein Vater hat von diesem Kommandoton und Gehabe im Zivilleben als Württemberger nichts gehalten. Als Berufssoldat durfte er auch nicht wählen. Meine Mutter hat meistens die Deutsche Demokratische Partei DDP gewählt, weil da viele Schwaben drin waren. Konservativ wollte sie nicht wählen. Der Einfluss des Adels war ohnehin groß genug. Sozialdemokratie hat man nicht gewählt damals. Warum, weiß man heut auch nicht, es wäre ja eigentlich angemessen gewesen. Und die Katholischen wählte man als Protestant auch nicht.

Eine Welle der Begeisterung trug Hitler?
Selbst meine Mutter war vorübergehend entzückt vom Führer. Die Leute waren begeistert, weil plötzlich keine Arbeitslosigkeit mehr da war, keine Beschränkung der Aufrüstung. Viele sagten sogar, „Gott hat uns diesen Menschen geschickt“. Die Fähigkeit, den Eindruck der Harmlosigkeit und des guten Willens zu erwecken, die Hitler hatte, war eine ganz üble Sache. Meinem Vater ist die politische Katastrophe erst voll bewusst geworden, als der Krieg verloren war.

Wann hielt Ihr Vater den Krieg für verloren?
Mein Vater sagte nach der Kapitulation in Afrika im Mai 1943, wir können den Krieg nicht mehr gewinnen. Hitler dürfte das geahnt und gewusst haben, dass mit ihm niemand Frieden schließt. Das

war auch so. Die Schuld, die man mit Mordtaten angehäuft hatte, die man bei uns in der Bevölkerung gar nicht so realisierte, war zu groß. Der Führer wollte kämpfen bis zum letzten Hitler-Jungen. Fast hätte er das auch fertig gebracht.

Beinahe. Ihr Vater hat sich dem in Afrika widersetzt.
Vor allem in der Normandie. Zunächst wollte mein Vater einen Sieg der deutschen Wehrmacht in der Normandie nutzen, um bessere Bedingungen für einen Waffenstillstand zu bekommen. Aber das war im Juli nicht mehr möglich. Daher war er dann der Meinung: Schluss machen. Aus. Und nicht den Westen so lange halten, bis die Russen in Berlin einmarschiert sind. Dann hat er sogar mit einigen seiner SS-Generäle gesprochen, die offensichtlich gemerkt hatten, was los war. Hitler brachte es aber tatsächlich fertig, dass die Deutschen bis zum Schluss kämpften. Als ich gerade in den Reichsarbeitsdienst eingezogen wurde, fand die Schlacht von Crailsheim statt. Man glaubte noch 1945, in Crailsheim würde man noch den Krieg gewinnen. Man ruinierte die Stadt und brachte einen Haufen Leute um.

Hitler faszinierte – wie verbrecherisch er auch war.
Ja, das konnte er, zumal er auch modernen Dingen sehr aufgeschlossen war, gerade in der Wehrmacht. Aber man hat ihn maßlos überschätzt, auch viele Generäle. Er war wirklich, was man einen bösen Menschen nennt. Mit allen Fähigkeiten, die die Kirche dem Bösartigen schon immer zugemessen hatte, und auch mit der Schläue. Denn auch schlau ist er gewesen.

Er hatte wohl vor allem einen Sinn für die Inszenierung von Massenerlebnissen und für den Umgang mit den Massen.
Mit Massen und mit Einzelnen. Er konnte charmant sein, wenn er wollte. Das kann man sich gar nicht vorstellen.

Das fällt mir schwer, ja.
Wenn die heutige Generation Aufnahmen von Adolf Hitler hört, dann sagt sie: „Was war denn das für ein Arschloch? Das Gebrüll und das Geschrei – der hat einen Vogel." Das ist man nicht mehr gewöhnt. Die Erfindung guter Mikrofone macht es möglich, dass

auch andere reden können. Aber damals war er einer der bedeutendsten Redner unter den Politikern der ganzen Welt. Er brachte es immer wieder fertig, auch das Ausland zu beruhigen und für sich zu gewinnen. Wenn man sich vorstellt, dass wir Olympische Spiele hatten und überall Hakenkreuzfahnen wehten!

Die ganze Welt schaute auf Deutschland.
Und wir haben schon 1933 die Juden diskriminiert. Meine Eltern waren beide keine Antisemiten. Aber gemacht haben wir nichts. Allerdings wohnten wir auch oft recht isoliert auf Militärgelände. Man muss sich das einmal vorstellen: Ein Teil eines Volkes wird für rechtlos erklärt, im eigenen Land eingesperrt und verspottet. Und es gibt kein Gegengewicht, kein Gegensteuern. Auch in den Kirchenpredigten gegen den Adolf haben wir die Juden meistens weggelassen. Selbst nach dem Krieg hat es Monate gedauert, bevor man sich der Ungeheuerlichkeit dieses Geschehens bewusst wurde.

Bis auch die Kirchen sich zu einem Schuldbekenntnis durchrangen, das nicht unumstritten war.
Immerhin ist es erfolgt. Ich habe vor einiger Zeit vor Ritterkreuzträgern gesprochen. Da waren alte Herren dabei, die haben sogar das Eichenlaub gehabt. Ich sagte: „Sie können nicht sagen, es ist schade, dass wir den Krieg nicht gewonnen haben." Das kann man doch im Ernst nicht sagen, wenn man nicht in den Verdacht geraten will, dass man diese Morde billigt! Das haben die dann auch so gesehen.

Eine späte Erkenntnis.
Freilich, aber gleich nach dem Krieg war das natürlich nicht zu erwarten. Ich hätte mich gleich nach dem Krieg auch nicht zu sagen getraut, was ich später oft sagte: „Es war besser, dass wir mit Hitler verloren haben, als mit ihm zu gewinnen."

Herr Rommel, Sie befassen sich viel mit dieser deutschen Vergangenheit, weil Sie darin einen Schlüssel fürs Verständnis von Staat, Gemeinwesen und Menschen sehen?
Ja sicher. Was man intellektuell erfasst, ergreift einen noch lange nicht emotional. Da muss man schon drüber nachdenken. Zum Bei-

spiel denke ich oft darüber nach, dass die Demokratie in Weimar von vielen vor allem deshalb aufgegeben wurde, weil sie sagten, sie könne ihre Probleme nicht lösen. Probleme, zu denen sicherlich eigene Fehler der Deutschen beigetragen haben wie etwa die Deflationspolitik. Man wollte nach dem Ersten Weltkrieg den Alliierten zeigen, dass man die Reparationen nicht mehr zahlen kann. Die Misere wurde daheim den sogenannten Novemberverbrechern zur Last gelegt. Dabei muss man wirklich froh sein, dass wir wenigstens erkannt hatten, dass der Krieg verloren war. Dass Ludendorff sagte, wir müssen Schluss machen. Etwas spät, man hätte es auch etwas früher machen können – mit dann besseren Aussichten für Deutschland.

Immerhin.
Ja, immerhin. Im Zweiten Weltkrieg ist das nicht geschehen. Am Ende war es gut, dass wir ohne Bedingungen kapitulierten. Ich dachte zuerst auch: „Um Gottes willen – bedingungslos." Aber wenn man eine Reichsregierung gegründet hätte aus bewährten Demokraten, soweit sie nicht umgebracht wurden, hätten die die Hölle gehabt. Die Alliierten hätten ständig gesagt, „besorg mir dies und das. Ich will dieses und jenes". Das alles bei vielen begleitenden Sanktionen. In der Situation waren Ebert und die Reichsregierung mit Sozialdemokraten und Zentrum nach dem Ersten Weltkrieg. Sie kriegten ununterbrochen die Fußtritte, die andere Parteien verdient hätten. Nach dem Zweiten Weltkrieg hatten wir auf der Basis der bedingungslosen Kapitulation dann auch noch Glück. Die Engländer und auch die Franzosen und Amerikaner fühlten sich verantwortlich für uns.

Man kann sagen, wir bekamen einen über die Maßen guten Start ermöglicht?
Eindeutig, trotz vorübergehender Pläne, die auf eine Umwandlung Deutschlands in einen Agrarstaat hinausliefen. Die Alliierten haben nach dem Krieg unheimlich schnell eingesehen und mit der Speech of Hope, der Hoffnungsrede, von US-Außenminister James F. Byrnes in Stuttgart signalisiert, dass die Deutschen zurückkehren sollen in die Gemeinschaft der Völker. Das war ein ungewöhnliches Maß an Einsicht und Voraussicht, das nicht zu erwarten war.

Über Ihren Vater wurde viel gerätselt. Vor allem darüber, ob er Mitverschwörer der gescheiterten Attentäter war, die am 20. Juli 1944 Hitler im Führerhauptquartier zu beseitigen versuchten, oder ob er Mitwisser war.
Also, die einzigen Oberbefehlshaber, die eine Berührung hatten mit dem Widerstand, waren der Feldmarschall von Kluge und mein Vater. Mein Vater wusste, dass es diesen Kreis gibt und dass er irgendein Programm hat. Er war allerdings im Zweifel, ob die Alliierten es akzeptieren. Meinem Vater haben wohl auch verschiedene Gesprächspartner gesagt, dass Hitler getötet werden soll. Er war aber dagegen, weil er es nicht für möglich hielt. Die Truppe sei voll auf den Adolf ausgerichtet. Vielleicht sei ein toter Hitler noch gefährlicher als ein lebender. Mein Vater hat später auch gesagt, er habe von dem konkreten Attentat nichts gewusst. Das stimmt schon deshalb, weil Ort und Zeit erst nach der schweren Verwundung meines Vaters festgelegt wurden.

Manche meinen auch, Ihr Vater war nicht der Typ, der den Staatschef zu beseitigen hilft.
Daran lag es nicht. Er hielt das Risiko des Scheiterns für zu groß und dachte an eine Kapitulation nach dem Muster von Stalingrad, Cherbourg und Tunis. Aber mein Vater hat Stauffenberg respektiert, in hohem Maße. Man muss auch sagen: Das Stauffenberg'sche Attentat vom 20. Juli 1944 ist der einzige Fall, in dem die Widerstandsbewegung nach außen tätig werden konnte. Dadurch wurde dokumentiert, dass es deutsche Militärs gibt, die Hitler stürzen wollten. Das war eine Leistung von historischer Größe von diesem Mann.

Hat Ihr Vater immer um die Verantwortung des Generals für Staat und Volk gewusst oder hat er das erst spät realisiert?
Mein Vater ist lang dem Irrtum aufgesessen, Hitler würde sagen: „Wir machen Schluss", wenn ihm die tatsächliche Lage mit der gebotenen Deutlichkeit nahegebracht wird. Das war eine Fehleinschätzung. Mein Vater hat Hitler während der Invasionsschlacht noch mal angesprochen und gefragt, wie er sich den weiteren Verlauf des Krieges vorstelle. Hitler sagte: „Kümmern Sie sich um Ihre

Invasionsfront.“ Einmal hat er meinen Vater sogar zur Seite genommen und ihm irgendwas von seinen Wunderwaffen zugeflüstert, was ja nicht stimmte. Da hat man gewusst, dass man auf eigene Verantwortung würde aussteigen müssen.

Das hatte Ihr Vater Hitler nicht zugetraut, dass er alle in den Untergang mitnehmen will?
Das traute er ihm ursprünglich nicht zu. Die Wirklichkeit sah leider ganz anders aus.

Sie waren 15, als Ihr Vater in den Tod getrieben wurde. Sie haben sich immer damit auseinandergesetzt. Das prägte Sie. Wie hat sich Ihr Verhältnis zum Vater verändert?
Ich habe ihn damals verehrt und tue dies aus größerer Einsicht immer noch.

Wie dachte er über den Krieg?
Zuerst dachte er, niemand führe einen Krieg wegen Polen. Als es dann doch so kam, ging er davon aus, Deutschland gewinne den Krieg. Dann dachte er, die Alliierten werden wieder aus dem Krieg aussteigen. Jedenfalls fehle den Franzosen die Lust, weiterzumachen. Die Engländer sah er als treibende Kraft. So bewegte auch er sich im Reich der Illusionen.

Im Rückblick ist das ja auch leichter einzuschätzen als damals.
Klar. Dazu kommt, dass Hitler auch ein wirkungsvoller Schauspieler und ein virtuoser Lügner war. Der Widerstand gegen ihn wuchs letztlich trotzdem aus allen Bereichen heraus. Es war nur möglich, eine solche Organisation aufzuziehen, und sei sie auch noch so locker gewesen, auf der Basis elitärer Gesellschaftsschichten. Der Adel beispielsweise hielt mehr zusammen als die Bürgerlichen. Da konnte man damit rechnen, wenn man was sagt, dass es nicht gleich am nächsten Tag in dem Glauben angezeigt wird, man schulde dem Vaterland etwas. Einen Mitgliedsausweis, sich jeden Tag dem Widerstandskreis zuzugesellen, hatte mein Vater nicht. Aber er hätte etwas getan, um den Krieg nicht im Chaos enden zu lassen.

Herr Rommel, ein früherer Soldat aus Fellbach sagte, das Schicksal Ihres Vaters Erwin Rommel habe etwas von einer antiken Tragödie. Hat es Sie sehr belastet, mit dieser Tragödie zu leben?
Ja, es hat mich schon belastet. Mein Vater hat ja damals blitzartig entschieden, das Angebot Hitlers anzunehmen und das Gift zu nehmen. Weil er sich gesagt hat, lebendig komme ich nicht raus, und Hitler traut sich niemals, mich dem Volksgerichtshof zu überstellen. Wenn er mir anbietet, meine Familie zu verschonen, wird er das vermutlich halten. Außerdem gibt es sowieso keine Alternative. Auch romantische Vorstellungen, dass man mit dem Schrotgewehr bis zum Schluss im Haus kämpft, waren fehl am Platz.

Sein Ordonanzoffizier Hermann Aldinger sagte ja noch, es seien Waffen im Haus. Man solle sich wehren.
Es waren zwar Waffen da, aber mein Vater sagte: „Die haben jetzt keinen Wert mehr.“ Dann wären nämlich alle tot gewesen. Auch die Vorstellung, dass sie meine Mutter gleich auf einen Lastwagen laden und nach Dachau oder sonst irgendwo hinbringen, um sie als unbequeme Zeugin zu erledigen, hat ihn zu dieser Überlegung gebracht.

Sie würden heute auch immer noch sagen, es gab keine andere Entscheidungsmöglichkeit?
Nein, es gab keine. Sein Leben war so oder so verwirkt.

Sie haben sich immer sehr zurückhaltend über Ihren Vater geäußert. Sie wollten nie dem Rommel-Mythos Auftrieb geben und falschen Beifall bekommen, aber Sie stellten ihn auch nicht als Widerständler dar.
Er war nicht der große Widerstandskämpfer. Es war eine andere Form des Widerstands. Aber eine sehr wichtige. Doch Stauffenberg bleibt die Figur, die den Widerstand vom Inneren ins Äußere getragen hat. Er hat sich geopfert.

Ihr Vater ist immer noch sehr präsent. Sind Sie selbst mit dem Bild, das wir alle von Ihrem Vater haben, zufrieden oder sagen Sie, da gibt es große Missverständnisse?

Was mich ärgerte: Mein Vater wurde in vielen Lexika in England, Frankreich und Amerika als treuer Gefolgsmann Hitlers bezeichnet. Als SA-Führer. Das ist mein Vater nie gewesen. Erfunden hatte das die Zeitschrift „Das Reich“, die überhaupt einen mordsmäßigen Rummel um meinen Vater machte, wenn es ihr in den Kram passte. So dass er sich schon 1941 bei Goebbels beschwerte und darum bat, das abzustellen. Das ist später dann auch geschehen.

Aber im Großen und Ganzen sind Sie zufrieden mit dem Bild, das von Ihrem Vater vorherrscht?
Ja, es ist ganz beachtlich. Ich finde, er hat es verdient. Es ist nicht leicht, dieses Bild zu pflegen, weil es vom Dritten Reich mit seinen Gräueltaten überschattet ist.

Es ist auch nicht möglich, von jemandem, den es nicht mehr gibt, Fragen beantwortet zu bekommen. Das ließ Sie nicht los und nahm Sie sehr in Anspruch.
Ja, in der Tat. Am Beispiel meines Vaters habe ich begriffen, dass das Dritte Reich von allen Normen abwich, die man an Staaten anlegt. Kein anderer Staat konnte eine ähnlich wirksame Tyrannis errichten.

Sie sind körperlich zwangsläufig nicht mehr so mobil. Kommen Sie manchmal noch ans Grab Ihres Vaters?
Das geht schon noch. Etwa zweimal im Jahr. Wenn ich noch Auto fahren könnte, würde ich öfter hinfahren.

Bewegt Sie der Besuch am Grab noch sehr?
Ja, sicher. Aber manches ist natürlich Routine.

Dennoch holen Sie die Gedanken ein.
Ja. Aber wie ich es auch wende, ich habe für ihn keinen Ausweg mehr gefunden. Als er entschieden hat, sich in Frankreich nicht überrollen zu lassen, war der Rest programmiert.

Sie wurden nicht Berufssoldat, wie Sie es in Ihrer Jugend wollten. Wahrscheinlich nicht nur deshalb, weil Ihr Vater Ihnen empfohlen hat, Clown zu werden.

Mein Vater wollte überhaupt nicht, dass ich Berufssoldat werde. Vielleicht hat eine kleine Rolle gespielt, dass ich mit der Zunge angeschlagen habe. Das wäre bei Befehlen schlecht rausgekommen.

Aber dieser Berufsweg wäre doch auch eine Vergewaltigung Ihrer selbst gewesen. Sie sind doch kein soldatischer Typ, sondern Zivilist durch und durch.
Ich bin es geworden, nachdem ich ja schon mit 15 zur Flak gekommen war.

Was uns dann schon wunderte: Sie sollen in einer Situation besonders wehrhaft gewesen sein. In der Terrorismuszeit. Sie hätten sich von einem Autofahrer verfolgt gefühlt, seien ausgestiegen und hätten eine Waffe in der Hand gehabt.
Das stimmt tatsächlich. Ich dachte, die könnten ja auf die Idee kommen, den für Stammheim zuständigen Bürgermeister zu holen. Dass sie mich als Rommel holen könnten, habe ich nicht gedacht. Ich hatte eine Pistole, die habe ich mitgenommen. Dann fuhr ich mal vom Hotel Schlossgarten weg. Hinter mir ein Auto in dem auffallenden Bedürfnis, mir nahe zu sein. Es fuhr auch die Straße zu meinem Haus hier herunter und hat dann gehalten. Ich habe die Pistole genommen, für die ich nur eine Waffenbesitzkarte hatte. Dann habe ich durchgeladen, meine Walther PPK sechs Komma ungrad. Und dann hat der gesagt, „wir sind von der Polizei“. Da habe ich die Pistole schnell wieder in der Tasche verschwinden lassen. Später habe ich den Beamten kennengelernt. Wir waren froh, dass wir uns nicht erschossen haben.

Die Pistole hatten Sie öfter dabei?
Ich hatte sie manchmal dabei.

Nun haben Sie aus dem Leben Ihres Vaters und der deutschen Geschichte viele Schlüsse gezogen. Zeitzeugen werden rarer. Befürchten Sie, dass Deutschland das nicht guttut und wichtige Lehren aus der Geschichte untergehen?
Bei uns ist die große Gefahr, dass wir uns rasch gewöhnen, die Dinge für selbstverständlich halten und solche Lehren vernachlässigen.

Dann ist man grundsätzlich mit der Politik unzufrieden. Das ist zwar das gute Recht eines jeden, aber man soll es nicht übertreiben. Es müsste eine etwas stärkere innere Überzeugung da sein, dass es zur Demokratie keine Alternative gibt.

Das Bewusstsein dafür ist Ihrer Meinung nach ausbaubedürftig?
Es bedarf der Vertiefung und der Pflege. Wenn beispielsweise die CDU und die SPD eine Koalition bilden, gibt es natürlich Spannungen. Aber man sollte nicht nur Unzufriedenheit schüren und Fehler beklagen. Oder nehmen Sie das Haushaltsrecht. Die Demokratie muss einfach Maß halten, damit sie ihre Mittel nicht überfordert. Das ist ganz wichtig für ihr Ansehen. Wenn einer kommt und sagt, „jetzt geben wir mehr Geld für die Kinder", sollten wir auch imstande sein zu sagen, wo das herkommt. Da wäre manchmal schon mehr Klarheit der Argumentation nötig.

Sie überschauen eine große Zeitspanne. Wenn Sie Staat und Politik betrachten, wie ist es Ihrer Meinung nach darum bestellt?
Ich würde mir wünschen, dass man sich darauf einstellt, dass die nächsten Jahre nicht mehr unbedingt im Zeichen des Überflusses stehen werden, sondern eher im Zeichen des Mangels. Die Hoffnungen, dass es immer mehr werden kann, sind nicht begründet. Da ist auch niemand schuld daran. Das liegt an den Umständen, an den Verhältnissen. Das muss man durchstehen. Die Demokratie nur so lange mitzutragen, wie sie zahlungswillig und -fähig und bereit ist, Geld auszugeben, das nicht da ist, genügt nicht. Gleichgültigkeit in dieser Hinsicht ist kein demokratisches Engagement.

Es gibt andererseits auch einen Hang, die Politik und die Politiker zu überfordern.
Es wird viel zu oft über Politiker geklagt nach dem Motto „Oh, diese Kerle. Ich geh nicht mehr zum Wählen. Die sind doch alle gleich." Das ist schwäbisches Wirtschaftsgebrumm. Aber natürlich muss auf der anderen Seite gewährleistet sein, dass jeder sagen kann, was er denkt, sofern er keine strafbaren Handlungen begeht. Das abzuschaffen, war Voraussetzung im Dritten Reich, um diese Untaten zu

begehen. Wenn damals der „Stern“ oder „Spiegel“ ein Interview gebracht hätten über die Verhältnisse in den Konzentrationslagern, dann wäre das nicht durchzuhalten gewesen. Drei Monate Pressefreiheit und dieser Staat wäre erledigt gewesen!

Derartige Gefahren erkennen Sie aber auch besonders gut, weil Sie, wie wir wissen, Rationalist sind.
Ich bemühe mich.

Sie haben von Politikern immer die Fähigkeit zu Selbstkontrolle und Selbstkritik gefordert. Sie sagten auch mal, Sie hätten in Besprechungen im Rathaus Ihre Meinung manchmal drei- oder viermal geändert.
Das stimmt. Das war so.

Politiker sollen keine Schönredner sein, die Menschen verstehen die Wahrheit?
So ist es.

Wie viele Politiker werden heute Ihren Ansprüchen gerecht? Sind Sie zufrieden?
Ja. Viele Politiker sind heute besser ausgebildet, gehen mehr in die Details hinein als die alten. Bloß besteht immer die Gefahr, dass sie sich überschätzen. Aber viele nehmen heute Dinge in Angriff, die früher niemand selber gemacht hätte. Ich bin von den Jungen in der Politik heute überzeugt. Nützlich wäre allerdings, dass man sich mehr auf die großen Fragen beschränkte und dass man sich, wenn das überhaupt geht, mehr Zeit ließe bei Gesetzesreformen.

Sie beklagten auch schon, dass Politik zu sehr nach den Medien schiele und die Dinge zu sehr vereinfache.
Man sollte die Vereinfachungen wenigstens nicht selber glauben. Es ist zwar schwierig, aber möglich, sich mit einem Hammer selber auf den Kopf zu hauen. Es war immer üblich, dass man wüste Sachen über die anderen gesagt hat. Ich kann mich an den Wahlkampf 1953 erinnern. Da hat man einen Aufkleber, worauf stand „Von Moskau bezahlt“, dem SPD-Kandidaten Ollenhauer auf die Backe geklebt. Der war überhaupt nicht von Moskau bezahlt. Das habe ich später

gelernt, dass die SPD eine höchst respektable demokratische Einrichtung war.

Es machte das böse Wort von der fünften Kolonne Moskaus über die SPD die Runde.
Da hat man auf heute unverständliche Weise die anderen angegangen. Was natürlich auch wechselseitig war. Furchtbares Zeug teilweise. Auch da muss man sich um Milderung bemühen. Es geht auch anders. Es ist allerdings eine deutsche Utopie, dass die Einigkeit der Normalzustand wäre. „Ein einig Volk von Brüdern" steht beim Wilhelm Tell. Aber in der Demokratie kann nicht immer Einigkeit herrschen. Darum gibt es ja auch die Freiheiten wie die Redefreiheit. Man soll auch nicht immer klagen „jetzt streiten die schon wieder, was haben wir für einen Staat?" Streit liegt eben drin. Nur muss man lernen, Meinungsverschiedenheiten höflich auszutragen.

Aber wenn die Einigkeit schon in der Nationalhymne eingefordert wird ...
Ja, ja, „Einigkeit und Recht und Freiheit". Schon in der Weimarer Zeit und sogar in der Kaiserzeit hat man immer wieder die Losung ausgegeben: Seid einig, einig, einig. Einigkeit ist schön, wenn man sich aufs Richtige einigt. Es besteht allerdings die Gefahr, dass man sich aufs Falsche einigt.

Wenn junge Leute Sie fragen, was die Quintessenz aus Ihrer Tätigkeit war, was sagen Sie?
Ich glaube nach wie vor – oder besser gesagt: wieder – an die Fortschrittsfähigkeit der Menschen. Unbeirrbar. Es gab Zeiten in der Geschichte, die einigermaßen befriedigend sind, und andere Zeiten, die man zutiefst ablehnen muss. Das zeigt, dass man nicht immer erreichen kann, was man will, aber dass man doch die Verhältnisse in die eine oder andere Richtung verändern kann.

Sie würden die jungen Leute auch ermutigen, daran mitzuwirken?
Ja, auch auf eine Art zu reden, die nicht in die Beschimpfung des Gegners einmündet. Die zwar die Unterschiede zu anderen Positionen deutlich darstellt, aber auch den Respekt vor der Leistung des

anderen erkennen lässt. Es wären auch manche Lockerungsübungen nötig, dass man nicht Details durch Parteitagsbeschlüsse so festzurrt, dass man sich nicht mehr bewegen kann. Kompromiss ist immer dann möglich, wenn es ein größerer Schaden wäre, gar keine Lösung zu haben. Kompromisse sind fachlich oft problematisch. Aber sie sind eigentlich das normale Ergebnis.

Weil Kompromisse unbeliebt sind, sind auch Große Koalitionen so unbeliebt.
Aber die sind gut. Zu Filbingers Zeit hat die Koalition in Bonn und in Stuttgart geklappt. Jeder hat zwar so getan, als ob man möglichst schnell die Koalition verlassen müsste, aber man hat doch in wichtigen Fragen auf Jahre hinaus die Politik stabilisiert. Das hing auch an den Leuten. Filbinger war sehr sachbezogen, nicht ideologisch, sondern pragmatisch. Und die SPD im Land hatte zum Beispiel mit Walter Krause einen Politiker erster Klasse.

Sie sagten einmal, der Staat müsse sich schützen können, dürfe aber nicht so überwachen, dass von der Demokratie zu wenig übrig bleibe. Der Staat müsse was aushalten können, zum Beispiel Bürger, die seltsame Meinungen äußern. Schöne Sätze.
Manche gehen aber selbst ins Theater mit der Maßgabe „Rufe nicht, wir fordern Freiheit, sondern rufe, wir schaffen Ordnung". Ich habe nie nach dieser Maßgabe gelebt. Da muss man großzügig sein. Man kann auch durch Großzügigkeit, wenn sie nicht als Schwäche missverstanden wird, Menschen gewinnen und beruhigen.

Wobei sich in der Kulturpolitik besonders Ihre CDU manchmal schwer tat, die nötige Freiheit einzuräumen.
Es stimmt, da gab es Spannungen. Man hört eben am liebsten das, was man selber denkt. Mir geht es selbst bei jedem Vortrag so. Wenn der Redner lauter Sachen sagt, die ich selbst auch dachte, bin ich entzückt. Wenn er dagegen sagt, dies und jenes sei falsch, dann ärgere ich mich, wenn ich nicht meinen Verstand einschalte. (Greift mit Mühe zum Wasserglas.) Den Unterschied zwischen Alzheimer und Parkinson kennen Sie? Nein? Fragt einer: „Was wäre Ihnen lieber, Alzheimer oder Parkinson?" Sagt der andere: „Alzheimer. Da

vergesse ich nur zu zahlen, bei Parkinson verschütte ich mein ganzes Viertele."

Treffliche Unterscheidung. Man hat oft über Sie gesagt, Herr Rommel, Sie seien der letzte Liberale im Land. Stimmen Sie zu?
Nein, ich sehe noch viele mit und nach mir.

Warum sind Sie eigentlich in der CDU gelandet und nicht in einer Partei, wo man Liberale nach überlieferter Ansicht vermutet?
Ich hatte immer eine Neigung zur CDU, eine Zeit lang allerdings auch zur SPD.

... was aber vor allem mit der Person von Fritz Erler zusammenhing.
Aber dann hat Oskar Farny, ein Freund meines Vaters und früherer Zentrumsabgeordneter, zu mir gesagt, „Geh doch nicht zu den Roten, du kommst zu uns. Da sind inzwischen auch Evangelische". Und er wies darauf hin, dass sie auch bei der CDU Demokraten seien.

Hatten Sie mal das Gefühl, dass Sie auch in der SPD hätten glücklich werden können?
Glücklich, weiß ich nicht, aber nützlich.

Ich glaube, Sie erwarteten sich von Parteien sowieso nie das Glück.
Nein, ich bin froh, wenn die bei der CDU einigermaßen mit mir zufrieden sind.

Sie arbeiteten mit Filbinger und Kiesinger. Wie beurteilen Sie beide?
Kiesinger war ein ganz bedeutender Mann. Filbinger war fleißig und an den konkreten Problemen interessiert. Das war Kiesinger nicht immer. Ich war ja im Innenministerium. Da hat er mich nur zugezogen zu bestimmten Dingen. Als ich mal mit ihm in den Landtag ging, sagte einer vom Staatsministerium zu mir, ob ich nicht dafür sorgen könne, dass der Mann endlich eine Urkunde unterschreibt. Die liege schon eine Woche herum. Da habe ich dann gesagt: „Herr Ministerpräsident, darf ich mich in tiefer Demut Ihnen nähern und Sie bitten, dass Sie nebenher die Urkunde unterschreiben? Es ist unbedeutend." Da sagte er, „dann unterschreibe ich".

Aber Sie hätten lieber für Filbinger gearbeitet, wurde früher geschrieben.
Es war anders. Bei Kiesinger war der Nachteil, dass er einen überforderte. Dass er mit seinem glänzenden Deutsch sprachlich nicht übertroffen werden konnte. Ich hab auch einiges dazugelernt, aber er hat mich damals viel lehren müssen. Filbinger hat sich selbst zu viel aufgepackt. Aber beide waren ein Gewinn fürs Land. Kiesinger mit einem genialischen Anflug und Filbinger mit seinem Fleiß und seiner großen inneren Kraft.

Zu welchen Politikern und Weggefährten von damals haben Sie noch Kontakt?
Natürlich zu Erwin Teufel, und auch zu Späth habe ich sehr guten Kontakt. Zu meinem Freund Ernst Ludwig in Ulm, der auch bei der Flak war, und zu meinem Freund Uli Weber, der war früher Pressechef beim Land und dann stellvertretender Intendant in Baden-Baden. Es gibt noch genug. Aber ich kann ja nirgendwo hinfahren. Ich habe die Erfahrung gemacht, dass ein Mensch ohne Auto in seiner Freiheit erheblich eingeschränkt und ein Mensch zweiter Klasse ist.

Sehr imponiert hatte Ihnen Teddy Kollek, Ihr damaliger Amtskollege in Jerusalem.
Mit Kollek war ich fast befreundet. Er war sicher am eindrucksvollsten. Ich habe von ihm viele Briefe und den Titel des Guardian of Jerusalem erhalten. Er hat auch sehr viel getan für die Zukunft der Orientierung der Israelis und der Deutschen.

In Jerusalem gab es Protest gegen Sie.
Als ich den Ehrentitel erhielt, haben im Jerusalemer Rathaus einige demonstriert. Ich sagte zu Kollek: „Da geh ich raus." Ich bin dann auch hinaus und habe mich mit denen eine Weile unterhalten. Die waren aber sehr freundlich und sagten, „wir haben uns bloß erlaubt, darauf hinzuweisen, dass Ihr Vater ja schließlich Chef der deutschen Armee war". Ich sagte, mein Vater würde froh sein, dass er nicht bis hierher gekommen ist. Wir haben uns dann freundlich getrennt und Hände geschüttelt.

Ein schönes Beispiel dafür, wie jemand mit der richtigen Einsicht und der richtigen Botschaft die Menschen erreichen und Entspannung bewirken kann.
Wie sollte man sich auch anders verhalten? Es ist halt so, man kann die Verbrechen nicht mehr leugnen und nicht bagatellisieren. Es macht aber auch keinen großen Eindruck, wenn man sagt „Oh, was habe ich für Landsleute! Ich war so gut, die anderen waren so schlecht".

Wer ist nun aber Ihr größter Freund aus der Politik? Helmut Kohl wahrscheinlich nicht.
Ha, den kenn ich auch gut.

Ja, aber das Verhältnis war manchmal gespannt.
Ja, freilich.

Wir denken an Kohls Reaktion nach Ihrer Kritik an seiner Finanzpolitik: „Die Hunde bellen, die Karawane zieht weiter."
Ich hab mich aber auch entsprechend geäußert: „Lieber ein Hund sein als ein Kamel." Ich habe aber nie gesagt, er sei ein Kamel. Das hätte ich wirklich nie gesagt. Wir haben uns immer besser verstanden, je länger wir zusammengearbeitet haben.

Er kam auch zu Ihrer Verabschiedung als OB.
Ja, ich habe mich sehr gefreut, dass er bei diesem Anlass meine Arbeit gewürdigt hat.

Sie waren und sind ein selbstkritischer Mensch, der Selbstkritik auch von anderen einfordert. Wenn Sie auf Ihre 80 Jahre zurückblicken – was für Fehler sehen Sie?
Ich habe keinen Fehler gemacht, den ich nicht versucht hätte wiedergutzumachen oder in seinen Folgen abzumildern oder überhaupt zu korrigieren, sofern ich ihn als Fehler erkannt habe. Das habe ich mir doch beigebracht, dass man nicht an einer Sache desto mehr festhält, je fragwürdiger sie ist. Ich habe natürlich jeden Tag Fehler gemacht. Aber wenn einer kam und sagte „Herr Rommel, das können Sie nicht machen" und wenn er recht hatte, was häufig der Fall

war, habe ich nachgegeben. Man muss die Fehler aber sogar selber suchen.

Das haben Sie schon beim Vater gesehen.
Er hat nach seinen Gefechten und Schlachten immer nach Fehlern gesucht. Am meisten kann man aus eigenen Fehlern lernen, sagte er. Das trifft zu, auch in der Politik. In der Politik beschreiten wir ja unbekanntes Gelände. Wir sind schon lang im weißen Teil der Karte, und wenn man sich dann nicht mal Fehler als Lehrmaterial zumutet, braucht man sich nicht zu wundern, wenn's immer schlimmer wird.

Daher fühlen Sie sich mit sich im Reinen?
Ich habe mich zwar um diese Korrekturen bemüht, aber es gibt natürlich noch viel, was einen davon abhält, sich in vollem Umfang für gut zu erklären.

Was halten Sie für Ihre größten Verdienste in Ihrer aktiven Zeit? Sie wurden beispielsweise als Erfinder der Mittelfristigen Finanzplanung bezeichnet. Die ist für jeden Verwaltungsmensch und Kämmerer wichtig.
Mein größtes Verdienst ist, dass ich nach B 11 besoldet wurde.

Das ist eine sehr monetäre Betrachtung.
Mag sein. Ich werde erst mal abwarten, wie man mich bei der Feier im Rathaus lobt. Wenn irgendwelche Verdienste nicht erwähnt werden, werde ich mir erlauben, sofern noch bei Verstand, sie hervorzuheben.

Viele sind dankbar und stolz auf Sie. Auch die CDU wird versucht sein, drauf hinzuweisen, dass der populäre Manfred Rommel zu ihr gehört, und wird Sie würdigen wollen.
Man soll es nicht übertreiben. Ich bin für meine Arbeit bezahlt worden. Das vergessen manche.

(Das Gespräch wurde im Juli 2008, einige Monate vor Manfred Rommels 80. Geburtstag, geführt. Es ist das letzte große Interview, das er gegeben hat.)

KINDHEIT UND JUGEND IM NATIONALSOZIALISMUS

DER GANZE STOLZ EINES JUNGEN KRIEGSHELDEN

Wohin sein Weg ihn auch führte – immer war Manfred Rommel einer auf den Fersen, den er nicht abschütteln konnte. Kein Mensch, sondern ein Schatten, der ihn seit mehr als 60 Jahren begleitet. Er habe, hat Rommel mehr als einmal gesagt, sein ganzes Leben mit dem historischen Bild seines Vaters verbracht. Spätestens von dem Tag an, da Sendboten des Diktators Adolf Hitler den in Ungnade gefallenen Generalfeldmarschall Erwin Rommel aufforderten, seinem Leben ein Ende zu machen – und als der Offizier nach kurzer Bedenkzeit das dargereichte Gift nahm, um dadurch Frau und Sohn vor Hitlers Zorn und vor Sippenhaft zu schützen.

Manfred Rommel war zu diesem Zeitpunkt noch nicht ganz 16 Jahre alt. Man schrieb den 14. Oktober 1944. Deutschland stand kurz vor der endgültigen Niederlage in dem Weltkrieg, den es selbst verschuldet hatte. Erwin Rommel war zum weltweit bekanntesten Deutschen nach Adolf Hitler aufgestiegen, der drei Monate zuvor ein Attentat überlebt hatte und neben den Attentätern auch tatsächliche oder vermeintliche Mitverschwörer und Mitwisser verfolgen ließ. Erwin Rommel war unter nie ganz geklärten Umständen von Verschwörern nach ihrer Festnahme mit Namen genannt worden und so auf Hitlers Racheliste gekommen. Dass von ihm über seinen Tod hinaus noch viel die Rede sein würde, lag auf der Hand. Dass auch sein Sohn in den Blickpunkt der Öffentlichkeit geraten könnte, war nicht unwahrscheinlich. So ist es auch gekommen, und in unserer Rückschau auf jene Jahre wird alles von diesen Ereignissen überdeckt.

Ganz anders die Lage, als Manfred Rommel zur Welt kam. Sein Vater hatte sich zwar schon im Ersten Weltkrieg als junger Offizier in Frankreich und im Italien-Feldzug ausgezeichnet und fast als einziger Offizier der niedrigeren Dienstränge den Orden Pour le Mérite, den höchsten preußischen Kriegsorden für besondere Verdienste vor dem Feind, erhalten.

In Norditalien hatte Erwin Rommel mit seinen Soldaten den Monte Matajur gestürmt und außerdem auf dem Kolvrat die italienische Front durchstoßen. Sein Ruhm begann sich nach diesen Heldentaten bei der 12. Isonzoschlacht mit Macht zu entfalten. Mit häufigen Vorträgen in der Heimat half Erwin Rommel der Erkenntnis dieser Leistungen auch selbst kräftig nach. Die Historiker des Hauses der Geschichte Baden-Württemberg betrachten Rommels Rolle in Italien sogar schon als Urknall des Rommel-Mythos. Die Siege und Niederlagen auf dem Felde, die medial und propagandistisch mit ganz neuen Mitteln ausgeschlachtet werden und ihn in der Welt als „Wüstenfuchs" bekannt machen sollten, lagen aber noch vor ihm – wie Deutschlands Abmeldung aus der zivilisierten Welt.

Es war der Heilige Abend des Jahres 1928, als Manfred Rommel in der Landhausstraße 122 im Stuttgarter Osten geboren wurde. Ein Ereignis, das den Offizier Erwin Rommel und seine Ehefrau Lucie Maria so sehr berührte wie viele andere Eltern die Ankunft ihrer Kinder auch. Ein Ereignis also, das den kleinen Manfred zum Star machte. Seine Eltern nahmen ihn sehr wichtig, gestand er später. Besonders sein Vater sei von ihm schon früh begeistert gewesen. In jeder Lebenslage, selbst auf dem Nachttopf, hat er den familiären Thronfolger fotografiert.

Der Kleine wurde reich beschenkt. Es galt ja auch, den Buben für die recht ungünstige Konstellation zu entschädigen, dass er ausgerechnet an dem Tag Geburtstag feierte, an dem abends ohnehin Geschenke unter dem Christbaum liegen. Wir wissen nicht, wie dieses Dilemma im Falle des späteren Mongolenherrschers Dschingis Khan gelöst wurde, der auch an einem Heiligen Abend geboren war. Bei Rommels jedenfalls ging man so damit um, dass der kleine Manfred morgens und abends Geschenke erhielt. „Natürlich nicht so, dass ich morgens den linken Schuh und abends

Der zweijährige Manfred im Kreise der Familie im Wohnzimmer in der Landhausstraße im Stuttgarter Osten.

den rechten erhalten hätte", erinnerte sich Manfred Rommel im Jahr 1999. „Meine Eltern, besonders mein Vater, haben mir die Bedeutung dieses Geburtstags in so leuchtenden Farben geschildert, dass ich das als Auszeichnung empfunden habe." Der Bub konnte sich unter diesen Bedingungen also auch am Heiligen Abend so richtig wohl fühlen. Als Einzelkind, mag man denken, war ihm das ja auch in die Wiege gelegt. Richtig ist, dass Manfred Rommel als Einzelkind aufwuchs. Und doch war er nicht das einzige Kind von Erwin Rommel. Der junge Held hatte bereits seit Dezember 1913 eine Tochter aus einer Liebesbeziehung in Weingarten, wo der 21-Jährige als einfacher Soldat stationiert gewesen war. Die Mutter des Kindes war Bedienung in einem Lokal. Rommel lernte sie 1910 bei einer Theateraufführung kennen. Er verliebte sich in sie und schrieb ihr, wenn sie getrennt waren, leidenschaftliche Liebesbriefe.

Was seine Freundin Walburga Stemmer möglicherweise nicht wusste: Bereits 1911 hatte Rommel Lucie Mollin kennengelernt, als er in Danzig einen Lehrgang besuchte. Zum Zeitpunkt, da in Weingarten seine Tochter Gertrude zur Welt kam, kannte er Lucie bereits zwei Jahre. Im November 1916 heiratete er sie. Gertrude wuchs bei der Großmutter auf und wurde als Nichte von Erwin Rommel ausgegeben, der sich als vorgeblicher Onkel des Kindes annahm.

Selbst nach dem Krieg, als die Geschichtsforscher sich mit Rommel befassten, drang diese Episode in Weingarten kaum ins Bewusstsein der Öffentlichkeit. Später schlug sie sich in der einen oder anderen Veröffentlichung und in Internetlexika nieder. Im März 2012 sollte die Familie Rommel schlagartig erneut damit konfrontiert werden. Gertrudes Sohn, als 72-Jähriger in Kempten im Allgäu lebend, offenbarte der Leserschaft der „Bild"-Zeitung, dass seine Oma „die Geliebte von Rommel" war. Walburga habe sich 1929 das Leben genommen, berichtete er, um die gemeinsame Tochter Gertrude aber habe sich Erwin Rommel stets rührend gekümmert.

Heiligabend im Hause Rommel in Dresden: Der vierjährige Manfred auf dem Dreirad, das ihm die Eltern geschenkt haben.

Klar im Mittelpunkt stand für Erwin und Lucie Rommel von Weihnachten 1928 an aber der Sohn Manfred, der als Baby mit den Eltern nur etwa ein Jahr in Stuttgart wohnte. Die Offiziersfamilie musste eben häufig umziehen – nicht weniger als fünf Mal in den Jahren 1928 bis 1943: nach Dresden, wo Erwin Rommel als Infanterielehrer wirken durfte, nach Goslar, wo er 1933 Kommandeur des Jägerbataillons wurde, nach Potsdam, wohin er zur dortigen Kriegsschule wechselte, und schließlich nach Wiener Neustadt, wo er Kommandeur der Kriegsschule wurde.

Stolze Eltern ihres Sohnes waren Erwin und Lucie Rommel überall. Und stolze Eltern neigen nicht nur dazu, ihr Kind besonders zu verwöhnen, sondern ihm auch Ersatz für fehlende Geschwister zu verschaffen. Den offerierten Hund lehnte Manfred, als er der Wiege entwachsen war, aber entschieden ab. Zeit seines Lebens mochte er Hunde nicht, denn er misstraute ihrem Charakter. In der Burg von Wiener Neustadt fühlte sich der Bub eine Zeit lang von einem Bernhardiner wiederholt in die Flucht und förmlich in die Schule getrieben, vor den Augen der väterlichen Berufskollegen auf dem Kasernengelände als Feigling entlarvt. » ES GEHÖRT MANCHMAL MEHR MUT DAZU, SICH NICHT ZU TRAUEN, ALS SICH ZU TRAUEN. «

Doch Erwin Rommel meinte, die Verantwortung für ein Tier würde seinem Sohn gut tun. Dass Manfred sich vom Bernhardiner gejagt fühlte, führte der Vater auf unsicheres Auftreten und mangelnden Mut zurück. Er wurde nicht müde, vom Sohn kleine Tapferkeitsbeweise zu fordern.

Schon im Alter von drei Jahren hatte er den Buben versuchsweise auf sein Pferd gesetzt. Als der Junge etwa acht war, versuchte Erwin Rommel ihm auf

Manfred wird im Alter von drei Jahren auf ein Pferd gesetzt – ein Reiter wird auch in späteren Jahren nie aus ihm.

dem Gelände der Kriegsschule in Potsdam das Reiten beizubringen. Doch Manfred mochte das zum Beißen neigende Pferd nicht, und seine Abneigung erwies sich bald als berechtigt. Das Tier warf ihn ab und trat nach ihm. Der Bub blieb mit einem Fuß im Steigbügel hängen, ein Huf streifte ihn an der Stirn. Heftig blutend kam der unglückliche Reiter ins Krankenrevier der Kriegsschule, wo sich die Verletzung als vergleichsweise harmlos erwies. Dennoch erinnerte sich Manfred Rommel später, er habe seinen Vater nie so konsterniert, beinahe fassungslos erlebt.

Dass Manfred als kleiner Bub zwei harmlosere Tiere begehrt hatte und damit vorübergehend mit monetärem Gewinn kleine Kaninchen aus dem Hut zauberte, hätte seinem Vater wahrscheinlich zu denken geben sollen. Mit großen Tieren gab sich Manfred erst später wieder als Oberbürgermeister von Stuttgart ab, vorzugsweise bei launigen offiziellen Terminen wie dem Besuch im Zoologisch-Botanischen Garten Wilhelma oder wie dem Kamelreiten in der Nähe der Stuttgarter Partnerstadt Kairo.

Doch der Vater versuchte Manfred auch noch zu anderen sportlichen Aktivitäten als dem Reiten zu bewegen, etwa zum Skifahren oder zum Sprung vom Drei-Meter-Brett im Schwimmbad der Kriegsschule Potsdam. Der Nichtschwimmer, damals vielleicht etwa acht oder neun Jahre alt, verweigerte, obwohl mit einem Schwimmgurt ausgerüstet, den Sprung ins Wasser. Daran änderte auch das Versprechen des Vaters nichts, dass er ihn notfalls schon aus dem Wasser holen werde. Der Sohn wollte erst sehen, dass der Vater sich vorbereitet und die Stiefel auszieht. Der Vater mochte sich vor den Untergebenen aber nicht seiner Stiefel entledigen, berichtete Sibylle Krause-Burger 1982 in ihren „Biographischen Skizzen“ über Rommel. Aus dem Vorfall schloss sie, dass der Bub bei dieser Gelegenheit einen zwar nicht triumphalen, aber wichtigen Sieg über den Offizier errungen habe, der noch den erwachsenen Manfred Rommel mit einer gewissen Genugtuung erfüllt habe.

Immer und überall, wo der Vater diente, ist es jedenfalls Manfreds Los gewesen, als Sohn eines mutigen Mannes auch mutig sein zu müssen, klagte er später. Wenn er einmal die Angst besiegt hätte, signalisierte ihm der Vater, werde er nie mehr von ihr befallen. Dabei legte es der Vater gar nicht darauf an, den Sohn zum Berufssoldaten zu programmieren. Im Gegenteil. Schon Manfreds Lispeln, das den Sohn nicht einmal im Erwachsenenalter störte und das seine Zuhörer sogar eher aufhören als abschalten ließ, schien dem Vater ein Warnzeichen zu sein. Gelispelte Befehle? Da könnte die Respektsperson ja zur Lachnummer werden! » MEIN LISPELN HAT MICH NIE GESTÖRT. « Erwin Rommels väterlicher Ehrgeiz für den Sohn speiste sich aus anderen Überlegungen und Vorlieben als dem Soldatentum. Der Offizier hegte eine Leidenschaft für die Mathematik und alles Technische, hatte schon in jungen Jahren als Rechengenie gegolten. Dem kleinen Manfred diente er unter anderem Baukästen zum Spielen an. Doch der Bub mochte lieber Zinnsoldaten und andere Spielsachen, die heutzutage als Kriegsspielzeug betrachtet werden. Dennoch versuchte der Vater, etwas von seinen Fähigkeiten an den Sohn weiterzugeben, wenngleich er in seiner oft als widersprüchlich beschriebenen Erziehungsweise durchaus auch mit der Note „ausreichend" beim Filius leben konnte. Aber meistens hatte es Manfred Rommel mit der etwas strengeren Mutter zu tun. Sie war immer präsent, Erwin Rommel dagegen viel unterwegs, mit Beginn

Manfred Rommel in seinem zwölften Lebensjahr: Der Vater ist weit weg im Krieg, zuerst in Frankreich, dann in Nordafrika.

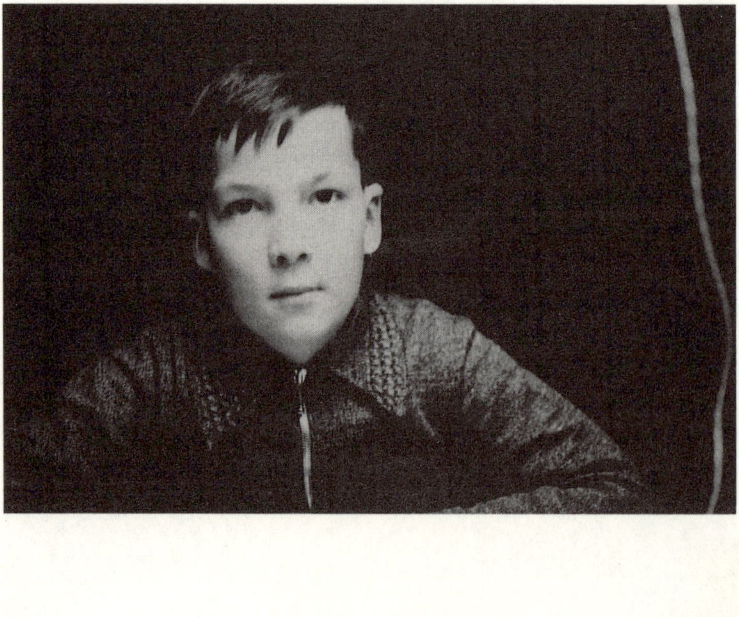

Glückliche Tage der Familie. Der kleine Manfred ist stolz auf seinen Vater in Uniform.

des Zweiten Weltkriegs 1939 fast ständig abwesend. Zu der Mutter, die dann daheim das Regiment führte, fühlte sich Manfred Rommel immer sehr hingezogen, obwohl sie in ihrer preußischen Art durchaus streng sein konnte. »Menschlicher zu werden, sollte das Ziel jeder Bildung sein.«

Erwin Rommel griff dann in die Erziehung des Sohnes ein, wenn er Urlaubstage mit der Familie verbrachte oder zur Genesung von Verletzungen daheim weilte. Noch im September 1944, gezeichnet von den Folgen einer Kriegsverletzung und schon auf Hitlers Abschussliste stehend, versuchte der Vater dem nunmehr 15-jährigen Manfred das Wesen der Differential- und Integralrechnung beizubringen.

DIKTATUR UND KRIEG VERÄNDERN DAS LEBEN

Das gelegentliche Liebäugeln seines Sohnes mit der Karriere eines Berufssoldaten unterstützte Erwin Rommel also gar nicht. Er er-

Die Familie stellt sich 1941 vor der Villa in Wiener Neustadt dem Fotografen. Hier war Erwin Rommel Kommandant der Kriegsschule.

munterte ihn vielmehr dazu, lieber einen anderen Beruf anzustreben. Eigentlich müsse er eher zum Zirkus gehen, empfahl Rommel seinem schalkhaften Sohn, wenn auch nicht ganz ernsthaft, sogar einmal. Doch als Manfred Rommel die Kindheit hinter sich gelassen hatte und ein junger Bursche geworden war, traten nach und nach dringendere Fragen in den Vordergrund.

Die Umtriebe der Nationalsozialisten und der Krieg wirkten mehr und mehr in das Leben der Menschen und auch in jenes der Familie Rommel ein, obgleich der Junge von dem politischen Umbruch 1933 und der Übertragung der politischen Macht auf Adolf Hitler zunächst keine Veränderungen für das Familienleben wahrgenommen hatte.

Als der Reichskanzler Adolf Hitler 1934 nach Goslar kam, schritt Erwin Rommel mit ihm die Ehrenformation des Jägerbataillons ab. Seine Ehefrau und sein Sohn aber haben Hitler nie von Angesicht zu Angesicht gesehen, erinnert sich Manfred Rommel. Dagegen war Lucie Rommel, die mehr auf Teilhabe am gesellschaftlichen Leben erpicht war als Erwin Rommel, mit ihrem Mann Gast beim Reichspropagandaminister Joseph Goebbels, der ihnen im Herbst 1942 voller Stolz seine Kinder vorführte. » Der Geist des Mittelalters lebt noch in unseren Köpfen. Wir sollten uns hinwenden zur Aufklärung. «

Die Aufnahme des jungen Manfred in die Nationalpolitische Erziehungsanstalt (Napola) lehnten Erwin und Lucie Rommel ab. Sie wollten ihn nicht von daheim ziehen lassen, und der Sohn war dankbar dafür. Sein Verhältnis zur nationalsozialistischen Bewegung war wohl das eines jungen Menschen, der nach seiner Rolle sucht und deshalb leichtere Beute für den Zeitgeist ist als ein Erwachsener, obwohl sich damals Deutsche allen Alters täuschen ließen oder gar bereitwillig in die Tasche logen. Die Politik war, wie zumindest Manfred Rommel es geschildert hat, lange Zeit kein großes Thema im Hause von Erwin Rommel. Dieser besaß, wie alle deutschen Berufssoldaten in jener Zeit, kein Wahlrecht. Von seiner Tante Helene nahm der junge Manfred jedoch wahr, dass sie vom Führer und vom Nationalsozialismus alles andere als begeistert war.

Der Bub wunderte sich zwar, warum ein Kamerad beim Deutschen Jungvolk in Wiener Neustadt – blauäugig und blond, wenngleich halbjüdischer Herkunft – nicht Jungenschaftsführer und bestätigter Oberhordenführer werden konnte wie er selbst. Im Grunde, schrieb Rommel in seinen Erinnerungen, hing er aber weiter der Meinung an, dass im nationalsozialistischen Staate alles bestens bestellt sei.

Kein Wunder: Der Massenmord an den jüdischen Deutschen wurde nach Rommels Erinnerung erst sehr spät ein Thema in der breiten Öffentlichkeit, obgleich die sichtbare Judenverfolgung durch Beschimpfung, Verhöhnung, Beraubung und Deportierung von Anfang an nur schwer übersehen werden konnte. Sie wurde von den im späteren Stadium gleichgeschalteten Medien freilich nur wenig behandelt – und im Zweifel als rechtmäßige Gegenwehr des NS-Staats verteidigt, wie Manfred Rommel es sich im Rückblick erklärte.

Anfang 1943 rückte er, weil irrtümlich für älter gehalten, als 14-Jähriger zur Ausbildung an der Zwei-Zentimeter-Flak an den Neusiedler See aus. Und wie das so ist in diesem Alter: Er empfand Stolz und fühlte sich sehr erwachsen. Nach kurzer Zeit schickte man ihn zwar wieder nach Hause, um ihn allerdings zu Beginn des Jahres 1944 als nunmehr 15-Jährigen zum Luftwaffenhelfer zu machen. Mit einer Flakbatterie in Ulm ging Manfred Rommel in Stellung.

Mit der Einberufung zur Flak hatte Manfred Rommel nach eigener Auskunft die Bemühung um Bildung vorläufig eingestellt. Als Ladekanonier für das neunte Geschütz der Flakbatterie Ulm fand er zwar noch nicht Bildung fürs Leben, aber einen Freund: Der Kontakt zum damaligen Geschützführer und späteren Ulmer Oberbürgermeister Ernst Ludwig riss nie mehr ab. Auch die Tatsache, dass Manfred Rommel ungefähr so geschickt und zuverlässig das Geschütz bediente wie er viele Jahre später bei der Volksfesteröffnung in Cannstatt mit dem Schlegel den Zapfhahn ins Fass trieb, tat der Kameradschaft bei den Luftwaffenhelfern kaum Abbruch.

Wenige Monate vor seinem Tod bewahrte der Generalfeldmarschall seinen Manfred vor einem unbedachten Schritt. Zu einer Zeit, da alle halbwegs kriegstauglichen Männer mobilisiert wurden, wollte der Sohn freiwillig zur Waffen-SS. „Sie hatten so schöne Uniformen. Sie waren gefürchtet – und das hat mich eben fasziniert“, gestand Manfred Rommel im Jahr 1999, „die Ober- und Untersturmführer hatten so eine besondere Mütze, und sie haben sich auch den ‚deutschen Gruß‘ gegenseitig auf sehr lässige Art erwiesen.“ Von seiner Seite aus habe es sich beim Wunsch, zur Waffen-SS zu gehören, um ein reines Nachäffen gehandelt. Der „erschütterte“ Vater warnte ihn davor, sich einer politisch gesinnten Truppe anzuschließen, und empfahl die Wehrmacht. „Wenn ich bei der Wehrmacht bin, dann kannst du auch bei der Wehrmacht, beim Heer, sein“, hat Erwin Rommel seinem Sohn nach dessen Erinnerung gesagt. Bei dieser Gelegenheit habe der Vater ihm auch offenbart, was er selbst über die Erschießung von polnischen Juden und sogar über die Ermordung von Juden durch Gas gewusst habe, erinnerte sich Manfred Rommel. Letztendlich ließ er sich vom Vater überzeugen. Erwin Rommel stornierte Manfreds Beitrittserklärung.

Er wollte seinen Sohn, so hat es dieser später interpretiert, freiheitlicher erziehen, als es ihm selbst vergönnt gewesen war. Wenn man den damaligen Zeitgeist bedenke und Erwin Rommels Soldatenberuf, müsse man seinen Vater als ungewöhnlich tolerant bezeichnen, meinte Manfred Rommel. Vielleicht ist der Funke ja damals übergesprungen. Das reiche Ausmaß seiner Toleranz hat sich der Offizierssohn aber unter dem Einfluss der Zeitläufte später erworben.

Dennoch: Wenn Manfred Rommel erzählt, sind wir mit einem anderen Menschen konfrontiert als erwartet. Der Offizier, der als Kommandeur des Jägerbataillons Goslar auf seinem Pferd dem Sohn fast wie ein Kriegsgott erschien, tritt in den Hintergrund. Auch der „Wüstenfuchs", der in Afrika von der deutschen Fernseh-Wochenschau als Held in Ledermantel und mit Marschallsstab in Szene gesetzt wurde.

Sicher, Befehle mag er auch bei seinen Gastspielen im Familienheim erteilt haben. Doch Manfred Rommel zeichnet ein für uns eher überraschendes Bild des Vaters. Dem fähigen Soldaten und Truppenführer waren demnach auch Fantasie, Intelligenz, Leidenschaft, Besonnenheit, Verantwortungsgefühl und Charisma eigen. Vor allem aber: „Er hasste niemand."

„Fast freundschaftlich" wurde das Verhältnis zwischen Erwin und Manfred Rommel in den Wochen im Sommer 1944, als der Offizier in Herrlingen Genesung suchte, wohin er den Haushalt im Jahr zuvor beordert hatte, damit Frau und Sohn jetzt näher bei der württembergischen Verwandtschaft seien. Es waren die Wochen der Entscheidung über Erwin Rommels Leben – und damit auch über Manfred Rommels künftigen Weg. Es waren die Wochen, die Manfred Rommels Leben so stark veränderten wie nichts zuvor.

Am 17. Juli 1944 war Erwin Rommels Wagen in Frankreich von Tieffliegern angegriffen

Der Luftwaffenhelfer im Jahr 1944: Etwa 15 Monate bis März 1945 ist Manfred Rommel in Ulm, Laupheim und Memmingen im Einsatz.

Im Garten des Hauses in Herrlingen – eines der letzten Bilder der Familie vor dem Tod Erwin Rommels.

worden und von der Straße abgekommen. Der Offizier hatte eine Gehirnerschütterung, einen Schädelbasisbruch und Verletzungen im Gesicht erlitten. Als am 20. Juli das Attentat der Widerstandsgruppe um Claus Schenk Graf von Stauffenberg auf Adolf Hitler scheiterte, lag der Generalfeldmarschall bewusstlos im Lazarett. Unterdessen geriet er in den Verdacht, Kontakte zum Widerstand zu haben. Eine Liste, auf der sein Name für eine spätere Schlüsselfunktion in der Staats- oder Wehrmachtsführung notiert gewesen sein soll, dürfte sich besonders verhängnisvoll für Rommel ausgewirkt haben. Aus dem Lazarett wurde er nach Herrlingen entlassen.

In den Nächten, in denen er infolge seiner Kopfverletzung nicht schlafen konnte, unterhielt sich Erwin Rommel oft stundenlang mit seinem Sohn und mit seinem Ordonanzoffizier Hermann Aldinger. Das Beispiel des Generals Karl-Heinrich von Stülpnagel vor Augen, der sich töten wollte, um Hitlers Rache gegen die Verschwörer und gegen ihre vermeintlichen Komplizen zu entgehen, der sich dabei aber nur des Augenlichts beraubte, sprach Erwin Rommel auch darüber, dass man sich besser durch den Mund erschieße als durch die Schläfe. Der Sohn begann da zu erkennen, dass der Vater selbst damit rechnete, auf Hitlers Befehl getötet zu werden.

HITLER NIMMT IHM DEN VATER

Hitlers Handlanger kamen an einem Samstag gegen 11 Uhr nach Herrlingen, angekündigt vom Oberkommando der Wehrmacht. Mit ihrem Erscheinen hatte Erwin Rommel früher oder später gerechnet, bisweilen sogar mit seiner Frau darüber gesprochen, wie Hitler es wohl anstellen würde, ihn zu beseitigen. Mit dem Ausschluss aus der Wehrmacht und einem öffentlichen Prozess vor dem Volksgerichtshof, wie er gegen Verschwörer des 20. Juli inszeniert wurde, rechnete Rommel nicht. Es würde ja auch als öffentliches Signal dafür verstanden werden, dass der Krieg verloren sei, lautete sein Kalkül. Außerdem hätte es gerade das dokumentiert, was in Hitlers Interesse nicht bekannt werden sollte: die Abwendung des populären Kriegshelden vom Machthaber. Daher rechnete Erwin Rommel damit, dass Hitler auf andere Weise versuchen würde, ihn beiseitezuschaffen. Gewiss aber werde er sich nicht widerstandslos über den Haufen schießen lassen, soll der Offizier seiner Familie erklärt haben.

Die Generäle Wilhelm Burgdorf und Ernst Maisel setzten auf andere Waffen. Sie unterhielten sich allein mit Erwin Rommel und erklärten ihm, es lägen genügend Beweise für seine Beteiligung an der Verschwörung und am Attentat gegen Hitler vor. Wegen Rommels Verdiensten in den Afrika-Feldzügen biete der Führer aber an, dass der Generalfeldmarschall durch Gift sterben könne, dass sein Tod mit einem Hirnschlag erklärt werde und dass er ein Staatsbegräbnis erhalte. Dann würden auch nicht die üblichen Maßnahmen gegen die Familie des Verschwörers ergriffen. Falls aber die Wahrheit durchsickere, würden alle Mitwisser als gefährliche Zeugen beseitigt. Zur selben Zeit meldeten zwei Herrlinger Bürger der Familie, bewaffnete Zivilisten seien dabei, in der Umgegend Straßensperren zu errichten. Der Wüstenfuchs Rommel saß in der Falle.

Was dann in Herrlingen geschah, war Familientragödie, deutsche Geschichte und Fanal zum vollendeten Mythos Erwin Rommel. Der

Manfred und die Eltern im August 1944: Die letzten gemeinsamen Wochen sind angebrochen. Zwei Monate später stirbt Erwin Rommel.

Mann, der es gewohnt war, binnen kürzester Zeit die Lage zu beurteilen, schwerwiegende Entscheidungen zu erwägen und die Folgen durchzuspielen, handelte auch am Ende seiner Möglichkeiten sehr schnell.

Zuerst nahm er Abschied von seiner Frau. Während Lucie im elterlichen Schlafzimmer zurückblieb, sprach Erwin Rommel mit seinem Sohn und seinem Adjutanten Aldinger, einem gleichaltrigen Kriegskameraden aus dem Ersten Weltkrieg. Widerstand zu leisten lehnte er ab. In zehn Minuten werde er tot sein, sagte er. Er gab den beiden die Hand. „Er sah mir lange in die Augen, ohne sich zu bewegen", schrieb Manfred Rommel in seinen Erinnerungen. Dann stieg Erwin Rommel in einen Wagen und drehte sich nicht mehr um. Wenig später kam erwartungsgemäß der Anruf, Erwin Rommel sei während der Fahrt an einer Gehirnblutung in Folge seiner Kriegsverletzung gestorben. Der Leichnam liege in Ulm in einem Reservelazarett.

Der Vater tot – in diesem Moment hat Manfred Rommels Leben wahrscheinlich eine drastischere Wendung genommen, als er es zunächst vermutet haben dürfte. Denn der Name Rommel, der vorher für einen treuen Gefolgsmann Hitlers stand, bezeichnete jetzt auch ein Opfer des Diktators. Er wurde zur Chiffre für ein ungelöstes deutsches Rätsel. Nicht mehr wegzudenken aus dem Geschichtsbuch des deutschen Grauens. Mit solch einer mythischen Gestalt zu konkurrieren, sich zugleich von dem Vater abzulösen, wie es Jugendliche dieses Alters in der Regel tun müssen, wird zu einer fast unlösbaren Herausforderung.

Ganz sicher aber hat in jenen Tagen das Bild, das Manfred Rommel von diesem Staatswesen in der Geiselhaft von Verbrechern hatte, noch einige kräftige Pinselstriche erhalten. In Ulm inszenierten Hitlers Helfer ein Staatsbegräbnis für den Kriegshelden, das an Verlogenheit kaum zu überbieten war, dessen wahrer Charakter sich der Öffentlichkeit aber nicht erschloss. Man musste vielmehr den Eindruck haben, hier werde einer ihrer Helden vom Staate, dem er gedient hatte, mit der ihm gebührenden Ehre verabschiedet. Ein Trauerzug mit dem Sarg Erwin Rommels bewegte sich durch die Stadt, an deren Straßen viele Menschen weinten. Rommels Adjutant trug auf einem schwarzen Kissen die Orden des Generalfeldmarschalls zum Ulmer Rathaus. Generalfeldmarschall Gerd von Rundstedt, der noch Anfang Juli 1944 Rommel erklärt haben soll, der Führer könne ihn mal, sagte jetzt beim Verlesen der ihm zugestellten Rede über Rommel: „Sein Herz gehörte dem Führer." Am folgenden Tag hieß es in einem Tagesbefehl Hitlers für die Truppe: „Mit ihm ist einer unserer besten Heerführer hingegangen. Sein Name ist im gegenwärtigen Schicksalskampf des deutschen Volkes ein Begriff für hervorragende Tapferkeit und unerschrockenes Draufgängertum geworden."

Von Rundstedt, Hitlers Stellvertreter beim Staatsakt, erklärte später allerdings, er habe nicht gewusst, wie Rommel wirklich gestorben sei. Andere, glaubt Manfred Rommel, waren jedoch im Bilde über die Hintergründe für diese „makabere Komödie". Auch die Ärzte und Schwestern im Lazarett. Sie seien unter Druck gesetzt worden, die Spuren der Vergiftung zu beseitigen und auf dem Totenschein eine falsche Todesursache anzugeben. Der Inszenierung fügen musste sich natürlich auch Erwin Rommels Familie. „Wir hatten die Rolle der um den Helden trauernden Hinterbliebenen zu spielen", schrieb Manfred Rommel. Tränen verbot er sich. Bei so einem Abschied zu weinen, sei damals nicht üblich gewesen. Er war so erzogen, sich unter Kontrolle zu halten.

Damals habe er ein naives Erstaunen empfunden, dass im Deutschen Reich ein Possenspiel wie dieser Staatsakt möglich war. Die Teilnahme an dieser Posse zu verweigern, wäre freilich dumm gewesen. Dann wäre Erwin Rommels Kalkül, sich in den eigenen Tod zu fügen und damit die Angehörigen zu schützen, nicht aufgegangen. So aber entgingen Rommels Frau Lucie und der Sohn vermutlich der Deportation in eines der Konzentrationslager – anders als andere Angehörige von Verschwörern. Nur enge Verwandte und Freunde wurden von Lucie und Manfred Rommel in die wahren Umstände von Erwin Rommels Tod eingeweiht.

DER GENERALSSOHN WIRD ZUM DESERTEUR

Der Krieg, der für die Deutschen längst aussichtslos geworden war, ging nach dem verlogenen Staatsakt in Ulm aber weiter. Hitler, dem Attentat entgangen, sei nun mächtiger gewesen denn je, erklärte Manfred Rommel später. Er selbst stand nach dem Staatsbegräbnis noch einige Zeit seiner trauernden Mutter bei, musste sich dann aber wieder bei seiner Flakstellung in Ulm einfinden. Plötzlich bemerkte er, dass doch einige Kameraden recht kritisch gegen die NS-Führung eingestellt waren.

Ab Herbst 1944, schreibt Manfred Rommel in seinen Erinnerungen, hatten sie es zunehmend mit feindlichen Tieffliegern zu tun. 1945 wurde die Flakstellung bombardiert, die allerdings schon geräumt worden war. Die Luftwaffenhelfer spürten dennoch den Hauch des Todes. Einige von ihnen starben auf Hochständen über einer Ulmer Fabrik, die aus großer Höhe bombardiert wurde.

Andere verloren ihr Leben, als sie in Leipheim nach dem ersten Bombenteppich ihre Stellung verließen und von der zweiten Welle des Bombardements, das den in der Erprobungsphase fliegenden neuen deutschen Strahlflugzeugen vom Typ Me 262 galt, erfasst wurden.

Häufig erzählt wurde später ein Vorfall bei der Flak, der wie geschaffen schien, Rommels mangelnde Eignung fürs Kriegshandwerk und seine Eignung fürs Zivilistendasein zu belegen. Das Geschütz, an dem Rommel diente, hatte plötzlich Ladehemmung, und das ausgerechnet in dem Moment, in dem sich ein feindliches Flugzeug näherte. Der junge Mann konnte von Glück sagen, dass die Sache keine disziplinarischen Folgen hatte.

Ende 1944 erhielt die Batterie den Befehl, den Raum Ulm zu verlassen und zum Flugplatz Memmingen zu ziehen, wo ebenfalls Piloten an der Me 262 ausgebildet wurden. Im Einsatz, schrieb Rommel später, erlebte er diese Maschine nie. Dafür bekam er drastisch die Kälte des Allgäuer Winters in einer Baracke mit kaputten Fenstern zu spüren. Dazu offerierte die Armee verdorbenes Dauerbrot. Die Moral der Truppe im Allgemeinen und des Luftwaffenhelfers Rommel im Besonderen war auf dem Tiefpunkt.

Ende Februar 1945 entließ die Heimatflak ihre Helfer. Manfred Rommel hatte das Wissen erworben, wie man Handgranaten wirft, ohne Gefahr zu laufen, dass sie in der Hand detonieren. Bei der Flak habe er sich aber auch die Fähigkeit angeeignet, anderen Menschen zu vertrauen und andererseits stets ein gewisses Misstrauen zu hegen gegen alles, was von oben kommt, schrieb er später. Schließlich auch das Bedürfnis, rechtzeitig Deckung zu suchen, wenn es gefährlich wird. Die erworbenen Fertigkeiten konnte Rommel gleich anschließend von März 1945 an beim Reichsarbeitsdienst in Reutlingen einsetzen, wo er dazulernte, in abenteuerlicher Aufmachung Dienst zu tun: in alten Uniformen, in Stiefeln, die er verdächtigte, bereits am Ersten Weltkrieg im Russlandfeldzug mitmarschiert zu sein, und in einem Mantel aus tschechischen Armeebeständen.

Längst hatte der Sohn des Generalfeldmarschalls „die Schnauze bis oben voll“. Sein Plan war es im Einverständnis mit der Mutter, sich aus der Einheit davonzustehlen. Allerdings erst dann, wenn Ulm in der Hand der Alliierten wäre und die Familie des Deserteurs keine Repressalien durch das Deutsche Reich mehr zu erwarten hätte. Rommel wollte sich dann entweder nach Herrlingen durchschlagen oder sich vom katholischen Pfarrer in Tannheim verstecken lassen. Bei dem Geistlichen handelte es sich um einen Bruder von Oskar Farny, ein Freund der Familie, der Lucie Rommel beim Staatsakt in Ulm Stütze gewesen war. Ein Mann auch, der Manfred Rommels politischem Kurs später eine entscheidende Wendung geben sollte.

Zunächst aber musste der junge Mann, inzwischen sechzehneinhalb Jahre alt, seine Ausbildung in Calw fortsetzen. Als die Front näher rückte, erhielt die Gruppe den Marschbefehl nach Meßkirch. Kaum dort eingetroffen, hörte Rommel im Radio die Nachricht, dass die US-Truppen sich Ulm näherten. Der Countdown zur Flucht war angezählt. Das erste Marschziel von Rommel und zwei Gleichgesinnten aus dem Ulmer Raum war Riedlingen, wo einer von ihnen Verwandte hatte. Noch war es nicht ganz so weit, doch die Erlebnisse in Meßkirch konnten die angehenden Deserteure nur in ihrer Absicht bestätigen.

Nachts wurden sie dort Zeugen eines „Elendszugs" von KZ-Häftlingen. SS-Soldaten mit Hunden trieben sie durch den Wald – auf dem Rückzug ins Nirgendwo, weil das Konzentrationslager vor den anrückenden Feinden geräumt werden musste. Dass die Wachmannschaften angesichts des Niedergangs des Deutschen Reiches ihrem Auftrag noch nachkamen, obwohl sie selbst mit ihrer Gefangennahme binnen weniger Tage rechnen mussten, gehörte für Rommel zu den bemerkenswerten Erlebnissen in dieser Zeit. Der Gedanke, den Befehl zu verweigern, sei ihnen trotz der absehbaren Entwicklung wohl gar zu ungeheuerlich gewesen.

Die Stunde der Deserteure schlug Ende April 1945. Gerade hatte Hitler in einem Tagesbefehl zu seinem 56. Geburtstag noch Hoffnung zu erwecken versucht, dass Berlin deutsch bleibe und Wien wieder deutsch werde, erinnert sich Rommel. Seine Reichsarbeitsdienst-Abteilung räumte Meßkirch. Bei einer Pause nutzten Rommel und seine Gefährten die Gunst der angebrochenen Dunkelheit, ließen Gewehre und Munition zurück und suchten das Weite.

Die neue Situation machte Rommel, der im Geiste mit seinem Vater Kriegsrat hielt, zunächst ein wenig zu schaffen. Dann aber sagte er sich, dass der Vater sein Handeln gutheißen würde. „Das beruhigte mich sehr." Wie er in jenen Tagen über das Land marschierte, hat Rommel selbst bildlich beschrieben: hinkend und schlürfend, auf der Nase statt der angestammten Brille eine Gasmaskenbrille, deren Gestell mit zwei Bändern hinter den Ohren befestigt war. Kurzum: „Ich sah aus wie die personifizierte Niederlage."

Die Stadt Riedlingen an der Donau scheint sich vor der Niederlage aber nicht mehr geängstigt zu haben. Rommel fühlte sich jedenfalls gut aufgenommen und erlebte dort sein letztes Abenteuer des Krieges. Als starker Raucher fühlte er sich herausgefordert, mit Komplizen zusammen einen Ausfall aufs andere, von den Franzosen besetzte Donauufer zu unternehmen, um Zigaretten und Tabak zu erobern. Das Unternehmen gelang nicht schlecht.

Bald darauf ging der Krieg für ihn zu Ende. Aus dem Deserteur, der sich auf seinem Marsch durch letzte durchhaltewillige deutsche Soldaten gefährdet fühlen musste, wurde ein prominenter Kriegsgefangener.

IN FRANZÖSISCHER OBHUT

Die letzten Deutschen, die noch Befehle von oben ausführten, brachen im eigenen Land Brücken ab. Was einst mühsam gebaut worden war, musste weichen, auf dass der Feind nicht so schnell vorankomme. Das war in Riedlingen nicht anders, doch die Franzosen ließen sich nicht lange aufhalten. Als sie die Donau überwunden hatten und in der Stadt einmarschierten, befand sich Manfred Rommel unter den Zuschauern. Er war in Zivil gekleidet, aber trotzdem kein völlig Unbekannter. Einigen Gesprächspartnern hatte er zuvor seine Identität offenbart und berichtet, dass sein Vater nicht mehr lebe. Rommel wurde daraufhin der französischen Armee übergeben.

Um sich Gewissheit darüber zu verschaffen, ob er wirklich der Sohn des Generalfeldmarschalls sei, wurde Rommel von den Franzosen getarnt und anschließend nach Herrlingen gefahren. Dort trat er, als französischer Soldat gekleidet, seiner Mutter gegenüber, die den Amerikanern in Ulm noch nichts über den Tod ihres Mannes verraten hatte. Sie hatte befürchtet, damit ihrem Sohn zu schaden, falls sich die Enthüllung des Geheimnisses herumsprechen sollte und ihr Manfred noch im Einflussbereich der NS-Regierung wäre.

Zwei Stunden blieben Mutter und Sohn für das Wiedersehen. Dann musste Manfred Rommel wieder fort. Sein neues Ziel: Karlsruhe. Der Oberbefehlshaber der Ersten Französischen Armee „Rhin et Danube", General Jean-Marie de Lattre de Tassigny, ließ sich Erwin Rommels Sohn überstellen.

Für den General, der einige Jahre später zum Marschall ernannt werden sollte, war der Sohn des früheren Feindes Erwin Rommel kein Gefangener wie jeder andere. Er stellte ihn unter seinen persönlichen Schutz und ließ ihn wissen, er werde ihn aus der Gefangenschaft entlassen, sobald dies politisch möglich sei. Jetzt, am Ende dieses mörderischen Krieges, war das alles andere als opportun. Das Verhältnis von Deutschen und Franzosen schien nunmehr irreparabel zerstört zu sein. Die Wunden aus dem Ersten Weltkrieg, dessen Ende erst 27 Jahre zurücklag, waren bei den Deutschen noch frisch gewesen, als sie den Zweiten Weltkrieg begonnen hatten. Die bittere Schmach der Niederlage schmerzte viele, und der Friedensvertrag von Versailles bot den Vorwand, einen neuen Krieg zu rechtfertigen. Dann lösten die Deutschen ein Inferno aus, in dem sich nur noch die Allermutigsten von menschlichen Werten leiten ließen. Erwin Rommel war überdies lange Zeit der militärische Gegner Nummer eins der Franzosen, soweit sie nicht mit den Deutschen kollaborierten.

Vor diesem Hintergrund wurde Manfred Rommel im Jahr 1945 bei den Franzosen eine Vorzugsbehandlung zuteil. Unter dem unsichtbaren Schutzschirm des französischen Generals quartierten die Franzosen ihn im Gefängnis von Überlingen, das der Unterbringung der deutschen Kriegsgefangenen diente, nah am Fleischtopf ein: in der Küche. Danach brachten die Sieger ihn nach Lindau in ein Gefangenenlager für Offiziere. Dort konfrontierten die Franzosen Rommel und seine Mitgefangenen mit den Zuständen in den Konzentrationslagern und mit dem Massenmord der Deutschen an ihren jüdischen Mitbürgern. Einige, schrieb Rommel später, hätten versucht, die Verbrechen zu leugnen und die Leichenberge als Folge von alliierten Luftangriffen zu erklären. Doch überwiegend herrschte Betroffenheit – auch bei Manfred Rommel. Wenn sein Vater ihm einmal von solchen Verbrechen erzählt habe, sei es doch stets abstrakt geblieben. „Nun wurde das alles anschaulich, grauenvoll, beschämend."

Tassigny lotete Rommels Haltung dazu aus, als er sich den Gefangenen in seiner Residenz in Bad Schachen am Bodensee erneut vorführen ließ. Da stand ein junger Mann vor ihm, der sich kurz zuvor bei einem Besuch seiner Mutter und des väterlichen Freundes Oskar Farny im Gefangenenlager in fatalistischer Haltung gezeigt hatte. In ihm war eine Welt zusammengebrochen. Die Überzeugungen, von denen er sich früher hatte leiten lassen, waren als das Ergebnis von virtuoser Beeinflussung durch verbrecherische Nationalsozialisten enttarnt. Die Ideale, denen er und seine Altersgenossen angehangen hatten, waren als Ideologie mit rassistischem Hintergrund entlarvt. Eine neue Orientierung war noch nicht in Sicht. Noch nicht einmal die Rückkehr zu den Werten vor dem Nationalsozialismus war eine Option, hatte sich die Weimarer Republik doch selbst demontiert und als unbrauchbar vorgeführt. Als Modell für die Zukunft kam sie schwerlich in Frage. Auf die Zukunft hatte Manfred Rommel, wie man es sehr viel später einmal ausdrücken sollte, allerdings auch null Bock. Die frühere Idee, Offizier zu werden, war zu den Akten gelegt. Andere Interessen oder Perspektiven vermochte er nicht zu erkennen.

Den General beschäftigte die Frage, wie die Deutschen nach Manfred Rommels Einschätzung all die Verbrechen hatten geschehen lassen können. Der junge Mann erwiderte, die meisten Deutschen hätten davon nichts gewusst. Der Berichterstattung der alliierten Rundfunksender hätten die Deutschen schwerlich Glauben schenken können, sondern sie als Propaganda eingestuft, da zur selben Zeit große deutsche Städte samt ihrer Bevölkerung vernichtet worden seien.

Vielleicht aus Respekt vor Rommels Mut zum Widerspruch, vielleicht auch aus Respekt vor Rommels Familie – Tassigny kündigte jedenfalls die Entlassung des Gefangenen an, und dieser durfte sich schon bald frei in der französischen Besatzungszone bewegen. Kaum minder wichtig dürfte dem General aber der Marschbefehl für Rommel gewesen sein, sich die Bildung zu verschaffen, die ihm noch fehle. So wurde er für den Sohn des Wüstenfuchses eine jener Persönlichkeiten, die das Leben verändern.

Er war auch, so glaubt Rommels Tochter Catherine, der erste Mensch außerhalb des engsten Familien- und Freundeskreises, mit dem der junge Manfred Rommel offen über das wahre Schicksal seines Vaters sprechen konnte. Denn bis zu diesen Tagen musste er ja ständig damit rechnen, dass sein Bericht ungeahnte Kreise ziehen und seine Mutter doch noch das Opfer von Nationalsozialisten werden könnte, die sich für den Bruch des Schweigens rächen könnten. Das sei auch der Grund gewesen, meint Catherine Rommel, dass die Witwe Lucie Rommel daheim in Herrlingen bis zum Einmarsch der Alliierten ein Bild des Führers an der Wand hängen ließ und sich damit dem Verdacht ausgesetzt habe, unbelehrbar zu sein. Um ihren Sohn nicht zu gefährden, habe sie es getan.

Tassigny lud, bevor er zum Gouverneur von Indochina aufstieg, den jungen Rommel noch zweimal zu Gesprächen ein. 1947 in Biberach fragte er ihn nach seiner Meinung zu der politischen Entwicklung, 1950 in Baden-Baden habe man bereits über die Möglichkeit von deutschen Soldaten unter dem alliierten Kommando gesprochen. Mehrfach hat Rommel erklärt, diesen bedeutenden Mann gekannt zu haben, empfinde er als besondere Ehre. Als Tassignys Sohn in Indochina fiel, kondolierte Rommel. Den Antwortbrief legte er daheim zu den am besten gehüteten Dokumenten.

SELBSTFINDUNG UND BERUFSWAHL

„BÖSARTIGER SCHÜLER" IM OBERLAND

Von den Franzosen im Sommer 1945 in die Freiheit entlassen, musste Manfred Rommel sich wieder mit dem Gedanken anfreunden, an seiner Bildung zu arbeiten. Rund ein Jahr lang war der Schulbesuch für ihn praktisch komplett ausgesetzt gewesen. Nun aber galt es, das Abitur anzustreben. Die Versuchungen, es locker zu nehmen, waren allerdings groß. Vom Spätsommer 1945 an hielt er sich für einige Monate auf dem Gut des väterlichen Freundes Oskar Farny bei Wangen im Allgäu auf. Der Weg von dort zur Schule nach Wangen war allerdings so weit, dass Rommel eine andere Lösung wählte.

Julius Mühlschlegel, ein Kriegskamerad seines Vaters aus dem Ersten Weltkrieg und Mühlenbesitzer in Biberach, fand sich bereit, den Burschen aufzunehmen. Das ermöglichte es Manfred Rommel, in Biberach die Schule zu besuchen. Der Nachholbedarf, über die Stränge zu schlagen und den Lehrern Streiche zu spielen, war bei dem jungen Mann und der Clique seiner Freunde nach dem Krieg freilich außerordentlich groß.

Er beschrieb sich später als bösartigen Schüler, der betont undiszipliniert, unsportlich und unaufmerksam war: „Ich möchte mir damals nicht begegnet sein." Gleich nach dem Krieg fühlte er sich wie gelähmt und unfähig, ein Ziel fest ins Visier zu nehmen. Er träumte vor sich hin und führte die Hefte meist nicht wie es gefordert war. Immerhin gelang es ihm, den Schulverweis zu umgehen, und trotz einer eklatanten Schwäche in Mathematik, die in nichts an die beiden Großväter erinnerte, die Mathematiklehrer gewesen waren, legte Manfred Rommel das zweitbeste Abitur in seiner Klasse ab.

In Biberach machte er auch Bekanntschaft mit einem Mann, der kurz davorstand, zu einer der großen Persönlichkeiten der SPD aufzusteigen: der Landrat Fritz Erler, der während der Diktatur von den Nationalsozialisten für etliche Jahre inhaftiert worden war. Er bat Rommel zu sich, um Genaueres über die politischen Ansichten des Generalssohns zu erfahren. Die Begegnung mit Erler schilderte Rommel später als eine Begegnung mit der Demokratie. „Wissen Sie eigentlich, dass Sie noch denken wie ein Faschist?“, fragte Erler den jungen Mann, der eher Vorlieben für eine Regierung von Technokraten als für eine Volksherrschaft hatte erkennen lassen und der, wie Rommel selbst später zugab, nur einer dosierten Meinungsfreiheit das Wort geredet hatte. Der Staat hatte in seiner Anschauung am besten eine militärische Struktur.

Die Diagnose Erlers, dieser kleine Fingerzeig des Schicksals, hätte Rommel den Weg in die Sozialdemokratie weisen können, wäre da nicht erneut der konservativ veranlagte Oskar Farny auf den Plan getreten, der vor der NS-Zeit der katholischen Zentrumspartei zuzurechnen war. Sozusagen als Verbindungsmann zu Erwin Rommel im Jenseits führte Farny dem Schüler Manfred vor Augen, dass sein Vater ihm sicherlich eher die CDU empfohlen hätte.

Da die SPD von einer Wiederbewaffnung Deutschlands und einer Armee überhaupt nichts hielt, wäre so ein Votum von Erwin Rommel dem Sohn auch durchaus plausibel erschienen. So schob er den Gedanken, der SPD beizutreten, wieder beiseite.

ORIENTIERUNGSSUCHE IN TÜBINGEN

Nach seinem Abitur 1947 zog Rommel innerhalb der französischen Besatzungszone von Biberach nach Tübingen um. Er wollte dort Jura studieren, wie es ihm ein gewitzter Jurist bei einer Begegnung auf Farnys Gut zuvor geraten hatte. Wenn man nicht dumm sei, aber keine rechte Neigung bei sich ausmachen könne, fahre man mit dem Jurastudium nicht schlecht, hatte ihm der Syndikus des Zentralverbands der Milch-, Käse- und Butterwirtschaft gesagt. Manfred Rommel beherzigte die Empfehlung. Aber um ein Wunschfach, für das man sich mit ganzem Herzen entscheidet und das man mit Feuereifer angeht, handelte es sich wahrlich nicht. Vielmehr um eine Verlegenheitswahl. „Ich habe Jura studiert, weil ich geglaubt habe, dass ich für nichts Besonderes begabt sei“, bilanzierte Rommel später. Gleichwohl stürzte er sich ins Studentenleben. Wie für manch anderen erwiesen sich die Ablenkungen in Tübingen für ihn als wahre Versuchung. Er wohnte mitten in der Altstadt, in der Ammergasse im alten Stadtviertel der Gôgen, wie die Weingärtner hier genannt wurden, und wo ihn nur ein paar Schritte von den Studentenkneipen trennten. Doch neben dem Zeitvertreib und dem Studium wurde er auch in die Aufarbeitung der Geschehnisse im Nationalsozialismus und in die politische Betätigung hineingezogen – und zwar auf zweierlei Weise. » AUSGEZEICHNETE JURISTEN ZEICHNEN SICH BESONDERS DADURCH AUS, DASS SIE GLAUBEN, WAS SIE MEINEN SEI AUCH RECHTENS. «

Freunde in der katholischen Studentenverbindung Guestfalia planten die Gründung einer Hochschulgruppe der CDU. Rommel entschloss sich, mitzumachen. Es geschah aus dem Gefühl heraus, dass er so die depressiv stimmenden Erlebnisse aus der Zeit des Nationalsozialismus abschütteln und einen aktiven Beitrag zum Staatswesen leisten sollte. Bei der CDU imponierten ihm Gebhard Müller, der von 1948 an zunächst Staatspräsident des Landes Württemberg-Hohenzollern und von 1953 bis 1958 Ministerpräsident des neuen Bundeslandes Baden-Württemberg war, sowie der Bundeskanzler Konrad Adenauer. An beiden schätzte er ihre charakterlichen Qualitäten. „Auf die Idee, dass ich jemals mit Hilfe meines Parteibuchs eine Karriere machen könnte, bin ich gar nicht gekommen“, beteuert er. Mehr und mehr wuchs er in die Politik hinein. „Und so bin ich dann geworden, was ich war und bin“, sagte er später.

Ein weiterer unmittelbarer Anlass für Manfred Rommels Auseinandersetzung mit dem Nationalsozialismus war in jener Zeit, dass seine Mutter Briefe des Generalfeldmarschalls in Buchform herausgab. Manfred Rommel schrieb aber auch selbst Aufsätze. Dadurch, notierte er später, verlor er die Jurisprudenz etwas aus den Augen. Zeitweilig dachte er daran, Militärhistoriker zu werden, was, wenn man so will, die Beschäftigung mit der Figur des Vaters auf eine professionelle Ebene hätte heben können. Er hat wohl gut daran getan, sich doch nicht darauf einzulassen. Denn der Name des berühmten Vaters wäre hier wahrscheinlich noch belastender gewe-

Keine Spur von Reisemuffel: Manfred Rommel genießt mit Liselotte Daiber, seiner späteren Frau, den Urlaub in Südtirol.

sen, das Ringen um die richtige Einschätzung der väterlichen Rolle noch unerbittlicher.

Er spielte auch mit dem Gedanken, die Juristerei an den Nagel zu hängen und ins Zeitungsgewerbe zu gehen, was ihm der damals schon bekannte Journalist Hans Habe ans Herz gelegt hatte. Prompt schnupperte Rommel in München ins Zeitungsmilieu. Wer weiß, wie es ausgegangen wäre, hätte neben der Mutter nicht schlagartig eine andere unwiderstehliche Kraft auf ihn gewirkt, der er sich nicht entziehen konnte. Es war die junge Romanistik-Studentin Liselotte Daiber, die er bei Zugfahrten von Ulm nach Tübingen kennen- und lieben lernte.

Als sie in sein Leben trat, hat Rommel in seinen Erinnerungen geschrieben, änderte sich alles grundlegend. Eine Formulierung, die er rund 40 Jahre später mit seiner Schreibmaschine zu Papier brachte, die aber dennoch kraftvoll die Bedeutung der damaligen Begegnung hervorhebt, ohne sie pathetisch zu übersteigern. Aber wer sonst als Liselotte, genannt Lilo, Daiber hätte ihn in die Spur in Richtung einer bürgerlichen Karriere gebracht?

Manche, allerdings etwas ältere Kriegsteilnehmer waren desillusioniert aus dem Inferno zurückgekommen und wurden wie der Schriftsteller Wolfgang Borchert zu „zornigen jungen Männern". Andere schlossen sich später existenzialistischen Kreisen an, gefielen sich in der Klage über die Absurdität der Welt und lebten in den Tag hinein. Das Vakuum nach dem Zusammenbruch des für gut gehaltenen Wertesystems hätte auch bei Rommel ein Nährboden für politische Extravaganzen sein können. Die familiäre Herkunft, der Rest von innerem Kompass, einige prägende Gesprächspartner aber hielten ihn im Reich des aufgeklärten Konservatismus und der bürgerlichen Gesellschaft – und wahrscheinlich war es vor allem Lilo Daiber.

Allein schon die Person der fleißigen und wohl organisierten Studentin beflügelte den Träumer, sich auf sein Studium zu konzentrieren und den Grundstein für seine spätere Karriere zu legen. Außerdem forderte seine Mutter, ehe ans Heiraten zu denken wäre, müsse er erst einen soliden Beruf haben und dafür sein Staatsexamen. Die Heirat wurde bis 1954 zurückgestellt. Umgehend machte Rommel im Eiltempo alle Scheine, die zu seiner Zulassung zum Examen notwendig waren. Sein Ziel war es zunächst nur, Richter an einem Amtsgericht oder an einem Landgericht zu werden. Der Ehrgeiz packte ihn erst später, je weiter er vorankam. Der Appetit, so resümierte er einmal, sei beim Essen gekommen.

Mit dem ersten juristischen Staatsexamen in der Tasche und zum Gerichtsreferendar befördert, schickte sich Manfred Rommel 1952 an, sich politische Sporen zu verdienen. Dabei widmete er sich dem damals umstrittenen Thema, wie denn der Verteidigungsbeitrag Deutschlands in der westlichen Welt aussehen sollte. Der mäßige Erfolg seiner Worte ließ noch kaum eine Ahnung zu, dass Rommel in späteren Jahren als geistreicher Redner geschätzt werden würde, den man sich selbst bei Bürgerversammlungen gern anhört, weil er so kurzweilig ist. In der politisch kontroversen Gründerzeit der Bundesrepublik herrschte bisweilen allerdings auch hitzige Stimmung.

Weil er so freundlich dreinschaute, kam Rommel einmal sogar in den Verdacht, die armen Männer zu verlachen, die zur neuen Armee eingezogen werden sollten und vielleicht in den Krieg ziehen müssten, wie manche befürchteten. Wie früher schon in der Schule und beim Jungvolk sei er wieder einmal Opfer seines fröhlichen Aussehens geworden, notierte Rommel trocken dazu. Er ließ nicht darin nach, regelmäßig politische Reden zu halten, und fand auch immer mehr Freude an der Juristerei, namentlich am Staatsrecht und am öffentlichen Recht. » MANCHMAL HABE ICH DEN EINDRUCK, DASS UNBEDINGT EINE AKADEMISCHE AUSBILDUNG DAZUGEHÖRT, EINEN BESONDERS GROSSEN UNSINN ZU MACHEN. «

Er begriff, dass die juristische Ausbildung ganz allgemein das Denkvermögen schult und das Verständnis von komplexen Problemen erleichtert. Wenn dazu eine gewisse Fertigkeit in Grundrechenarten komme und der Mut, eigene Irrtümer einzugestehen, dann liege eine technische Eignung für politische und administrative Tätigkeiten vor, bilanzierte Rommel viel später. Das zweite juristische Staatsexamen legte er 1956 ab und erhielt die Note „gut".

AUFSTIEG ZUM SPITZENBEAMTEN BEIM LAND

ERSTE SPOREN IM INNENMINISTERIUM

1956 trat Manfred Rommel seinen Berufsweg in der Landesverwaltung an. Das Innenministerium stellte ihn in den höheren Verwaltungsdienst ein und ließ ihn im Landratsamt in Ulm die Verwaltungspraxis kennenlernen. Er kam auf den Geschmack, wie schön es ist, wenn man nur noch unterschreiben muss, was ein anderer entworfen hat. In jener Zeit wuchs in Rommel auch die Achtung vor Landräten, die er sich immer bewahrt hat. Mit einer Art von klinischem Interesse schaute er später in Verhandlungsrunden und Sitzungen auch noch als Oberbürgermeister von Stuttgart auf die Kreisfürsten in der Region – ein wenig belustigt, aber auch respektvoll. Wie man einen Fuchs anschaut, den man für schlau hält, aber auch für einen mutmaßlichen Hühnerdieb.

Die Ausbildung ließ Rommel noch genügend Zeit, um mit seinem alten Freund Ernst Ludwig und mit Franz Dannecker, einem weiteren Jugend- und Juristenfreund, über die CDU und die SPD zu schwadronieren und den Kriegsdienstverweigerern bei deren Veranstaltungen Paroli zu bieten. Oft erlebte er auch öffentliche Auftritte des Ulmer Bundestagsabgeordneten, Bundeswirtschaftsministers und späteren Bundeskanzlers Ludwig Erhard, Vater der sozialen Marktwirtschaft. Wie bereits im Jahr 1953, machte Rommel auch 1957 für Erhard Wahlkampf. Eine Anfrage aus Erhards Tross, ob er im Wirtschaftsministerium arbeiten wolle, beschied Rommel voller Schrecken und Bescheidenheit mit nein. Er hielt aber weiterhin gern politische Reden, mit Vorliebe auch über Außen- und Verteidigungspolitik. Dabei wusste Rommel selbst gut genug, dass viele kamen, um den Sohn des Generalfeldmarschalls Erwin Rommel und den Schwiegersohn des örtlich sehr bekannten Futtermittel-, Getreide- und Mehlhändlers Otto Daiber zu hören.

Die schönen Tage in Ulm endeten abrupt. Die Landesverwaltung beorderte den Juristen Manfred Rommel nach Stuttgart zurück. Nach einem kurzen Gastspiel beim Verwaltungsgericht und beim Verwaltungsgerichtshof Baden-Württemberg, wo er als Vertreter des öffentlichen Interesses fungierte, musste sich Rommel im Innenministerium einfinden. Es war der Beginn einer langen Liaison mit dem Ministerialdienst. 17 Jahre lang sollte Rommel ihm treu bleiben, dabei hatte es ihn von den Verwaltungsgerichten eigentlich wieder in ein Landratsamt gezogen.

Wie unter solchen Umständen fast schon zu erwarten, missfiel Manfred Rommel die Arbeit im Ministerium anfänglich. Dennoch lernte er viel für das Berufsleben, so etwa die Regel, dass ein Vorgesetzter seinem Untergebenen etwas „zur Kenntnis" gibt, wohingegen der Untergebene seinem Vorgesetzten etwas „mit der Bitte um Kenntnisnahme" vorlegt. Noch als Stuttgarter OB ist Rommel viel später förmlich zusammengezuckt, gestand er, wenn ihm ein Mitarbeiter etwas „zur Kenntnis" gab. » DIE POLITIK BEDARF DER BERATUNG DURCH EINE QUALIFIZIERTE VERWALTUNG. «

Im Verwaltungsalltag gelang es Rommel nach eigener Einschätzung zunehmend, sich zu behaupten und sogar „ein gewisses Ansehen als Verfasser verzwickter juristischer Gutachten und als hartnäckiger Streithammel" zu erwerben. Seine Erfahrungen mit den langwierigen Verwaltungstätigkeiten im Ministerium versuchte Rommel später, als er zuerst Ministerialdirektor und damit Amtschef des Ministers und später Stuttgarter OB geworden war, zu beherzigen und die Sache besser zu machen. Er habe nach Möglichkeit immer versucht, die ihm auf den Schreibtisch gelegten Papiere noch am selben Tag zu bearbeiten und weiterzugeben. Dabei habe er an das Resümee des russischen Revolutionärs Leo Trotzki über den Aufbau der Roten Armee gedacht: „Hätten wir noch mehr Zeit gehabt, hätten wir sicherlich noch mehr Fehler gemacht."

ZWISCHEN FILBINGER UND KIESINGER

Als nach dem Sozialdemokraten Viktor Renner im Jahr 1960 der CDU-Politiker Hans Filbinger Innenminister in der neuen CDU/FDP-Landesregierung wurde, avancierte Rommel aber erst einmal zum Persönlichen Referenten. Mit der neuen Aufgabe begann eine rund zehn Jahre währende enge Zusammenarbeit mit Filbinger. Sie erfüllte Rommel mit Stolz, seine Frau Lilo allerdings mit Sorge. Sie befürchtete, dass ihr Mann sich voller Eifer in die Aufgabe stürzen und darunter das Eheleben leiden könnte. Wie so manches Mal hat sie recht behalten. Ihr Gatte aber auch. Denn seiner persönlichen Entwicklung hat Filbinger eine Richtung gegeben, mit der Rommel sich später „rückblickend nicht unzufrieden" zeigte. Filbinger war es auch, der dem Sohn des „Wüstenfuchses" den Marschbefehl in Richtung Stuttgarter Rathaus gab. Doch dazu kam es erst 15 Jahre später.

Zuerst wartete auf Rommel ein Marsch durch Höhen und Tiefen mit Hans Filbinger. Der Politiker aus Baden forderte sich selbst und auch seine Mitarbeiter. Diese ließen sich bereitwillig einspannen, wie Rommels Beispiel zeigt. Er arbeitete, so schrieb er in seinen Erinnerungen, buchstäblich Tag und Nacht. Spätabends verfasste er am Diktiergerät Reden und genehmigte sich eine halbe Flasche Korn, der ihm half, Bedenken zurückzustellen und befreiter zu formulieren. Er rauchte wie ein Schlot. In späteren Jahren wunderte er sich, dass er diese Phase überlebte hatte. Als rechte Hand von Filbinger aber war er in seinem Element. » NACH DEM WELTKRIEG HABEN DIE STAATSMÄNNER WENIG BEAMTE, ABER VIELE GROSSE IDEEN GEHABT. HEUTE HABEN SIE VIELE BEAMTE. «

Seinen Chef erlebte er als Motivator, der die Arbeit seiner Beamten schätzte und nutzte. Bis spät in die Nacht hinein habe Filbinger sich mit großem Aufwand in Sachverhalte eingearbeitet. Rommel entwarf für ihn eine für damalige Verhältnisse „aggressive Medienkampagne". Deren Ziel war es, Filbinger persönliche Popularität zu verschaffen und das damals enorme Gewicht des Innenministers innerhalb der Landesregierung zu festigen. Rommel und sein Freund Ulrich Weber, der als Pressereferent gewonnen worden war, freuten sich diebisch, wenn die Serie der Pressemitteilungen in den Zeitungen Niederschlag fand.

Im Interesse des Innenministeriums fühlte sich Rommel auch aufgerufen, Kontakt zu der Landtagsfraktion der CDU zu halten. Daraus ergab sich nicht nur eine Freundschaft zum Fraktionsgeschäftsführer Robert Gleichauf, der für Rommel später noch wichtiger werden sollte, und zu Gleichaufs Parlamentarischem Mitarbeiter Manfred Wörner, den seine Karriere später zuerst ins deutsche Verteidigungsministerium trug und dann zum Generalsekretär der Nato in Brüssel machte. In der Fraktion traf er auch mit dem Ministerpräsidenten Kurt Georg Kiesinger zusammen, den er bald schon bewunderte.

Rommel lernte Kiesinger als künstlerischen, gebildeten und philosophischen Menschen kennen. Als Mann der großen Perspektive und der ganzheitlichen Sicht auf die Dinge. Als Mann, der auch die zunehmende Komplexität der politischen Materie und die gegenseitige Abhängigkeit der Ereignisse auf der Welt gesehen habe, ehe die Länder durch neue Kommunikationsmittel und das Internet vernetzt wurden. Rommel schätzte Kiesinger als unbürokratischen Politiker und guten Debattenredner, dem Gedanken, Bilder und Formulierungen nur so zuzufliegen schienen. Gelegentlich habe er etwas zu Pathos geneigt. Gegen Ironie und Spott sei er, wie bei Helmut Schmidts Wort von „König Silberzunge", recht hilflos gewesen. » DAS PATHOS, DAS ETWA DER MINISTERPRÄSIDENT KIESINGER HATTE, IST MIR VÖLLIG FREMD. «

Als Erzähler in privaten Runden fand Rommel ihn unschlagbar. In Stilfragen erschien ihm Kiesinger als Perfektionist, der vorgelegte Entwürfe kaum jemals ohne Kritik und Korrekturen akzeptierte. Was wiederum den Nachteil hatte, dass Kiesinger beim Schreiben selbst in einen quälerischen Prozess verfallen sei, weil er sich auch selbst keine schwachen Formulierungen erlaubte.

In Kiesinger sah Manfred Rommel einen Politiker von hohem Rang, der durch seinen Aufenthalt in Berlin, den Umgang mit Industriellen und die Zeit als Abgeordneter im Deutschen Bundestag einen merklichen „Schliff" bekommen habe. „Bei ihm und unserem Altbundespräsidenten Richard von Weizsäcker zeigte sich, was aus begabten Schwaben werden kann, wenn sie des Hochdeutschen mächtig sind", schrieb Rommel später – als wäre er nicht selbst zum Überschwaben gereift, obwohl sein gesprochenes Hochdeutsch nicht ganz so viel Schliff hatte.

Im Gegensatz zu Filbinger neigte Kiesinger nach Rommels Erfahrung zu Spontaneität in der Arbeitsweise. Entscheidungen habe er gern aufgeschoben, bis es fünf vor zwölf war, „dann aber war er meistens sehr gut", attestierte Rommel ihm. Ein strategisch operierender Planer oder ein Taktiker wie Filbinger sei Kiesinger aber nicht gewesen.

Das Gefallen beruhte auf Gegenseitigkeit. Kiesinger ließ Rommel sein Wohlwollen spüren, um das ihn Filbinger nur beneiden konnte. Der Ministerpräsident ärgerte seinen Innenminister in Kabinettssitzungen geradezu, erinnert sich Rommel, und Kiesinger habe ihm wörtlich erklärt, er wolle Filbinger eigentlich gar nicht so unfreundlich behandeln, aber er könne nicht anders. Die Chemie, würde man heute sagen, stimmte wohl nicht.

Dagegen entdeckte Rommel bei Filbinger größeren Fleiß und bessere Selbstkontrolle selbst in unliebsamen Momenten. Kiesinger habe sich gelegentlich Emotionen erlaubt und sich gestattet, die Contenance zu verlieren. Rommel lernte dabei, dass es trotzdem wichtig war, sich den Aufwallungen des Chefs entgegenzustellen. „Er brauchte Widerstand, um in Hochform zu kommen", schrieb Rommel. Und Kiesinger respektierte Widerworte letztlich auch.

Rommels Aufzeichnungen über jene Jahre ergeben das Bild eines Dieners zweier Herren. Er stand zwischen Filbinger und Kiesinger. Er erlebte zwei der wichtigsten Lenker des Landes in unmittelbarer Zusammenarbeit – und er erwies sich als genauer Beobachter ihrer kleinen und großen Eigenheiten.

Er blieb im Umfeld des Innenministeriums, aber lieh seine Arbeit wiederholt dem Ministerpräsidenten. 1964 griff Rommel zusammen mit Wörner und dem CDU-Politiker Heiner Geißler für Kiesinger in den Landtagswahlkampf ein. Mit Wörner entwarf er ein Wahlprogramm, das von Kiesinger als stilistisch und sachlich unbefriedigend, dann wieder als seelenlos oder aus sonstigen Gründen für unbrauchbar befunden wurde. Schließlich begann Kiesinger selbst ein Programm zu diktieren, stellte das Diktat aber bald wieder ein. Dennoch sei es recht gut gewesen, urteilte Rommel, dem dieser Vorgang ein lebhafter Beweis dafür war, wie gut man mit wenigen Worten Wesentliches sagen und mit wohl formulierten Unverbindlichkeiten ein politisches Programm skizzieren könne.

Rommels Freund Weber ließ sich als Pressechef ins Staatsministerium lotsen, Rommel aber wurde aus dem Innenministerium heraus nur gelegentlich für Kiesinger tätig, beispielsweise als Helfer bei der Erstellung der Regierungserklärung nach der gewonnenen Landtagswahl. Die Konflikte mit Filbinger, der in Freiburg schwer um seinen Wahlkreis ringen musste und sich von Rommel vernachlässigt fühlte, mehrten sich. Es kam zu einer Auseinandersetzung. Danach gab Rommel die Funktion als Persönlicher Referent ab, schlug den Badener Gerhard Mayer-Vorfelder als Nachfolger vor und wurde selbst Referent für Grundsatzfragen. Das Verhältnis zu Filbinger blieb einige Zeit unterkühlt.

Auch im Verhältnis zu Kiesinger standen die Zeichen auf Abkühlung. Das leichte Frösteln hatte unmittelbar mit dem Ziel des Ministerpräsidenten zu tun, in Konstanz eine neue und auch neuartige Universität zu gründen. Rommel sympathisierte zwar durchaus mit Kiesingers Ansatz in der Bildungspolitik, dass neben der Wissensvermittlung auch die Schulung des Charakters anzustreben sei. Doch für universitäre Neugründungen fehlte dem Land nach Rommels Überzeugung das Geld – und Kiesinger zeigte auch noch Verständnis, als Ulm und seine Verbündeten in Oberschwaben ebenfalls nach einer Universität riefen. » JEDES MAL, WENN GESAGT WIRD, HIER MUSS POLITISCH ENTSCHIEDEN WERDEN, IST HÖCHSTE AUFMERKSAMKEIT GEBOTEN, DAMIT NICHT FALSCH ENTSCHIEDEN WIRD. «

Mit seinen Bedenken munitionierte Rommel nicht nur Filbinger, sondern auch die CDU-Fraktion im Landtag, der er schön vorrechnete, wie viel Gutes mit dem Geld für die Universitäten in ihren Wahlkreisen im Straßenbau, im Wohnungsbau und im Klinikbau getan werden könnte. Kaum hatte Rommel sein Papier verteilt, erhielt er schon einen Anruf des Ministerpräsidenten, der sich die Intervention zunächst energisch verbat, dann aber die Einwände zu bedenken versprach. Den ersten Impuls, vielleicht nur Konstanz mit einer Universität zu beglücken, schob Kiesinger bald darauf aber wieder weit von sich. Die Kraft von Kiesingers Rede, erinnerte sich Rommel später, und die Zusicherung des eigens in der CDU-Fraktion vorgeführten FDP-Finanzministers, dass die Neugründungen finanzierbar seien, verfehlten nicht ihre Wirkung auf Kiesingers Parteifreunde und das Kabinett. Ulm erhielt doch noch eine medizinische Hochschule – und die atmosphärischen Trübungen zwischen Kiesinger und Rommel hellten sich wieder auf.

BERUFLICHER AUSFLUG NACH BONN

Gegen Ende des Jahres 1966 wurde die politische Welt in Bonn und Stuttgart plötzlich aus ihrer gewohnten Bahn geworfen. Der als Wirtschaftsminister noch legendäre, als Bundeskanzler aber eher glücklos agierende Ludwig Erhard war politisch am Ende. Die Christdemokraten wägten bei der Suche ab zwischen ihren Parteifreunden Gerhard Schröder, nur ein Namensvetter des späteren SPD-Bundeskanzlers, und dem baden-württembergischen Ministerpräsidenten. Kiesinger machte das Rennen und brachte auch die nötige Offenheit für eine große Koalition mit der SPD auf, die sich mehr und mehr abzeichnete, weil unter anderem die Sanierung des Bundeshaushalts in höchstem Maß angeraten schien.

Kiesinger machte sich auf in die Bundeshauptstadt Bonn. Mit ihm reiste sein Pressesprecher Ulrich Weber, der ihn bei den Koalitionsverhandlungen und der Vorbereitung der Regierungserklärung unterstützen sollte. Weber erklärte es für unabdingbar, dass sein alter Freund Manfred Rommel ihnen folge und sie bei Sachthemen unterstütze. Kiesinger stimmte zu, Filbinger musste sich beugen. Rommel packte den Koffer und lebte für eine kurze Zeitspanne zwischen Stuttgart und Bonn.

Das Foto, wie er im Sonderzug mit dem schon gewählten Kanzler Kiesinger zu dessen Wohnort Tübingen zurückfährt und auf der Fahrt an der Regierungserklärung arbeitet, ist sicherlich eine der wichtigsten Aufnahmen aus Rommels Berufsleben. Vor der Abfahrt ins freie Wochenende hatte der Kanzler Rommel und seinem anderen Getreuen eine Fülle von Notizzetteln überlassen und erklärt, dabei handle es sich um den Großteil der geplanten Regierungserklärung. Rommels Bemerkung, dass ihm in diesem Fall das deutsche Volk leidtäte, verbat er sich. Zu dritt machten sich seine Helfer an den Entwurf der Regierungserklärung, wobei Rommel, gestützt auf Positionspapiere der zuständigen Minister, den Part der Wirtschafts- und Finanzpolitik übernahm.

Im Sonderzug arbeiten Kanzler Kiesinger und die Mitarbeiter Manfred Rommel und Horst Osterheld (von rechts) an der Regierungserklärung.

Als sich der Sonderzug am nächsten Morgen in Bewegung setzte, reichte man Kiesinger einen ersten Entwurf. Keine Seite von ihm, erklärte Rommel später, habe Kiesinger gebilligt. Der Eindruck, dass er der Ghostwriter für die Regierungserklärung gewesen sei, stimme nicht, stellte er klar. Kaum jemals habe Kiesinger auch nur eine Seite Text von ihm einfach genehmigt. „Erst meine Reden als Stuttgarter OB fanden Gnade vor seinen Ohren", schrieb Rommel.

Auch sein Entwurf für die Regierungserklärung löste zunächst Missfallen beim Chef aus. Als der Sonderzug in Tübingen einfuhr, sei man immerhin im ersten Durchgang mit dem finanz- und wirtschaftspolitischen Teil durch gewesen. Doch für Manfred Rommel war an ein freies Wochenende nicht zu denken. Der Lockruf seiner Frau Lilo ging ins Leere. Noch am Montag auf der Rückfahrt von Tübingen nach Bonn wurde letzte Hand angelegt an den Redetext. Rommel war dabei, als das Kabinett Kiesingers Regierungserklärung diskutierte, der Vizekanzler Willy Brandt und der CSU-Chef Franz Josef Strauß mit ihm um einige Formulierungen rangen.

Für eine kurze Zeit, bis Kiesinger am 1. Dezember 1966 zum Bundeskanzler gewählt wurde und am 13. Dezember im Bundestag seine Regierungserklärung abgab, genoss Rommel ganz offensichtlich die Gelegenheit, das Bundesdorf Bonn und die wichtigsten Protagonisten der Bundespolitik mit all ihren Ecken und Kanten aus der Nähe zu erleben. Seinen Arbeitsplatz nach Bonn zu verlegen, sei für ihn und seinen Freund Weber nie eine Versuchung gewesen, beteuerte er später.

Das lag nicht nur daran, dass seine Frau in ihrer Arbeit als Französischlehrerin am Königin-Katharina-Stift in Stuttgart aufging. Rommel und Weber registrierten wie sensible Seismographen auch aufkommende Erschütterungen im Machtapparat von Bonn, der sich auf einen neuen Kanzler aus einer fernen Provinzstadt einstellen musste. Die Platzhirsche befürchteten, notierte Rommel, der neue starke Mann könnte Hofschranzen niedrigen Ranges aus dem provinziellen Schwabenland im Kanzleramt installieren.

Rommel verfügte sich also zurück nach Stuttgart. In seinem Gepäck ein Exemplar des Kiesinger-Buches „Ideen vom Ganzen“ mit persönlicher Widmung. Kein großer Lohn, mag man denken. Immerhin ist Rommel, wie der spätere Bundeskanzler Helmut Kohl in einem anderen Zusammenhang formulierte, vom Mantel der Geschichte gestreift worden.

Auf Dauer, gestand sich Rommel ein, wäre Kiesinger zu anstrengend gewesen. Doch der Homme de Lettres faszinierte Rommel, der wiederum Hans Filbinger für gänzlich andere Qualitäten achtete. Als fleißigen Politiker, der von frühmorgens bis spätabends im Staatsministerium arbeitete. Als gewieften Taktiker und zunächst nur mittelmäßigen Redner, der als solcher jedes Jahr besser geworden sei. Er kenne niemand, lobte Rommel, der im reifen Alter so an sich gearbeitet habe. Und im Wirkungskreis Filbingers, der Rommel als Pragmatiker schätzte, der auch im Programmatischen einiges zu bieten habe, meldete er sich nach dem Bonner Abenteuer zurück.

SPÄT BERUFENER ZAHLENFUCHS

Aus Bonn zurückgekehrt, ging Rommel in der Arbeit als Referent für Grundsatzfragen und Planung im Staatsministerium auf. Trockene Themen wie Landesplanung und Gebietsreform waren das tägliche Brot für ihn. Der Zwang, die Finanzverhältnisse des Landes unter dem Druck immer neuer Aufgaben neu zu ordnen, sorgte für eine weitere Bewährungsprobe. Schon Mitte der 1960er-Jahre hatte Rommel erste Konsequenzen aus der „finanzwirtschaftlichen Verwirrung“ gezogen, die nicht nur Baden-Württemberg erfasst hatte, sondern die Bundesrepublik insgesamt.

An diesem Punkt, schrieb er, habe er die für Juristen typische Abneigung gegen Zahlen überwunden, sich seiner Abstammung von guten Mathematikern erinnert, ein paar Mathebücher konsultiert, einen Rechenschieber gekauft und sich mit Fragen der Haushaltsentwicklung befasst. Nun, gegen Ende der 60er-Jahre, fiel ihm der Auftrag zu, eine mittelfristige Finanzplanung zu entwickeln, die es in Flächenländern wie Baden-Württemberg bis zu diesem Zeitpunkt nicht gegeben hatte. » DIE POLITIK GEWINNT DURCH DEN VERZICHT AUF PLANUNG KEINE FREIRÄUME. SIE WIRD VIELMEHR GEFANGENER IHRER FRÜHEREN ENTSCHEIDUNGEN. «

Die Arbeit brachte dem einstigen Mathe-Sorgenkind und spät berufenen Zahlenfuchs nicht nur den Ehrentitel ein, der Schöpfer dieser mittelfristigen Finanzplanung zu sein. Die Problematik wurde zu einer der prägenden Erfahrungen für Manfred Rommel. Seine Bemühungen waren getragen von der Einsicht, dass die unheimliche Vermehrung der Aufgaben des Landes und neuer Stellen, etwa in der Bildungspolitik, eine ganze Reihe von Gefahren mit sich bringe. Die Folgelasten müssten zu Einschnitten bei den bisherigen Sachausgaben führen und die gewohnten Investitionsprogramme bedrohen. Die Finanzierung durch Kreditaufnahme verbiete sich nicht nur aus finanzwirtschaftlichen Gründen, weil damals noch nicht gewaltige Geldströme über Landesgrenzen hinweg flossen, sondern auch wegen einer sich stetig auftürmenden Last aus Kreditaufnahme- und Zinskosten.

Die Quintessenz daraus: Der Spielraum der Landespolitik werde immer mehr eingeengt. Mit jeder Entscheidung für neue Aufgaben drohten die Landeshaushalte der Zukunft aus den Fugen zu geraten. Die Haushaltspolitik könne sich also nicht mehr auf ein Jahr begrenzen, sondern müsse bereits die Folgejahre in den Blick nehmen.

Die Durchdringung dieser Materie wurde zu Rommels Mission. Die Überzeugungen, die ihm hier zuwuchsen, beeinflussten nicht nur Landespolitik und Landesverwaltung – sie blieben ihm auch Maxime in der Zeit als Oberbürgermeister der Landeshauptstadt. Fast wie ein Mantra trug er die Erkenntnis vor sich her, dass die Politik nicht über die finanziellen Verhältnisse des Landes leben dürfe. » FINANZPOLITIK IST LETZTLICH NICHTS ANDERES ALS DIE ANWENDUNG DER ZEHN GEBOTE, VERBUNDEN MIT DEN GRUNDRECHENARTEN. «

So schleuderte Rommel fast wie Zeus Blitze gegen die unschöne deutsche Tradition des Traum- und Wunschdenkens. Außerdem gegen Politiker, die ihr Anliegen zur „absoluten Priorität" erklärten. Priorität sei immer relativ, hielt Rommel ihnen entgegen. Es gebe keinen Vorrang ohne Nachrang – denn „alle Versuche, eine Geldmenge durch moralische Beschwörungen zu vermehren, sind bislang fehlgeschlagen". Wenn sich die Politik dann gar noch ohne Wissen um die Folgen in neue Aufgaben stürze, hielt Rommel die höchste Alarmstufe für angebracht. Durch Verzicht auf Planung gewinne die Politik nämlich keine Freiräume. Sie werde Gefangene ihrer früheren Entscheidungen. Sie werde den Grundrechenarten nicht entkommen, warnte Rommel. » IN DER POLITIK DARF MAN ALLES VERGESSEN, NUR ADAM RIESE NICHT. «

Doch sowohl die segensreiche Wirkung der Finanzplanung wie auch die Notwendigkeit einer zurückhaltenden Ausgabepolitik scheinen ihm in der deutschen Politik später selten ausreichend gewürdigt worden zu sein. Die Erklärung dafür lag für ihn auf der Hand: Eine über Jahre hinweg reichende Finanzplanung sei unbeliebt, weil die Politiker den Erfolg in der Gegenwart suchen würden und verbuchen wollten. Umso höher ist daher einzuschätzen, dass Rommel selbst der Versuchung widerstand, Denkmäler seiner selbst zu schaffen, als er vom Beamten zum Politiker mutiert war. Ja, mehr noch: Rommel nahm sich nach dem Eintritt in den Ruhestand das Recht heraus, die Einengung der Verwaltung, gemeint war vor allem die auf den höheren politischen Ebenen, durch die Politik zu kritisieren. Deren Aktionsfeld sei auf Kosten der Verwaltung zu groß geworden. Die Politik brauche aber die Beratung durch eine qualifizierte Verwaltung.

Das Gespür für gesunde Finanzen konnte Rommel nach der Entwicklung der Finanzplanung noch einige Jahre in verantwortlicher Stellung walten lassen. Robert Gleichauf, der von Rommel geschätzte frühere Fraktionsgeschäftsführer, war inzwischen Finanzminister. Der frühere Arbeiter aus Oberndorf am Neckar, von Rommel als grundehrlich und aufrichtig geschätzt, forderte Filbingers Grundsatzreferenten an und machte ihn zu seinem Amtschef. Seine Aufgabe sah Rommel darin, als Generalist vielerlei Themen zu erkennen und aufzugreifen, vorauszudenken und Probleme frühzeitig auszumachen. Rommels eindrucksvolle Karriere setzte sich damit fort.

» Wenn wir unterlassen, was falsch ist, haben wir schon eine ganz gute Politik gemacht. «

Nunmehr mit einem Dienstwagen ausgerüstet, chauffierte der Ministerialdirektor täglich seine Frau Lilo zum Katharinenstift und begab sich dann ins Finanzministerium im nahegelegenen Neuen Schloss. 1972 stieg er sogar zum beamteten Staatssekretär auf – ein großer Erfolg, mit dem man vielleicht zufrieden sein könnte. Rommel aber reichte die neue Position noch nicht. Der einstmals faule junge Mann, der im Lauf des Studiums mit Hilfe seiner Frau plötzlich den Ehrgeiz entdeckt hatte und dem später ein Richterposten fast ausgereicht hätte, war längst auf den Geschmack gekommen.

Jetzt, im Jahr 1972, wäre er lieber Staatssekretär im Kabinettsrang geworden, um das Land in finanzpolitischen Angelegenheiten auch im Bundesrat und im Vermittlungsausschuss zwischen Bundestag und Bundesrat vertreten zu können. Außerdem glaubte er zu spüren, dass sich die Rolle des Berufsbeamten, der sich in die Politik einmischt und eigene Vorstellungen einzubringen versucht, fast schon überlebt hätte. Momente der Zufriedenheit wie die, wenn von ihm entworfene Reden von Filbinger vorgetragen wurden, waren selten. Der erhoffte Rang des stimmberechtigten Staatssekretärs aber fiel ihm nicht einmal zu, als die CDU bei der Landtagswahl 1972 erstmals die absolute Mehrheit der Stimmen im Land erzielte und daher die Posten in der Landesregierung ohne Rücksicht auf einen Koalitionspartner vergeben konnte.

Der neue Ministerpräsident Filbinger nimmt die Gratulationen von Benno Bueble, Gerhard Mayer-Vorfelder und Rommel (von links) entgegen.

Nun spekulierte Rommel parteiintern auf einen Wahlkreis vor der Landtagswahl 1976, um sich eine bessere Ausgangsposition für die Karriere in der Landespolitik zu verschaffen. Dass er bis dahin nie vom Volk oder auch nur von einer Volksvertretung in ein Amt gewählt worden war, kam ihm stets als „deutlicher Nachteil" bei seinen Bemühungen um Karriere vor.

CDU-intern schienen die Vorzeichen für Rommel gut zu sein, um voranzukommen. Der vom CDU-Generalsekretär Heiner Geißler verantwortete Wahlslogan „Freiheit statt Sozialismus" war zwar nicht nach Rommels Geschmack, doch er habe, so räumte Rommel später ein, vielleicht den größten Wahlsieg der CDU ermöglicht, der mit Filbingers Namen verbunden war. Rommels Partei war vor der Landtagswahl 1976 also kurz davor, alle Fleischtöpfe der Landespolitik zu erobern. Doch für Rommel sollte noch vor dieser Wahl alles ganz anders kommen, als er dachte.

NEUE LEBENSAUFGABE ALS OBERBÜRGERMEISTER

UNERWARTET KANDIDAT

Der 14. August 1974 leitete in Manfred Rommels Leben, ohne dass er es gleich geahnt hätte, eine Wende ein. An diesem Tag starb während eines Kuraufenthalts auf der Bühlerhöhe im Schwarzwald völlig unerwartet der amtierende Stuttgarter Oberbürgermeister Arnulf Klett. Die Landeshauptstadt stand kurz unter Schock. Umgehend setzten aber bei den Parteien die Überlegungen ein, wen sie auf den Schild heben könnten, um nach dem parteilosen Klett einen Mann ihrer Couleur auf den OB-Sessel hieven zu können.

Bei den CDU-Granden in der Stadt kam recht schnell der Name Rommel ins Spiel, was im Nachhinein recht schlüssig wirkt, hatte er sich doch beträchtliche Erfahrung in der Landesverwaltung erworben, als Geburtsort Stuttgart im Ausweis stehen und überdies auch noch einen bekannten Namen vorzuweisen.

Es war sogar noch naheliegender. 1965 hatten Parteivertreter schon einmal bei Manfred Rommel vorgefühlt, ob er sich eine Kandidatur gegen den damals um eine weitere Amtszeit bemühten OB Klett vorstellen könnte. Die Parteifunktionäre brauchten also nur ihre Erinnerung zu bemühen und zu überlegen, ob es inzwischen triftige Hinderungsgründe für die Ausrufung Rommels zum OB-Bewerber in der Landeshauptstadt gebe. Das war offenbar nicht der Fall. Im Gegenteil. Seine Karriere hatte Rommel inzwischen ja weiter vorangebracht.

1965 soll Rommel nicht mehr als eine Nacht über das Angebot geschlafen haben, ehe er es ausschlug. Auch 1974 neigte er rasch wieder dazu, das Werben der Stuttgarter Parteifreunde abschlägig zu bescheiden, zumal in Heiner Geißler, Lothar Späth und Manfred Wörner andere mögliche Kandidaten gehandelt wurden. Rommel träumte immer noch davon, auf der von ihm beschrittenen Karriereleiter beim Land weiter aufzusteigen. Wenn ihn überhaupt irgendetwas an der Aussicht reizte, OB der Landeshauptstadt zu sein, dann höchstens die Herausforderung einer politischen und administrativen Aufgabe, die seiner Meinung nach im Land nicht ihresgleichen hatte.

Er war dennoch schon entschlossen, dem CDU-Kreisvorsitzenden Siegbert Alber und dem CDU-Fraktionsvorsitzenden im Gemeinderat, Otto Müller, die Absage zu übermitteln. Dieses Mal aber sollte er den Werbern nicht so einfach die Türe weisen können. Sein Freund und Kollege Gerhard Mayer-Vorfelder hielt ihn davon ab. Dessen Argument sei gewesen, verriet Rommel später, andere mögliche Bewerber würden sich zu Vertretern der zweiten Garnitur degradiert fühlen, spräche er sich so schnell und unumwunden gegen eine Kandidatur aus. Das war vielleicht ehrlich gemeint, aber auch ein listiger Schachzug, um Zeit zu gewinnen.

Die Aufforderung des CDU-Landesvorstands, er solle sich bewerben, lastete ebenfalls auf Rommel. Schließlich forderte der Landesvorsitzende und langjährige Rommel-Chef Hans Filbinger höchstpersönlich von ihm, endlich ja zu sagen, obwohl es auch in seiner Partei warnende Stimmen gab, die Rommel die Eignung zum Volkstribunen absprachen – und sich am Ende damit irren sollten. Filbinger machte Druck. Wenn er jetzt nicht springe, bedeutete er seinem früheren Chefstrategen, werde er als Ministerialbeamter versauern.

Über die Gründe ist viel spekuliert worden. Manche Beobachter der Landespolitik waren überzeugt davon, dass Filbinger in Rommel einem möglichen Nachfolger die Chance verbauen wollte, den Posten des Regierungschefs zu beanspruchen. Zumindest zu diesem Zeitpunkt. Nicht solange Filbinger die Regierungsverantwortung behalten wollte. Andere fragten sich, ob Rommel damit gerade zum Nachfolger von Filbinger aufgebaut werden solle und man in der OB-Wahl Rommels Zugkraft ausloten wolle. Denn im Grunde wurden Filbingers Sympathien viel eher bei Rommel vermutet, die trotz mancher Meinungsverschiedenheiten eine Art von Freundschaft verband, weniger bei Lothar Späth, der es zum Fraktionschef im

Landtag und später zum Innenminister gebracht hatte, dessen Ehrgeiz damit aber erkennbar nicht gestillt war.

Nicht unerheblich war an diesem Punkt, dass die vom Zeitgeist geprägte SPD überraschend nicht ihrem Ersten Bürgermeister Jürgen Hahn die Kandidatur andiente, weil er vielen zu konservativ erschien, anderen etwas zu brav und bieder. Vielmehr setzten die Sozialdemokraten auf den Architekten Peter Conradi, der weiter links stand, draufgängerischer und angriffslustiger daherkam. Umso mehr sehnte sich die CDU nach einem Kandidaten mit Erfahrung und Tiefgang, der nicht gleich untergehen würde, wenn Conradi die See aufwühlte.

Bei weiterer Weigerung, sah Rommel schließlich ein, wäre er in dieser Lage als „Schlappschwanz" betrachtet worden. Unfroh habe er sich schließlich zur Kandidatur bereit erklärt. Ob ein Sieg dabei herausspringen würde oder eine Niederlage, war Rommel zunächst einerlei.

Posieren vor dem Wahllokal: Auch Kandidat Manfred Rommel, der im Stadtteil Sillenbuch wohnt, wählt im Jahr 1974 mit.

Und was war das für ein Kandidat, der da den ersten Schritt auf die kommunalpolitische Bühne machte! Die Fotos von damals sprechen für sich. Die Haare trug er zu lang und zu ungeordnet, um dem Wunschbild seiner konservativen Parteifreunde zu entsprechen. Die Zeit seines Lebens recht leger erscheinende Kleidung tat ein Übriges zu dieser Wirkung. Als Hang zum Künstlerischen konnte man dem langjährigen Pfeifenraucher all dies auch nicht recht auslegen. Das gelassene bis heitere, manchmal etwas schelmische Auftreten, das Rommel so oft auszeichnete, reichte dafür nicht aus. Die Brille war zu altmodisch, das Äußere zu wenig gestylt, die Aura des Intellektuellen war, falls überhaupt zu erkennen, schwach ausgeprägt.

Die Wahrheit ist: Mit ihrer Entscheidung für Rommel lehrte sich die CDU zunächst selbst das Fürchten. Die Podiumsdiskussionen, mit denen damals maßgeblich der Wahlkampf geführt wurde, gerieten für Rommel und die CDU anfangs zum Desaster. Gegen den eleganten und liebenswürdigen FDP-Bewerber Kurt Gebhardt, zuvor schon OB in Waiblingen, mochte Rommel nichts Böses sagen. Der berüchtigte „Remstalrebell" Helmut Palmer, der in seinem Zorn zu vielem fähig und schwer zu stoppen war, nahm sich des CDU-Mitbewerbers bei dessen erster Veranstaltung in Stuttgart-Feuerbach besonders engagiert an. Rommel hatte ihn allerdings auch noch mit der Bemerkung gereizt, dass für Stuttgart ein OB gesucht werde und kein Karnevalsprinz. Im Vergleich zu dem SPD-Mann Conradi konnte Rommel bei den Veranstaltungen auch äußerst wenig kommunalpolitische Kenntnis ausspielen, denn sein Metier war die Landespolitik.

Kaum jemand hat es treffender auf den Punkt gebracht, als Rommel selbst. Seine eigenen Anhänger seien überwiegend erschüttert gewesen. Einzig sein Freund Mayer-Vorfelder habe das Vertrauen nicht verloren.

In dieser schwierigen Lage ging ein Ruck durch die Partei. Ziel war es, den CDU-Bewerber Rommel mit diversen Kunstgriffen doch noch konkurrenzfähig zu machen. Dass er einer neuen Frisur bedurfte, war glasklar. Rommel, dem seine junge Adoptivtochter Catherine auch noch gestand, er sei für sie unter den Kandidaten leider „der Wüsteste", verordnete sich auch eine modernere Brille und Sitzungen vor der Höhensonne, auf dass er selbst mehr Dynamik ausstrahle und bei der Bevölkerung mehr Gefallen finde. Nach und nach punktete er auch mit Eigenschaften, die im Lauf des Wahlkampfs immer mehr durchschimmerten und während seiner Zeit als Oberbürgermeister voll zum Tragen kommen sollten. » WER ETWAS VERSPRICHT, VERPFÄNDET SEINE EHRE DAFÜR, DASS ES GESCHIEHT. «

Versprechungen lehnte er strikt ab. Er bekannte sich zum „Mut zur Wahrheit“ und stellte in Anzeigen klar: „Gelddrucken kann ich eben auch nicht.“ So wappnete er sich schon einmal gegen die Gefahr, nach einem etwaigen Erfolg bei der Wahl Dankesschulden erstatten zu müssen. Mit feiner Beobachtungsgabe registrierte er bei Auftritten, welche Formulierungen zuverlässig Applaus ernteten und setzte sie gezielt immer wieder ein.

Seine Werbekampagne entwarf er selbst und stimmte nur das Ergebnis mit Werbeleuten ab. Auf seinen Wahlplakaten wollte er nicht einmal das Logo der CDU sehen. Bald arbeitete der Slogan für ihn „Er tut, was er sagt“, worauf die SPD konterte: „Aber er sagt nicht, was er tut.“ Rommel brachte diese Replik nicht aus der Fassung. Conradis Vorteil durch kommunalpolitische Detailkenntnis versuchte er erst gar nicht mit gleichen Mitteln zu parieren. Manchmal empfahl er einfach, Conradi zu fragen. Der wisse auf alles eine Antwort.

Rommel nutzte seine Erfahrungen in der Landesverwaltung dazu, ein Bild von der Amtsführung zu entwerfen, mit der er Stuttgarts Geschicke zu lenken gedenke. Langsam, aber sicher wurde Rommel zur Marke. Der Kandidat gewann Sicherheit und Freude am Gedanken, die Wahl zu gewinnen und Oberbürgermeister von Stuttgart zu werden.

Es war ein Wendepunkt im Wahlkampf, in dem ihm nach eigener Einschätzung auch das Ansehen seiner Frau und seiner Tante Helene zugute kam: Lilo Rommel als Lehrerin an einer renommierten Stuttgarter Schule, die Tante als Waldorflehrerin, die man über ihren Wohnort Stuttgart-Sillenbuch hinaus kannte.

Als Hilfe zum Wahlsieg hat Rommel überdies den Werbeslogan verstanden, den sein langjähriger Freund Hans Joachim Schmidtgen prägte. Der Geschäftsmann und spätere Honorarkonsul von Norwegen stellte die Tatsache, dass Manfred Rommel der Sohn des berühmten Generalfeldmarschalls ist, ganz in den Dienst der Sache und schuf den Spruch: „Schultes wird bloß einer: dem Wüstenfuchs sein Kleiner“. Manche hielten es auch für angemessen, Filme über seinen Vater zu zeigen. Manfred Rommel betrachtete es mit Unbehagen, wie er sich überhaupt in seinem Leben lang sträubte, das Etikett „Sohn von Erwin Rommel“ verpasst zu bekommen und in den Verdacht zu geraten, vom großen Namen des Vaters zu profitieren.

Im OB-Wahlkampf 1974 spielte er ihm allerdings in die Karten. Manfred Rommel war sozusagen ein Kandidat mit einem selbsterklärenden Namen. Und dieser Bewerber war dann auch nicht mehr zu schlagen. Die Stuttgarter, so soll Hans Filbinger gesagt haben, hätten sich in Rommels Stil des Wahlkampfs förmlich verliebt. Im zweiten Wahlgang obsiegte der damals 45-jährige Rommel mit 58,9 Prozent. Sein schärfster Rivale war und blieb Peter Conradi, der fast 40 Prozent der Stimmen errang, aber eben zu wenig punktete, um mit seinem Ergebnis zufrieden sein zu können, geschweige denn, um zu gewinnen.

Das Aufsehen in Deutschland über Rommels Erfolg war groß, denn mit ihm reihte sich der erste CDU-Mann unter die Oberbürgermeister der zehn größten deutschen Städte ein. Er war nun das einzige christdemokratische Stadtoberhaupt in einer Großstadt mit mehr als 500 000 Einwohnern.

Rommel sollte damit seine neue Bestimmung gefunden haben. Als Beamter hatte er den Rufen der großen CDU-Politiker Ludwig Erhard und Kurt Georg Kiesinger sowie des damaligen Ministerpräsidenten Helmut Kohl auf wichtige Beamtenstellen in Bonn und Mainz widerstanden, weil er den Arbeitsort und den Arbeitsstil dieser Politiker scheute. Vielleicht auch, weil er ahnte, dass sie nicht nur einen tüchtigen Beamten suchten, sondern auch einen mit einem schillernden Namen. Im Stuttgarter Rathaus bot sich ihm die Chance, sein eigener Chef zu sein und unabhängig von der Partei. Er nutzte sie konsequent. Nur einmal, 1978, erlag er einmal gründlich der Versuchung, diesen Weg zu verlassen.

BEHUTSAM AUF NEUEM TERRAIN

Am 19. Dezember 1974 trat Manfred Rommel nach der gewonnenen OB-Wahl im Stuttgarter Rathaus sein Amt an. Offiziell begann die Amtszeit im Januar 1975. Es war der Beginn einer wunderbaren Verbindung, wenngleich Rommel zu seiner neuen Tätigkeit erst hatte genötigt werden müssen. Er sei, hat Rommel verschiedentlich gestanden, nur ungern Oberbürgermeister geworden, später aber immer gern gewesen.

Rommel tastete sich im Rathaus sachte vor. Er erkundete sorgfältig das Terrain, ehe er den Fuß aufsetzte. Er versuchte, Fehler zu vermeiden. Er bewies Gespür. Vom Finanzministerium hatte er ins Rathaus nur seinen Fahrer mitgebracht. Ansonsten bediente er sich im kommunalpolitischen Machtzentrum ausschließlich der angestammten Mitarbeiter. Sehr rasch ging er auf den Ersten Bürgermeister Jürgen Hahn von der SPD zu und bat ihn, nicht nach einer neuen Aufgabe außerhalb des Rathauses Ausschau zu halten, sondern an Bord zu bleiben und mit ihm zusammenzuarbeiten. In der Funktion des Persönlichen Referenten, stets eine Vertrauensstellung, durfte Arnulf Kletts Mitarbeiter weitermachen, obwohl Walter Gehring, der spätere Direktor der Stuttgarter Messegesellschaft, der SPD angehörte.

Dies war ein Angebot der Zusammenarbeit für die Akteure, die Rommel im Rathaus vorfand. Es diente auch seinen eigenen Interessen, denn die Verwandlung vom Landesbeamten zum Stadtoberhaupt war nicht einfach. Sie verlangte grundlegendes Umdenken von Rommel, eine gute Aufnahme im neuen Umfeld und die Mitarbeit derer, die ihm bei etwas weniger gutem Willen auch sehr hinderlich hätten sein können. Wahrscheinlich war Rommels Stil des Vorgehens also die schiere Notwendigkeit, in der Verwaltung ebenso wie im Gemeinderat.

Draußen bei den Menschen musste er Bürgernähe beweisen und sich einführen. Daher sah er sich in der Pflicht, als Ehrengast bei Stadtteilfesten zu erscheinen und zum Zeichen des guten Willens dort mal ein Glas Bier zu trinken, an anderer Stelle einen Schoppen Wein anzunehmen und eine Rote Wurst – oder wenigstens nach einer schwäbischen Brezel zu greifen.

Die Macht solcher Symbolik kostete Rommel auch später bei eigenen Veranstaltungen im Rathaus weidlich aus. Die Brezel, die er als unglaublich nahrhaft und figurgefährdend erkannte, schien ihm auch gut als Wahrzeichen einer sparsamen schwäbischen Gastfreundschaft geeignet zu sein. Sie sei unentbehrlich für die städtische Repräsentation, urteilte Rommel später. Spötter hielten ihm vor, er habe seine Mitarbeiter nicht nur zum Weglassen der Butter angehalten, sondern bei Empfängen der Stadt halbierte Brezeln darreichen lassen. Derartiges Kalkül war ihm jedenfalls nicht fremd, enthüllte Rommel später doch höchstpersönlich, dass man bei den Getränkekosten sparen könne, wenn man bei den Brezeln das Salz abkratze und die Gäste somit nicht zu durstig mache.

Den Anschein des schwäbischen Geizes kultivierte Rommel auch mit anderen Mitteln. So ließ er beispielsweise das alte Mobiliar seines Vorgängers im Dienstzimmer stehen, um mit kaputten Sesseln kärgliche Verhältnisse statt Reichtum zu demonstrieren, wann immer er Bittsteller, Geldgeber der Stadt oder die Chefs der international tätigen Stuttgarter Unternehmen empfing. Die Sitzmöbel in seinem Dienstzimmer ließ Rommel erst austauschen, nachdem der Mercedes-Chef Werner Niefer einen bereits beschädigten Sessel endgültig zerstört und das knauserige Stadtoberhaupt damit förmlich zum Handeln gezwungen hatte.

Oder hat Rommel Eigenheiten wie die Brezelgeschichte in seinem Erinnerungsband etwa benützt, um nachträglich Marotten zu Elementen von Strategie und Überlegung zu stilisieren? Sicher ist, dass Rommel mancherlei Äußerlichkeiten so fremd waren, dass ihm sein Protokollchef vom benachbarten Kaufhaus eine Auswahl neuer Kleidungsstücke oder vier Paar Schuhe ins Rathaus bringen musste, weil er selbst an der Vielfalt des Angebots dort nur mäßig interessiert und der Mühe des Auswählens überdrüssig war. Von der Kleidung, in der Rommel morgens ins Rathaus kam, musste ihm manches Mal auch das eine oder andere Haar seines Katers beseitigt werden.

Dass er gleich nach seinem Amtsantritt trotz des einschlägigen Familiennamens so gar nicht militärisch daherkam, gab manchem Beobachter zu denken – dabei hatten sich nur die alten Bandscheibenprobleme bei Rommel zurückgemeldet, die ihn schon in seiner Zeit als Staatssekretär geplagt hatten. Wenige Monate nach seinem

Amtsantritt im Rathaus ging Rommel vorübergehend sogar am Stock.

Persönlich und politisch aber gewann Rommel, der Spielerei mit Schwabentümelei und seinen Bandscheibenbeschwerden zum Trotz, rasch an Statur. Mit kleinlicher Parteipolitik hielt er sich nicht auf. Einem wie ihm machte es nichts aus, sich über alle Parteigrenzen hinweg für seine Vorhaben Mehrheiten im Gemeinderat zu suchen, wie es in der Kommunalpolitik oft notwendig und üblich ist, worauf sich aber nicht alle verstehen. Hier war die Suche nach Mehrheiten sogar besonders wichtig.

Mitte der 1970er-Jahre, zur Zeit des ersten Wahlsiegs Manfred Rommels, war Stuttgart, was die Ergebnisse der Kommunalwahlen angeht, noch keine von der CDU dominierte Stadt. Die Stunde der Grünen, die 2009 zur politischen Kraft Nummer eins im Rathaus aufsteigen sollten, hatte ebenfalls noch lange nicht geschlagen. Vielmehr hatten die Sozialdemokraten im Gemeinderat 27 von 60 Mandaten inne, während die CDU sich lediglich auf 20 Fraktionsmitglieder stützen konnte. Im Gemeinderat herrschten so komplexe Mehrheitsverhältnisse, dass die 61. Stimme, die Stimme des Gemeinderatsvorsitzenden Rommel, bisweilen den Ausschlag gab. So habe der Hegel'sche Weltgeist nun mal die Dinge geordnet, belustigte sich Rommel im Jahr 1977.

» Das Streben der Parteien und Fraktionen nach Einmütigkeit sollte nicht übertrieben werden. In der Kommunalpolitik ist es lächerlich, wenn Fraktionen immer geschlossen abstimmen. «

Ohne Scham stimmte er manchmal anders ab als die Parteifreunde von der CDU. Und nicht nur zur FDP, auch zur SPD wurden ihm vorwiegend gute Beziehungen nachgesagt, was ihm nicht schwerfallen konnte, denn in Diensten des Landes hatte Rommel sowohl unter Filbinger wie auch unter Kiesinger viele Erfahrungen mit Großen Koalitionen sammeln können. Dort hatte er auch beobachtet, dass für wichtige Weichenstellungen, die das Land lange prägen sollten, manchmal das Zusammenwirken von CDU und SPD vonnöten war. Berührungsängste gegenüber den Sozialdemokraten im Rathaus wären daher völlig unverständlich gewesen.

Manchen Parteifreunden von der CDU ging das Miteinander zwischen Rommel und den Sozialdemokraten trotzdem zu weit. Im

Tag der offenen Tür im Stuttgarter Rathaus 1978: OB Rommel erklärt dem Bürger die Stadtpolitik.

Laufe der Zeit hieß es, Rommel handle wie der beste SPD-Bürgermeister, den man sich vorstellen könne. Eine Attacke, die Manfred Rommel auf die „lieben Parteifreunde auf der Bundesebene" zurückführte, weil er es ablehnte, „alles zu begrüßen, was von oben kommt, und in goldenen Schalen aufzufangen und zu verteilen".

Mehr noch: Das Gespräch mit den Fraktionen, der Konsens im Rathaus, die Gemeinsamkeit mit Stadträten und Personalräten, wenn es um vernünftige Ziele ging, waren Rommel mehr als Mittel zum Zweck. In seinem Dienstzimmer wurden Wege ausgelotet, wurde ihre Beschreitung besprochen – und die Worte hatten Bestand. Mittler zwischen OB und Gemeinderat, die die Defizite auffangen und Mehrheitsentscheidungen einzufädeln versuchen, brauchte es im Stuttgarter Rathaus damals nicht. Nicht nur in diesem Sinne, zwischen Stadtoberhaupt und Stadträten, war das Wort bedeutsam. Es war vielleicht überhaupt der Schlüssel zu Rommels Wirkung, lang vor den Jahren, da Studenten der Politikwissenschaft lernen sollten, dass Politik vor allem eines sei: Kommunikation.

Die Wirkung des Wortes hat Rommel immer zu nutzen versucht. Mit Wörtern hat er als Kommunalpolitiker gearbeitet wie ein Bildhauer mit Stein oder Holz. Ein Kunstwerk ist daraus geworden, weil das Leben privat und beruflich bei ihm viele Spuren hinterlassen und weil er etwas zu sagen hatte.

In 22 Jahren als Oberbürgermeister hat Rommel nach eigener Schätzung etwa 5000 dienstliche Reden gehalten: in Stuttgart, in der früheren Bundeshauptstadt Bonn, an Veranstaltungsorten des Deutschen Städtetags, in Partnerstädten oder in anderen Städten im Ausland. Meist hatte er sie selbst verfasst, oft trug er sie frei vor. Manchmal in einer englischen Fassung, über die er selbst spottete, er habe darüber nachgedacht, dieses Englisch patentieren zu lassen. Man lasse sich aber nicht durch diesen Ausbruch von Selbstironie in die Irre führen. Rommels Englisch mag manchmal unbeholfen geklungen haben, aber: Längst im Ruhestand, von seinen Krankheiten belästigt, konnte Rommel Interviews mit ausländischen Fernsehjournalisten über die Rolle seines Vaters noch in der Fremdsprache führen, ohne dass er Furcht haben musste, falsch verstanden zu werden.

In seine Reden flossen Notizen aus 54 Heften ein, die er im Lauf seiner Amtszeit angelegt und beschrieben hat. Denn Gedanken müsse man aufschreiben, wenn sie einem in den Sinn kämen, sagte Rommel, nicht erst dann formulieren, wenn man sie für einen Vortrag brauche. So legte er viele Gedanken zuerst auf Zetteln nieder, dann in seinen Notizheften. Im Lauf der Zeit besaß er ein umfassendes Grundgerüst für Reden. Wenn er eine neue vorbereitete, konnte er die Elemente dafür durch den Griff in seinen Zettelkasten und den Blick in seine Notizhefte schnell kombinieren. Und mit jeder Vorbereitung einer Rede, sagte Rommel, wachse das präsente, jederzeit wieder abrufbare Wissen.

Manche Reden entstanden mit Hilfe einer Schreibmaschine, die Rommel auf das Fensterbrett seines Einfamilienhauses in Sillenbuch gestellt hatte. In einem Sessel vor dem Fensterbrett sitzend, tippte Rommel die Reden auf der Maschine, derer sich Jahrzehnte zuvor noch sein Vater bedient hatte. Oder er platzierte sie auf dem ovalen Esstisch. Oval Office? Nicht bei ihm. Nicht die Arbeitsverhältnisse mussten perfekt sein, beim Ergebnis der Arbeit suchte Rommel die Perfektion.

Und nicht nur die Genese der Rede zeugte von liebevoller Vorbereitung. Auch der Vortrag lebte von der Strategie der Ausführung.

Manchmal redete Rommel zwar stockend, bisweilen, vor allem in späteren Jahren, vollendete er Sätze nicht immer. Manches erzielte aber gerade Wirkung durch den Anschein, dass es nicht perfekt sei – dabei hatte Rommel diese Reden oft genug sorgfältig bedacht und die Wirkung der scheinbaren Stolperer eingeplant wie die Schläge bei der Eröffnung der Cannstatter Volksfeste, mit denen er scheinbar tölpelhaft ein Schaumbad aus Bier herbeiführte, weil er den Zapfhahn nicht richtig traf.

» Man muss den Mitbürgern die Wahrheit sagen. Die Bevölkerung heute ist für unangenehme Wahrheiten eher bereit, die Politiker reden aber dauernd auf sie ein wie auf ein Kind, das man nicht aufregen darf. «

Neben den vielen Reden, die Manfred Rommel eigenhändig zu Papier brachte, verfasste er noch in der Endphase seiner Amtszeit als OB in ruhigen Stunden Positionspapiere, die sich mit Gott und der Welt befassten. Mit Steuergesetzen, mit der Integration von Migranten, mit Finanzpolitik und gern auch mit der Nanotechnologie. Technikfeindlichkeit war ihm eigentlich fremd, und die Ablehnung der Atomkraft hat Rommel nie gutgeheißen. Er kritisierte aber beständig den Versuch, mit immer genaueren Messgeräten Schadstoffe im Nanogramm-Bereich nachzuweisen und sie zum Beleg für Umweltgefahren zu nehmen. Die durchschnittliche Lebenserwartung der Menschen sei ja gestiegen, nicht gesunken, hielt Rommel bei vielen Gelegenheiten fest.

In regelmäßigen Abständen brachte Rommel diese Denkschriften und Essays, seine Positionsbeschreibungen und manchmal auch Polemiken unters Volk, wenn er die Journalisten zum „Pressekaffee" in den Ratskeller bat. Manchmal erläuterte er das Geschriebene, oft gab er den Presseleuten die Papiere einfach ohne große Worte mit in die Redaktionen. Des Öfteren konnte Rommels Umfeld vor dem Pressekaffee weder Denkschriften noch eine halbwegs aussagekräftige Themenliste avisieren. Dann lieferten Rommels Reaktionen auf tagespolitische Ereignisse in Deutschland in der Regel noch genügend Stoff, damit wenigstens ein Artikel geschrieben werden konnte.

Rommels Autorität und sein Charisma waren allemal groß genug, sein Wort gewichtig genug, dass die Journalisten seine Anstöße weitergaben. Und gut unterhalten fühlten sich die Reporter auch fast immer. Doch ohne einen solchen Mann, der selbst Programm ist, konnte auch diese Pressepolitik nicht lange überleben – nach Rommels Abschied aus dem Rathaus wurde der Pressekaffee als altmodisch enttarnt und abgeschafft. Eine vergleichbare Einrichtung, die dem OB ähnlich viel Presse jenseits des Tagesgeschäftes einbringen würde, gibt es bis heute nicht. Allerdings gab es nach Rommel auch nicht das Stadtoberhaupt, das sich dieses Instrumentes hätte bedienen können.

Bei einigen Gelegenheiten, die Rommels Ruf vor allem im Ausland begründeten, verbanden sich Worte und Taten. Es waren Anlässe, bei denen Rommel Maßstäbe setzte, indem er der Versuchung des Populismus widerstand und das Risiko einging, selbst unpopulär zu werden. Es waren Rommels Gratwanderungen. Dass die Menschen ehrliche Angaben über den Zustand der Stadt- und der Staatsfinanzen auf lange Sicht zu würdigen wüssten, das hatte Rommel bereits vorexerziert. Dass aber die Masse es in hitziger Stimmung tolerieren würde, dass einer für eine verhasste Minderheit Mensch-

Rommel mit Gattin nach seiner ersten Wiederwahl 1982, umringt von Journalisten.

lichkeit einfordert und vor pauschalen Schuldzuweisungen warnt, war nicht immer zu erwarten.

Doch immer mehr Stuttgarter gaben Rommel das Mandat. Bei der OB-Wahl im November 1982 bestätigten sie ihn mit jetzt schon 62,7 Prozent der Stimmen im Amt. Sein Herausforderer Ulrich Maurer, immerhin ein bereits profilierter Landespolitiker der SPD und eine Identifikationsfigur der Stuttgarter Sozialdemokraten, erreichte nur 24,7 Prozent.

1990, bei seiner dritten Wahl, fielen Manfred Rommel sogar 71,1 Prozent der Stimmen zu. Die SPD hatte mangels Erfolgsaussichten von vornherein die Waffen gestreckt, versuchte sich aber damit zu rechtfertigen, dass man den Eindruck gewonnen habe, Rommel und die CDU verbinde kaum noch etwas, wohingegen die SPD und Rommel eine Reihe von Positionen teilten. Ja, manche in der SPD sahen in dem OB sogar fast schon einen verkappten Sozialdemokraten.

Rezzo Schlauch von den Grünen brachte es immerhin auf 20,7 Prozent, erwarb sich mit einem Kraft strotzenden Wahlkampf eine gewisse Popularität in Stuttgart und legte vielleicht schon einen kleinen Grundstein dafür, dass seine Partei von 2009 an bei mancherlei Wahlen die SPD als Partei Nummer zwei in Stuttgart ablösen und der CDU die führende Rolle streitig machen konnte. Rommels Ansehen bei den Bürgern jedoch hatte da schon seinen Zenit erreicht. Mit seinem Talent zum populären Auftritt, mit einer bescheidenen Lebensführung und mit der Integrität eines Politikers ohne persönliche Affären hatte er es dahin gebracht. Der OB von Stuttgart und philosophierende Schwabe, der Weltbürger und Buchautor und der Unterhaltungskünstler auf dem Volksfest und bei der Prunksitzung – sie waren mehr und mehr zu einem Gesamtkunstwerk verschmolzen.

Stuttgart hatte in Manfred Rommel einen Moderator, der zusammenführte und versöhnte, notfalls aber auch Unpopuläres sagte, um den Volkszorn in die Schranken zu weisen und unveräußerliche Werte zu verteidigen. Die Stadt hatte in ihm ein Oberhaupt von staatsmännischem Zuschnitt, einen Botschafter, der weit über die Grenzen Baden-Württembergs hinaus wahrgenommen und geschätzt wurde. Sie hatte also nicht einfach einen Stuttgarter an der Spitze, auch keinen Oberschwaben oder württembergischen Unter-

OB Rommel auf dem Degerlocher Wochenmarkt, mit Gerhard Raff (Thema: der OB ganz nah am Bürger, ohne Allüren)

länder, mit dem sich nur Teile der Bevölkerung hätten identifizieren können, sondern sozusagen einen Überschwaben. Einen, der bisweilen auch für höhere Ämter in Deutschland gehandelt wurde, wie zuvor aus dem Schwabenland nur Theodor Heuss, der es zum Bundespräsidenten brachte. Immer mehr zeichnete sich ab, dass im Stuttgarter Rathaus der Mann und das Amt in idealer Weise zusammenpassten.

Das erkannte auch Rommels einstiger Gegenkandidat Peter Conradi. Er gab sogar öffentlich zu, er habe die Entscheidung der Stuttgarter, sich einen väterlichen, gelassenen und schwäbischen OB zu nehmen, längst akzeptiert. Rommel sei ein gutes Stadtoberhaupt gewesen. Doch dieses Eingeständnis machte Conradi 22 Jahre nach dem gemeinsamen Wahlkampf, als Rommel abtrat. Und in dieser Zeit war viel geschehen.

VERSÖHNLICHE GESTE IN ZEITEN DES TERRORISMUS

Manfred Rommels Ruf als großer und vielleicht letzter Liberaler im Land entstand, als das deutsche Staatswesen in den 1970er-Jahren vom linken Terrorismus erschüttert wurde. Schon in der Anfangszeit der terroristischen Übergriffe und noch vor Rommels Amtsantritt als Oberbürgermeister erfassten die Turbulenzen das ansonsten eher beschauliche Stuttgart. Polizeikontrollen unter dem Einsatz von Maschinenpistolen waren auf den Straßen in der Landeshauptstadt und der Umgebung zeitweilig fast an der Tagesordnung. Für Fahrer bestimmter Automarken war die Wahrscheinlichkeit, herausgewinkt zu werden, besonders groß. Überraschte Reaktionen und unbedachtes Verhalten mussten die Betroffenen damals besser vermeiden. Die Waffen der Polizei waren entsichert, die Notwendigkeit der eigenen Verteidigung war den Beamten eingeschärft. Mit Überreaktionen musste auch auf dieser Seite gerechnet werden. Kurzum, es herrschte eine Stimmung des Misstrauens im Land. Es war eine bleierne Zeit für die Bundesrepublik Deutschland.

Tatsächlich führten die Spuren der RAF-Gruppe auch nach Stuttgart. Zwei Wohnungen in der Seidenstraße im Stadtbezirk West und in der Oberen Weinsteige im Stadtbezirk Süd wurden als konspirative Treffpunkte von RAF-Mitgliedern und Lagerstätten von Waffen enttarnt – als sie allerdings bereits aufgegeben waren. Einem Vormieter der Wohnung im Westen, dem schottischen Geschäftsmann Ian McLeod, sollten die Erkenntnisse den Tod bringen. Am 25. Juni 1972 wurde er in seiner neuen Mietwohnung im Stuttgarter Wohnsilo Asemwald, auch Hannibal genannt, unter mysteriösen Umständen erschossen. Ein Polizeitrupp war in seine Wohnung im fünften Stock eingedrungen. Der Schotte öffnete die Tür zwischen Schlafzimmer und Flur, schaute in die Mündung einer Maschinenpistole, flüchtete ins Schlafzimmer zurück und schlug die Tür hinter sich zu. Ein Polizist drückte ab. Zwei Projektile durchschlugen das Türblatt. Dahinter brach der nackte Geschäftsmann zusammen – von einer Kugel tödlich in den Rücken getroffen. Ende eines mutmaßlichen Terroristenhandlangers oder Betriebsunfall der um Wehrhaftigkeit bemühten Demokratie?

Generalbundesanwalt Siegfried Buback beharrte gegenüber den kritisch berichtenden Medien in Großbritannien und Deutschland darauf, dass eine Verdachtslage bestanden habe und weiter bestehe. Für Teile der Öffentlichkeit erhoben sich viele Zweifel. Vielleicht, so lauteten die Vermutungen auch, war der Schotte gestorben, weil er sich nach seinem Umzug bei der Meldebehörde nicht gleich aus der alten Wohnung abgemeldet hatte und so verdächtigerweise als Mieter mit zwei Wohnungen ins Fadenkreuz der Terrorismus-Ermittler geriet. Die Umstände blieben über die Jahrzehnte hinweg Gegenstand von Spekulationen.

Der Vorfall illustriert das Klima jener Jahre, in denen unter Hochdruck nach Terroristen gefahndet wurde, während Funktionsträger von Staat und Wirtschaft sich vor Anschlägen fürchten mussten und Polizisten um ihre Sicherheit bei ihrer Arbeit. Sogar Manfred Rommel ließ sich zeitweilig anstecken und führte in seinem Wagen eine Pistole mit sich, um notfalls sein Leben verteidigen, auf jeden Fall teuer verkaufen zu können. Als er gewahr wurde, dass er einen um seine Sicherheit besorgten Zivilbeamten für einen Verfolger gehalten hatte, legte er die Waffe weg. Ihm dämmerte, dass sie sich mit etwas Pech gegenseitig hätten erschießen können, der Polizist und er.

1977 spitzten sich die Aufregungen auch in Stuttgart weiter zu. Mit Lust zur Provokation brachte sich der Schauspieldirektor Claus Peymann mit voller Berechnung selbst in die Diskussion – und forderte Manfred Rommel dazu heraus, der um sich greifenden Feindseligkeit entgegenzutreten, die sich gegen alle und alles richtete, was der Komplizenschaft mit den mordenden Terroristen verdächtig erschien. Wie der Theatermacher Peymann.

Von Gudrun Ensslins Mutter um Hilfe gebeten, hängte Peymann am Schwarzen Brett der Württembergischen Staatstheater einen Spendenaufruf für die Zahnbehandlung der Terroristen aus, die im Gefängnis in Stuttgart-Stammheim einsaßen. Der Vorgang wurde publik, kurz bevor andere Terroristen den in Stuttgart wohnenden Arbeitgeberpräsidenten Hanns Martin Schleyer entführten. Dass sie mit seiner Verschleppung den Staat zu erpressen versuchten und dass bei der Entführung Schleyers Fahrer und ein Sicherheitsbeamter getötet wurden, machte die Entrüstung der Bevölkerung über Peymanns Sammelaktion noch größer. Schon die Zeitungsmeldung, dass Terroristen im Gefängnis täglich Zwetschgenkuchen mit Sahne erhalten würden, schürte den Volkszorn.

Nicht nur in der CDU war die Empörung über Peymann groß, sondern auch in anderen Parteien und bei den Verantwortlichen des Landes, das zusammen mit der Landeshauptstadt die Staatstheater bis heute alimentiert. Aus der Landesbürokratie ereilte Rommel der Hinweis, bei einem Terroranschlag in Stockholm seien auch Gegenstände aus dem Stuttgarter Theaterfundus verwendet worden. Der OB tue gut daran, sich nicht weiter für Peymann einzusetzen. Rommel ging dem Hinweis nach und kam zur Überzeugung, dass an der Sache nichts dran sei.

In der Öffentlichkeit war aber schon der Ruf nach Peymanns Entlassung aufgekommen. Ministerpräsident Hans Filbinger und Landtags-Fraktionschef Lothar Späth urteilten ebenfalls, dass Peymann angesichts des Volkszorns nicht mehr zu halten sei. Manfred Rommel jedoch schätzte die Situation anders ein. Er bescheinigte Peymann zwar, er sei ein „Virtuose politischer Ungeschicklichkeit", und er mahnte die Künstler auch, nicht überall sofort Unterdrückung zu wittern. Der Mensch könne nicht wie eine Wildsau durchs Unterholz brechen. Doch Rommel stellte sich gleichzeitig vor den erprobten Provokateur Peymann und empfahl die Rückkehr zu Ruhe und Gelassenheit.

Dabei folgte er nicht nur seiner tief verwurzelten Überzeugung, dass zu große Einflussnahme der Politik gerade auf dem Feld der Kultur nachteilige Wirkung hätte. Rommel war auch überzeugt, dass das Wort „Sympathisant" in jenen Tagen inflationär verwendet werde und die Vorwürfe gegen Peymann maßlos überzogen seien. Überdies war dem Oberbürgermeister daran gelegen, einen „ungewöhnlich qualifizierten Schauspieldirektor" zu halten, der für Stuttgart in der europäischen Theaterlandschaft Ehre eingelegt hatte. Prompt fragten Parteifreunde ihn, ob er vergessen habe, zu welcher Partei er gehöre. Und im Hof des Neuen Schlosses musste Rommel sich nach einer Trauerfeier für Schleyers ermordete Begleiter von Zaungästen beschimpfen lassen.

Der OB aber verhinderte im Verwaltungsrat der Staatstheater die von den Landespolitikern erwogene fristlose Kündigung. Peymann arbeitete bis zum turnusmäßigen Auslaufen seines Vertrages weiter. Bis dahin freute sich Rommel noch über einige beachtliche Inszenierungen. Peymann, der noch vom Buhmann auf die Rolle des Publikumslieblings umsatteln konnte und nach Rommels Einschätzung zum „Märtyrer der Kunstfreiheit“ aufstieg, sei mit seinen Schauspielern noch einmal zu großer Form aufgelaufen, erinnerte sich Rommel später. Dann aber zog es der Schauspieldirektor trotz Rommels Eintreten für ihn vor, Stuttgart zu verlassen. In dem dort vorherrschenden Klima, machte er Rommel klar, könne man nicht mehr künstlerisch arbeiten.

Der Staat beugte sich den Forderungen der Terroristen nicht. Hanns Martin Schleyer blieb nicht das letzte Opfer dieses Machtkampfes. Nach der Entführung einer Lufthansa-Maschine, deren Passagiere und Besatzungsmitglieder von der Bundeswehr-Eingreiftruppe KSK 9 in der somalischen Hauptstadt Mogadischu befreit wurden, kam es in den Gefängniszellen in Stammheim zum Selbstmord der Terroristenanführer, den heute noch manche zum staatlichen Mord an politischen Aktivisten umdeuten möchten. Nach dem Suizid der Terroristen Gudrun Ensslin, Andreas Baader und Jan-Carl Raspe äußerten ihre Familien den Wunsch nach drei benachbarten Gräbern auf dem Stuttgarter Dornhaldenfriedhof – und prüften damit die Toleranz von Regierung, Behörden und Gesellschaft.

Am 20. Oktober 1977 wurde der OB von seinen Mitarbeitern über den Wunsch der Familien unterrichtet – und es begannen einige Tage der aufgeregten Diskussion und der Hysterie. Viele Menschen in der aufgewühlten und erschreckten Bevölkerung hätten es zweifellos begrüßt, wenn Rommel die Zustimmung nicht gegeben hätte. Der Hass auf die toten Terroristen war groß. Im Volk wurden Stimmen laut, die Terroristen sollten im Wald verscharrt werden.

Rommel wurde überrascht von diesen Reaktionen und der „unglaublichen Aufgeregtheit“. Er entschied sich aber nach eigener Auskunft ohne Zögern dazu, den Wunsch der Familien zu erfüllen. „Im Tod endet jede Feindschaft“, sagte er ganz einfach, während manche den Eindruck zu erwecken versuchten, er wolle den Selbstmördern ein Ehrengrab geben. Ihm sei völlig klar gewesen, was eine Verweigerung der gemeinsamen Beisetzung in Stuttgart bedeutet hätte, sagte Rommel später. „Die Fernsehgesellschaften aus dem

Ausland hätten sich auf dieses Thema gestürzt." Hätte er versucht, die Toten irgendwohin abzuschieben, „wären sie wie Fliegende Holländer herumgereicht worden". Die Diskussionen im Gemeinderat und in den darunter angesiedelten Bezirksbeiräten, wer ein Grab in Stuttgart bekommen darf und wer nicht, wollte Rommel schon im Ansatz verhindern. Stuttgart hätte sonst der ganzen Welt, die damals hierher schaute, ein „schauerliches Schauspiel, ein bürokratisches Theater" aufgeführt, sagte er.

Filbinger äußerte bei einem Telefonat Verständnis für Rommels Entscheidung. Viele andere verurteilten sie, fürchteten künftigen Terrorkult auf dem Stuttgarter Dornhaldenfriedhof oder drohten damit, ihre verstorbenen Angehörigen der unpassenden Nachbarschaft durch Umbettung der Leichname zu entziehen. Sogar von manchen Politikern und Bürgern sah sich Rommel bei der Familie Schleyer so angeschwärzt, dass er zusammen mit dem Ersten Bürgermeister Jürgen Hahn bei ihr vorsprach, um die Gründe für sein Handeln zu erläutern. Er habe Verständnis gefunden, notierte er.

Nach Rommels eindeutiger Ansage reagierte die Weltpresse – aber positiv, nicht negativ, wie es bei einer anderen Entscheidung wohl der Fall gewesen wäre. Wochenlang standen die Journalisten beim OB fast schon Schlange, um Interviews mit ihm zu führen. In den Augen einer Weltöffentlichkeit gewann Rommels Profil plötzlich überraschende und interessante Konturen. Er war schlagartig über die Grenzen Deutschlands hinaus berühmt. Einmal mehr hatte sein Gespür für die richtige Geste ihm geholfen, und eine knifflige Situation bereinigt.

Am 27. Oktober 1977 fand das Dreifachbegräbnis, das so umstritten gewesen war, unter den Augen einer großen Öffentlichkeit statt. Neben den Verwandten standen am Grab auch Gleichgesinnte, manche von ihnen vermummt, um nicht von Polizeibeamten oder anderen Beobachtern gefilmt oder fotografiert zu werden. Schon in jenen Wochen mahnte Rommel, man dürfe jetzt nicht in den Fehler verfallen, all jene mit dem Brandmal des Sympathisantentums zu versehen, die politisch irgendwo links stünden oder sich schon einmal mit dem Problem der Anarchie beschäftigt hätten. Wer mit Intoleranz auf Intoleranz reagiere, bringe auf längere Sicht die ethische Substanz des Staatswesens in Gefahr.

Am 27. Oktober 1997 werden in Stuttgart drei tote Terroristen beerdigt. Manfred Rommel hat die Erlaubnis gegeben.

Drei Jahre nach seiner Pensionierung nahm Rommel erneut dazu Stellung. Es sei gefährlich, wenn man alle möglichen Leute, die eigentlich nichts damit zu tun hätten, dem Terroristenfeld zurechne. Dass das Volk damals den Inhaftierten sogar das tägliche Stück Zwetschgenkuchen neidete, erschien ihm geradezu als grotesk. Eine gewisse Gelassenheit habe er damals als unbedingte Pflicht angesehen, forderte der Volkszorn doch sogar, die Terroristen aufzuhängen, statt ihnen einen rechtsstaatlichen Prozess zu machen.

Die Ereignisse in den 1970er-Jahren erschienen Manfred Rommel auch 1999 nach wie vor so bezeichnend, dass er sie nicht dem Vergessen anheimgeben mochte. Sollten sie tatsächlich in Vergessenheit geraten, sagte er, wäre das seines Erachtens „ein Drama". Die Rote Armee Fraktion zeige mit ihrer Geschichte nämlich auf, wie leicht der Mensch von einer „Wesensveränderung" erfasst werden könne – selbst in einer Demokratie. Sie zeige, wie Terroristen vorgaben, für die Menschheit zu kämpfen, und doch überhaupt nicht gezögert hätten, zuerst die Begleitmannschaft des Arbeitgeberpräsidenten umzubringen, dann auch noch Schleyer selbst.

Im Laufe der Zeit verstanden mehr und mehr Menschen, wie wertvoll die Haltung Rommels damals gewesen war: Mit hohem Risiko für sein Ansehen hatte er wieder einmal einen jener Sätze formuliert, an denen sich zunächst die Geister scheiden, die dann aber ähnlich wie Denkmale an jederzeit gültige Gewissheiten erinnern. Sätze, die mit hohem Risiko des Missverständnisses und der Missbilligung in Tagen historischer Vorkommnisse ausgesprochen werden. Rommel selbst stufte die Aufsehen erregenden Worte später ein Stück herab. Als Held oder als Märtyrer habe er sich nicht gefühlt. Die Demokratie, in der man zum Glück lebe, brauche keine Helden, resümierte er. Der Vorgang sei aufgebauscht worden.

Mit dem Abstand von fast 35 Jahren nahm er, nach dem Vorgang befragt, sogar kritisch die Verhältnisse im Stammheimer Hochsicherheitsgefängnis ins Visier: Vielleicht hätten die Terroristen ja alles überlebt, wenn man sie nicht in einer lebensfernen, auswegslosen Situation zusammen inhaftiert hätte. Auch die damaligen Neigungen, überall nach möglichen Sympathisanten der Terroristen zu spähen, rollte Rommel bei dieser Gelegenheit noch einmal auf. Das deutsche Grundgesetz erlaube es dem Bürger, links zu sein und sich links zu äußern, selbst wenn er damit vielleicht an verfassungsrechtliche Grenzen stoße. Das gelte auch und besonders für die Freiheit der Kunst. Andererseits dürfe kein Bürger und kein Künstler das Gesetz des demokratischen Staates brechen. „Nur da verläuft also die Grenze, zwischen Legalität und Illegalität. Der vage Begriff des ‚Sympathisantensumpfes', der damals verwendet wurde, führt in die Irre."

BOTSCHAFTER DEUTSCHLANDS IM AUSLAND

Manfred Rommel wusste die Aufmerksamkeit der Welt, die ihm im Deutschen Herbst zuteil geworden war, gut zu nutzen. Und mit Geschick. Auch bei seinen Auftritten im Ausland zollte man Rommel nun große Beachtung, beispielsweise bei einem Besuch der USA im Oktober 1995. Neben seiner Fähigkeit zur ernsthaften, die Worte abwägenden Rede konnte er sich auch dort von seiner witzigen Seite zeigen.

So manche Anekdote hatte er ins Englische gebracht, obwohl sie kaum übersetzbar ist. Von City Hall zu City Hall, von Handelskammer zu Handelskammer variierte er seine Rede. Für besondere Werbung zugunsten Stuttgarts nützte er nur wenige Gelegenheiten. Stuttgart, das war er. Wer ihn schon kannte, sah sich durch das Erlebnis bestätigt und lachte. Wer ihn zum ersten Mal erlebte, war vielleicht verwundert, aber doch angetan, wie eine junge Bankiersgattin im Kunstmuseum von St. Louis im US-Staat Missouri: „Er hat eine ganz besondere Art."

Die eigentliche Nagelprobe wartete aber nicht in der Partnerstadt St. Louis auf Manfred Rommel, sondern im tiefen Süden der USA, in Alabamas Hauptstadt Montgomery, nahe des Fleckens Tuscaloosa, wo Daimler-Benz in jenen Tagen seine erste Fabrik in den USA aus dem Boden stampfte. Dort, wo 30 Jahre zuvor der Bürgerrechtskämpfer und Pastor Martin Luther King den Aufstand gegen die Rassentrennung organisiert hatte. Wo sich die Rassistenorganisation Ku-Klux-Klan an Kings Fährten heftete, bis er 1968 in Memphis/Tennesse für seine Überzeugungen mit dem Leben bezahlen musste.

Auch Rommel wird daran gedacht haben. Denn was sich damals in Alabama abspielte, passte so gar nicht zu dem Bild der demokratischen Lehrmeister, die Rommel nach dem Zweiten Weltkrieg schätzen gelernt hatte. Aber darüber redete er nicht. Und niemand sprach ihn darauf an. Die Menschen hier wollten hören, was der OB aus der Heimatstadt von Daimler-Benz vom Daimler-Fabrikbau in Alabama hielt. Und sie wollten hören, was ihnen Rommel über seinen Vater, über die Geschichte, die Gegenwart und die Politik in Deutschland zu sagen hätte. Hier, auf dem US-Luftwaffenstützpunkt Maxwell in Montgomery, in einer Denkfabrik der Airforce.

Tausende von Luftwaffenangehörigen hatten hier eine Ausbildung in militärischer Taktik und anderen militärischen Fertigkeiten genossen. In der Bücherei schlummerte Literatur, in der Erwin Rommel als einer der besten Taktiker der Kriegsführung gewürdigt wurde. Die Offiziere, die hier zusammenströmten, um sich den Sohn des Generalfeldmarschalls anzuhören, platzten fast vor Neugier. Wohl vorbereitet stellte sich der OB den annähernd 1000 Zuhörern, sprach im Rückblick auf den Nationalsozialismus von einer moralischen Katastrophe der Deutschen und dankte den Amerikanern für den Aufbau der Demokratie.

Dahinter stand seine tiefe Überzeugung, dass die Deutschen es ohne die „freundliche Diktatur" der alliierten Militärregierungen nicht geschafft hätten, die Demokratie in ihrem Land zu verankern. Auf sich allein gestellt, glaubt Rommel auch heute noch, hätten sich die Deutschen befehdet. Ihre Entnazifizierung durch die Besatzer betrachtete er stets als Versuch, den Menschen nach den Schrecken des Naziregimes und des Zweiten Weltkrieges eine Identität zurückzugeben. Das war es, was er als „Großherzigkeit" der Siegermächte verstand, die er nie vergessen wolle. Und danach handelte er. Dafür suchte Rommel, dieser Jäger und Wäger der Worte, nach symbolischen Sätzen, die die moralische Katastrophe der Deutschen und ihre menschliche Läuterung zum Ausdruck bringen sollten. Wie der Satz: „Die Mehrheit der Deutschen weiß heute, dass es besser war, den Krieg zu verlieren, als ihn mit Hitler zu gewinnen."

Es liegt an Sätzen wie diesen, dass der noch im Jahr 1995 in Stuttgart stationierte Airforce-General Charles G. Boyd bei Rommels Vorstellung in Montgomery eine geradezu weihevolle Stimmung verbreitete. Es gab aber auch die anderen Amerikaner, darunter viele junge, denen Manfred Rommel kein Begriff war, die jedoch vom Feldmarschall Erwin Rommel gehört hatten. Auch bei ihnen tat seine Rede ihre Wirkung, obwohl Rommel, wie im Deutschen, nicht jeden Satz vollendete, gelegentlich nach Worten suchte. Dabei waren ihm die Anstrengungen der Reise anzumerken, waren seine Rückenschmerzen fast spürbar.

Rommel in Amerika – das war also eine kampflose Eroberung. Auch die Militärs streckten die Waffen. „Mein Vater war ja auch ihr Hauptkriegsgegner", erklärte Rommel das große Interesse. Im großen Auditorium der Maxwell-Airbase erzählte der OB für sie von den dramatischen Ereignissen in den letzten Kriegsjahren, vor allem von 1944. Sein Vater habe Hitler loswerden, aber nicht töten wollen, weil „er den toten Hitler mehr fürchtete als den lebenden". Nein, Selbstmord sei es nicht gewesen. Der Vater habe unter der Bedrohung von Gestapo und SS das Gift genommen, um die Familie vor Schaden zu bewahren.

Nach der Rede auf dem Stützpunkt standen die Menschen Schlange. Sie wollten nicht nur Bücher signieren lassen. Einer von ihnen sagte: „Ich war in Crailsheim stationiert und möchte Ihnen herzlich dafür danken, was Sie uns Gutes getan haben." Dieser Offizier war nur einer von vielen, bei denen sich Rommel für die Rolle der Amerikaner im geschlagenen Deutschland, für ihr Geschenk der Demokratie und für die Wiederaufbauhilfen bedankte. Dass den Amerikanern von der außerparlamentarischen Opposition und der Studentenbewegung Ende der 1960er-Jahre Feindschaft entgegenschlug, hat Rommel nie verstanden.

Im Stuttgarter Rathaus hatte er schon bald nach seinem Dienstantritt regelmäßige Begegnungen mit neu eingetroffenen US-Soldaten eingeführt. „Meet the mayor – begegne dem Oberbürgermeister" lautete dieses gern akzeptierte Angebot, das dem scheidenden US-Präsidenten Ronald Reagan im Jahr 1988 ein persönliches Dankschreiben an den Stuttgarter OB wert war. Mit den Einladungen wollte Rommel den GIs ein wenig mehr Wohlfühlatmosphäre bieten, denn die US-Gemeinde in Stuttgart war und ist groß. Ende der 1980er-Jahre dürften in Stuttgart rund 13 000 US-Soldaten stationiert gewesen sein, mindestens ebenso hoch wurde die Zahl der Angehörigen eingeschätzt, und regelmäßig wurden die Soldaten ausgetauscht. Sehr viele ließen sich von der Person Rommel anlocken. Ohnehin pflegte der OB einen freundschaftlichen Kontakt zu hochrangigen Offizieren, die in der europäischen Kommandozentrale der US-Streitkräfte in Stuttgart-Vaihingen ein und aus gingen.

Das Besuchsprogramm und die Kontakte zu den Befehlshabern sorgten nicht nur für mehr Menschlichkeit im Miteinander in der Stadt. Sie symbolisierten auch Rommels Bemühungen um Aussöhnung mit den früheren Kriegsgegnern und mit den Opfern von Nazideutschland. Die andere Säule dieser Verständigungsarbeit waren regelmäßige Einladungen, die von 1983 an wieder frühere, von den Nationalsozialisten vertriebene jüdische Mitbürger für Besuche in Stuttgart gewannen.

Im Laufe der Zeit konnte Rommel sein Ansehen in vielen Ländern mehren. Besonders auch einige Repräsentanten der damaligen Sowjetunion wie die Botschafter Nikolaj Semjonow und Valentin Falin schätzten ihn bei ihren Besuchen in Stuttgart als Gesprächspartner, mit dem sie gut über den Kommunismus, über Gott und die Welt scherzen konnten.

Auch die internationalen Medien nahmen oft wohlwollend von Manfred Rommel Notiz. Bald galt er gar als berühmtestes deutsches Stadtoberhaupt im Ausland. Die „Washington Post" nannte ihn, als das erste Rommel-Buch mit Reden und Aufsätzen erschienen war, „einen der nachdenklichsten Deutschen". Die „New York Times" bat ihn, für eine Sonntagsausgabe die politischen und gesellschaftlichen Verhältnisse in Deutschland zu beschreiben. Rommels Text wurde zu einem Bekenntnis, dass die Deutschen sich mehr auf die Anwendung der Vernunft verlegen, ihre Politiker mehr Mut zu wahrheitsgemäßen Standortbestimmungen und die Bürger den Hang zum Moralismus abbauen sollten, der vielleicht am gefährlichsten sei bei der Diskussion über die Armee und die Verteidigungspolitik. 1996 feierte die italienische Tageszeitung „Corriere della Sera" Rommel als Nonkonformisten und riet: „Wenn das Nachkriegsdeutschland ein Symbol braucht, sucht es in Stuttgart."

Die Länder, die von Hitler-Deutschland in den Zweiten Weltkrieg hineingezogen worden waren, hatte Rommel bei der Pflege der Auslandsbeziehungen stets ganz besonders im Blick. Außerdem die Türkei, aus der viele Arbeitsuchende nach Stuttgart gekommen waren und wo seine Schwiegermutter herstammte. Unter Rommels Regie entfaltete Stuttgart aber auch eine Art von kommunaler Außenpolitik, die zu mehr und mehr Städtepartnerschaften führte und von Rommels Nachfolger übernommen wurde. Heute pflegt Stuttgart nicht weniger als zehn Städtepartnerschaften.

Den Grundstein dafür hatte Rommels Vorgänger Arnulf Klett gelegt. Ganz am Anfang, nämlich im Jahr 1948, stand jene mit St. Helens in England. Die Bande wurden zu einer Zeit geknüpft, da der Krieg noch in lebhaftester Erinnerung war, das Stadtbild Stuttgarts ihn mit Ruinen bezeugte. Auch die folgenden Städtepartnerschaften – mit Cardiff in Wales 1955, mit St. Louis im US-Staat Missouri 1960 und mit dem französischen Straßburg im Jahr 1962 – fielen noch unter das Kapitel der Aussöhnung mit den einstmaligen Feinden. Die ersten Städtepartnerschaften dienten der Völkerverständigung nach den Schreckenserfahrungen des Weltkriegs.

Im Laufe der Jahre, als die unmittelbaren Kriegsfolgen immer mehr in den Hintergrund getreten waren, ging Stuttgart auch aus anderen Gründen Partnerschaften ein. Nun stand die Überbrückung von Interessensgegensätzen durch die ungleiche Entwicklung von Europa und anderen Kontinenten im Vordergrund, außerdem die wirtschaftliche Zusammenarbeit und das Wissen darum, welche Bedeutung den Partnern mehr und mehr zuwachsen würde. So kam 1968 die indische Finanzmetropole Mumbai, das frühere Bombay, hinzu, 1971 die tunesische Stadt Menzel-Bourgiba.

Die erste Partnerstadt, die Stuttgart sich in der Ära von Manfred Rommel erwarb, war 1979 die ägyptische Hauptstadt Kairo, die ihn zu ihrem Ehrenbürger machte und wo er sowohl mit Staatschef Muhammad Anwar El Sadat wie auch mit Hosni Mubarak zusammentraf. Die Städte Lodz in Polen (1988), Brünn in Tschechien (1989) und Samara in den GUS-Staaten (1992) sind die bisher letzten Neuerwerbungen. Rommel förderte diese Entwicklung und ermöglichte es der Stadtverwaltung, die Partnerschaften nachhaltig zu pflegen, obwohl er selbst nur zu ausgewählten Gelegenheiten in die Partnerstädte reiste.

Mit dem einsetzenden politischen Tauwetter im vormaligen Ostblock reizte es in Stuttgart zwar so manchen Stadtrat, dem Club der Partnerstädte noch eine Stadt in der DDR hinzuzufügen. Man warf ein Auge auf Dresden, das zu jener Zeit aber schon einer anderen Großstadt im Westen versprochen war. Außerdem gab es auch ein gewisses Unbehagen, das andere Deutschland wie sonstige Staaten zu behandeln und mit einer klassischen Städtepartnerschaft die Teilung Deutschlands noch anzuerkennen. Die Bemühungen dümpelten dahin – und ein paar Jahre später erledigte sich das Thema mit der deutschen Wiedervereinigung von selbst.

MIT JERUSALEM UND TEDDY KOLLEK ENG VERBUNDEN

Um sich mit den Leidtragenden des Holocaust und den Erben ihrer Opfer auszusöhnen, wagte sich der Sohn des Generalfeldmarschalls auch in die Höhle des Löwen. Es war das Jahr 1987. Der Jerusalemer Bürgermeister Teddy Kollek, dem sich Rommel stets eng verbunden fühlte, hatte seinem Gemeinderat Rommel als Kandidaten für den Ehrentitel Guardian of Jerusalem – also Wächter Jerusalems – vorgeschlagen. Als die Stunde der Auszeichnung gekommen war, for-

Eine nicht selbstverständliche Ehre: Bürgermeister Teddy Kollek zeichnet Rommel am 14. Juni 1987 als „Wächter Jerusalems" aus.

mierten sich vor dem Rathaus einige Demonstranten. Sie wollten Rommel daran erinnern, dass es ein noch größeres Unglück für die Juden bedeutet hätte, wären die Truppen seines Vaters nach Jerusalem durchgekommen.

Dass in Palästina der Vormarsch seines Vaters 1942 in Ägypten als tödliche Bedrohung empfunden werden musste, sei ihm klar gewesen, schrieb Manfred Rommel in seinen Erinnerungen. Es sei ein glücklicher Umstand gewesen, dass diese Truppen nicht zum Nildelta und nicht in den Nahen Osten durchgekommen seien. Auch die Demonstranten in Jerusalem konnten darauf vertrauen, dass Manfred Rommel, der wiederholt die Holocaust-Gedenkstätte Yad Vashem besuchte, ehrlich davon überzeugt ist. Man gab sich die Hand und ging wieder auseinander. So endete, was manche Israelis zunächst als besondere Provokation empfunden hatten, mit einem Happy End.

Zwei Jahre zuvor hatten Kollek und Rommel allerdings schon Vorarbeit geleistet, vielleicht auch in Jerusalem ein wenig Verständnis gesät. 1985 nämlich wurde Kollek mit dem Friedenspreis des deutschen Buchhandels ausgezeichnet. Diese Ehrung galt seinem engagierten Eintreten für das Miteinander verschiedener Völker und Religionsgemeinschaften. Dadurch habe er Israelis und Arabern einen Weg in eine gemeinsam zu gestaltende Zukunft gewiesen, hieß es in der Verleihungsurkunde des Friedenspreises.

Als seinen Laudator bei der feierlichen Verleihung empfahl Kollek den Stuttgarter Oberbürgermeister – nicht etwa deshalb, weil er in Rommel durch seine Arbeit in Stuttgart einen Bruder im Geiste erkannt hätte; Kollek schlug Rommel vor, weil sein Vater in Nordafrika das Heer geführt hatte, das den Juden in Palästina hätte gefährlich werden können, wenn es die Schlacht bei El Alamein nicht verloren hätte. Den Sohn des Wüstenfuchses für die Rede vorzuschlagen, deutete Kollek an, habe er als symbolisch verstanden für den Prozess des Friedens, für den er sich daheim in Jerusalem einsetzte.

Es war alles andere als selbstverständlich. In jenen Jahren lag immer noch ein großer Schatten über dem deutsch-israelischen Verhältnis, der von der unseligen deutschen Vergangenheit herrührte. Immerhin war dagegen schon auf beiden Seiten angekämpft worden, in Deutschland etwa durch den Bundespräsidenten Richard von Weizsäcker, der am 8. Mai 1985 eine eindrucksvolle Rede zur deutschen Vergangenheit gehalten hatte. Und auf der israelischen Seite hatte Kollek schon früh nach dem Krieg die Hand ausgestreckt und sich dafür eingesetzt, dass Bundeskanzler Konrad Adenauer in Jerusalem herzlich aufgenommen wurde.

Die Paarung in der Paulskirche passte also. Da kamen zwei Versöhner zueinander. Kaum einem anderen hätte Rommel lieber eine Lobrede gehalten als diesem Kollek, der in der Stadt, die gleich für drei monotheistische Religionen herausragende Stätte des Glaubens ist, die widerstrebenden Interessen ausbalancieren musste. Der den Israelis genauso wie den Arabern in der 1967 wiedervereinigten Stadt ein gerechtes Oberhaupt sein musste.

Da kamen aber auch zwei Pragmatiker zusammen. Kollek, Sohn einer aus Wien emigrierten jüdischen Familie, war vermutlich der größere Pragmatiker, weil auch die Probleme in Jerusalem ungleich größer waren und sind als in Stuttgart. Wenn einer wirklich auf dem Pulverfass saß, dann dieser Teddy Kollek, und zwar zwischen einer Vielzahl von religiösen und ethnischen Gruppen, die nicht wirklich verschmelzen können.

Kollek sei ein Mann von levantinischer Weisheit, deren drei Regeln er perfekt beherrsche, sagte der armenische Erzbischof Shahet Ajamian ausweislich der „Süddeutschen Zeitung". Erstens: Schaffe dir keine Konflikte, die du nicht zu kontrollieren vermagst. Zweitens: Versuche die Folgen zu messen, bevor du deine Entscheidungen triffst. Drittens: Der Mensch ist schwach – sprich: Sein Handeln wird eher durch Interesse als durch Ideologie bestimmt.

Das könnte auch von Rommel sein, der seinen Jerusalemer Amtskollegen in der Paulskirche einen „Pragmatiker des guten Willens" nannte. Einen Pragmatiker in einer Stadt, die damals schon nicht das Patentrezept für einen großen, dauerhaften Frieden zwischen Israelis und Arabern, zwischen Juden und Moslems finden konnte und bis heute nicht gefunden hat.

Ein Pakt für den Frieden, der schlagartig greift, war und ist nicht zu erwarten. Das Außergewöhnliche von Kolleks Politik liege darin, sagte Rommel in seiner Laudatio, dass sie eine Fülle von vertrauensbildenden Maßnahmen anwende. Es handle sich auch um den nachhaltigen Einsatz für die wirklichen Interessen des Bürgers, „gleich ob Jude, Araber oder Christ, und dass dieses Engagement offensichtlich nicht durch ein langfristiges politisches Kalkül motiviert ist, sondern dass es auf der Grundüberzeugung des Jerusalemer Bürgermeisters, wie man mit Menschen umgehen sollte, beruht".

Das Jerusalem, wie es von Kollek regiert wurde, betrachtete Rommel als Ermutigung und Ansporn für die deutschen Städte am Vorabend einer großen Herausforderung. Den meisten großen Städten in Deutschland war damals eine mitunter dramatische Abnahme der Bevölkerung vorausgesagt. Wenn dies eintrete, sagte Rommel, sei es nicht auszuschließen, dass ausländische Bevölkerung nach den Arbeitsplätzen in den deutschen Städten strebe und einwandere. Dann könne es zu einer großen Zukunftsaufgabe werden, die Vielfalt in der Bevölkerung zu bewahren und doch Gemeinsamkeit in den wesentlichen Fragen zu erreichen. Dann könne Toleranz gefragt sein wie in Jerusalem. In der Stadt, die nach Kolleks Darstellung eben kein Schmelztiegel ist, in der jeder seine Tradition, seine Bräuche und seine Lebensweise behalten können soll.

So haben sich die beiden, der jüdische OB von Jerusalem und der auf dem OB-Sessel in Stuttgart thronende Sohn des Wüstenfuchses, in der Paulskirche zu Frankfurt ideal ergänzt. Und wenn die Beschreibungen der Presse von Kolleks Zuhause zutreffend waren, dann gab es auch im privaten Sektor Gemeinsamkeiten. Jerusalems Bürgermeister lebe sparsam und pflichtschuldig zwischen Möbeln, die schon lange alt, aber noch lange nicht antik seien, berichtete die „Süddeutsche Zeitung“ zu der Zeit, als Kollek der Friedenspreis zugesprochen wurde.

Zu Kollek habe er eine enge Beziehung, schrieb Rommel 14 Jahre später sogar. Er verdanke ihm viel, auch Ermutigung. Von Anfang an habe man sich gut verstanden. Und Kollek schätzte Rommel nicht minder. „Ich glaube nicht“, sagte er, „dass es irgendwo noch einen Oberbürgermeister mit so viel Humor gibt. Die vielen Momente guter Laune, die er mir mit seinen Briefen und Büchlein verschafft hat, sind unbezahlbar.“

WARNUNG VOR PAUSCHALVERURTEILUNGEN

Wenn sich Ungewöhnliches ereignet hatte, wenn die Aufregung in der Bevölkerung groß war und wenn pauschaler Volkszorn die Falschen zu treffen drohte, dann fühlte sich Rommel oft zum Eingreifen aufgerufen – im Zweifel für die Opfer des Zornes. Mit feinem Gespür registrierte der Oberbürgermeister die tektonischen Bewegungen in seiner Stadt und reagierte darauf. Anlass dafür gab auch der 8. August 1989.

Auf der Brücke über die B10 beim Gaisburger Gaskessel tötete ein Schwarzer, der zuvor in einer Straßenbahn durch einen Streit mit Kontrolleuren aufgefallen war, zwei Polizisten, die den Asylbewerber in Gewahrsam nehmen wollten. Der wirre Mann aus Kamerun, der nach einer 21 Jahre währenden Odyssee durch diverse europäische Länder und die USA in Stuttgart gelandet war, der eine falsche Identität vorgeschützt hatte und auf dessen Spuren dennoch seit einigen Tagen Kriminalbeamte waren, zückte zwei Bajonette, die er versteckt mit sich getragen hatte. Er selbst wurde von einem anderen Polizisten erschossen. So lagen drei Tote auf der Brücke –

das Ergebnis einer Tat, die viele Stuttgarter schockte, und kaum jemanden unberührt ließ.

Die einen beschlich das fatale Gefühl, dass sie selbst bedroht sein könnten durch Menschen, die sich ins Land und in die Stadt mogelten und jederzeit Amok laufen könnten. Und die, deren Hautfarbe schwarz war und die in der Stadt unterwegs waren, fühlten sich seit dieser Tat unter Generalverdacht gestellt und verurteilt.

Vor der Katholischen Domkirche St. Eberhard, in der die Trauerfeier für die getöteten Polizisten stattfinden sollte, führte einer dieser Schwarzen Klage darüber. Spontan beschloss Rommel deswegen, in seine Trauerrede ein paar Sätze einzuflechten, um vor voreiliger Pauschalisierung zu warnen. Als Stadtoberhaupt habe er einen derartigen Ausländerhass nicht ignorieren dürfen, schrieb er später. Wieder einmal brachte er die Situation auf den Punkt – und prüfte die Nehmerqualitäten seiner Stuttgarter. „Es hätte auch ein Weißer sein können", sagte Rommel in der Kirche, „es hätte auch ein Schwabe sein können. Wir sollten unserer Trauer dadurch Würde geben, dass wir nicht generalisieren."

Viele mussten heftig schlucken, nachdem ihr Oberbürgermeister gesprochen hatte. Andere ließen ihrer Wut freien Lauf. In Rommels Dienstzimmer gingen in den folgenden Tagen „ganz fürchterliche" anonyme Briefe ein. Manche Verfasser schrieben, sie wollten Rommel totschlagen und auf sein Grab „seichen", wobei sie das Wort noch falsch geschrieben hätten, wie der Beschimpfte sich belustigte.

Rommel lernte bei dieser Gelegenheit, dass solche Geister desto weniger der deutschen Sprache mächtig seien, je nationalistischer sie sich gebärden. Umbesonnen hat sich der OB deswegen nicht. „Ich würde das in der gleichen Situation noch einmal sagen", erklärte Rommel gut sieben Jahre später aus Anlass seines Abschieds aus dem Rathaus.

AUF TUCHFÜHLUNG MIT QUERKÖPFEN UND QUERDENKERN

Der Umgang mit schwierigen Zeitgenossen bleibt auch einem Oberbürgermeister selten erspart. Da ein Fossil aus anderen politischen Epochen im Gemeinderat, dort ein zum Dauernörgeln entschlossener Beschwerdeführer oder ein des Querulantentums verdächtigter Dauerkandidat. Manfred Rommel steckte das meist gelassen weg, obwohl es manchmal doch ärgerlich war, dass in den 1990er-Jahren sogenannte Juxkandidaten ohne nennenswerte Qualifikation allenthalben in Südwestdeutschland bei den OB-Wahlen mitmischen wollten und die Kandidatenvorstellungen für skurrile Auftritte nutzten.

Schon in seinem ersten OB-Wahlkampf bekam es Rommel 1974 mit einem Kontrahenten zu tun, der bei ihm alles andere als freudige Gefühle auslöste. Er schien der Vorläufer der späteren Juxkandidaten zu sein, sollte sich dann aber doch mehr und mehr als einzigartig erweisen: der im Volksmund „Remstallrebell" genannte Obsthändler Helmut Palmer. Dieser sei ihm als wahre Schreckensgestalt geschildert worden, schrieb Rommel später in seinem Erinnerungsband, als guter, aber stark polemischer Redner mit großer Schlagfertigkeit, der wenige Monate zuvor in der Mittelstadt Schwäbisch Hall um ein Haar zum Oberbürgermeister gewählt worden wäre.

Der temperamentvolle Mitbewerber Helmut Palmer erstaunt den OB-Kandidaten Rommel 1974. Später werden sie Freunde.

Bereits bei der ersten gemeinsamen Podiumsdiskussion, bei der Rommel denkbar schlecht abschnitt, legte er sich eher unbedacht als gezielt mit dem stets heißblütigen, ja manchmal eifernden und nicht selten unbeherrschten Palmer an. In Stuttgart solle der Oberbürgermeister gewählt werden, nicht der Karnevalsprinz, sagte Rommel an Palmers Adresse. Eine jener Äußerungen, die den Obsthändler üblicherweise fast zum Platzen brachten. Wie ein Stier auf das rote Tuch sei Palmer auf ihn losgegangen, erinnerte sich Rommel später.

Es dauerte nicht lange, und Rommel sah ein, dass er Helmut Palmer zu Unrecht für einen verkappten Rechtsradikalen gehalten hatte. Später verstand er auch, was eigentlich die Triebfeder für des Obsthändlers unermüdliche Kandidaturen bei unzähligen Oberbürgermeisterwahlen gewesen war. Was ihn antrieb, landauf, landab in Wahlkämpfen mit einem Kleinlaster aufzutauchen, temperamentvolle Reden an das Volk zu halten und dabei seine Äpfel zu verschenken.

Rommel führte Palmers Umtriebe auf bittere Erfahrungen als junger, im Nationalsozialismus drangsalierter Halbjude zurück – als unehelicher Sohn eines Juden und einer Angehörigen der NS-Frauenschaft. Der „Jud aus Geradstetten" im Remstal blieb auch später ein Außenseiter, dem man das Bundesverdienstkreuz nicht geben wollte, obwohl so mancher Ausgezeichnete weniger erreicht hatte als er. Nicht einmal der örtliche Obstbauverein habe ihn aufnehmen wollen, klagte Palmer, der sein Leid selbst auf den Begriff brachte: „Ich will doch nur in die Gemeinschaft aufgenommen werden."

Dass dem Obsthändler regelmäßig der Kragen platzte, wenn er in harschem Ton angesprochen wurde, noch dazu von Uniformträgern, konnte natürlich auch Rommel nicht gutheißen. Leider habe Palmer immer wieder in der festen Überzeugung, dass er recht habe, gegen das Recht verstoßen, hielt Rommel bedauernd fest. So konnte es schwerlich ausbleiben, dass Palmer sich zunehmend in Schwierigkeiten brachte, weil er praktisch im ganzen Land seine von einem Trauma gespeiste Streitlust auslebte. 1997 schickte ein Gericht den unbeugsamen Mann, der schwer an Blasenkrebs erkrankt war, wegen Beamtenbeleidigung ins Gefängnis, weil er die Geldstrafe in Höhe von 4000 DM nicht zahlen wollte. Drei Jahre später verurteilte ihn ein Richter in Singen am Hohentwiel wegen Beleidigung zu drei Monaten Freiheitsstrafe ohne Bewährung, weil man der Öffentlichkeit zeigen müsse, dass der Staat reagiere.

Unter denen, die für Palmer warben und ein Gnadengesuch an den FDP-Justizminister Ulrich Goll schickten, war neben dem Tübinger Rhetorikprofessor Walter Jens und den Grünen-Politikern Rezzo Schlauch und Fritz Kuhn auch Manfred Rommel. In einem Zeitungsinterview äußerte er die Meinung, der Rechtsstaat werde nicht untergehen, wenn der kranke Palmer seine Strafe nicht absitzen müsse. Es ehre den Rechtsstaat sogar, urteilte der Jurist Rommel, wenn er in solchen Fällen menschlichen Erwägungen Raum gebe. Doch schon Jahre zuvor hatte er erkannt, dass die Rechtsordnung auf Menschen wie Palmer, der leider eine ganze eigene Auffassung von Beleidigung habe, nicht eingestellt sei. „Sie weiß nichts mit ihnen anzufangen."

Als Palmer nach unzähligen OB-Kandidaturen, Beleidigungsanzeigen und Verurteilungen am Heiligen Abend 2004, an Rommels Geburtstag, an den Folgen von Blasen- und Nierenkrebs starb, bedauerte der Altoberbürgermeister seinen Tod zutiefst. Palmer sei ein Mann mit unglaublichem Engagement gewesen, „das beinahe selbstzerstörerisch war". Kurz vor seinem Tod hatte Palmer aus dem Tübinger Krankenhaus heraus Rommel noch angerufen, um aus der Welt zu schaffen, dass er diesem mehrfach die Freundschaft aufgekündigt hatte – zuletzt zur Zeit der Stuttgarter OB-Wahl 2004, bei der Rommels politischer Ziehsohn Wolfgang Schuster sein Amt recht mühsam gegen Palmers Sohn Boris und die SPD-Bewerberin Ute Kumpf verteidigte. Davor hatte er auch schon einmal seinem Ärger freien Lauf gelassen, weil Rommel es gewagt hatte zu sagen, Palmer hätte auch nicht immer stur sein müssen, sondern einmal nachgeben können. Nach gut 30 Jahren endete die Bekanntschaft mit dem „Remstalrebellen", die 1974 begonnen hatte und Rommel mit der Frage konfrontierte, wie weit die Toleranz des Staates gegenüber Bürgern gehen muss, nach den Zwischentiefs also doch noch versöhnlich.

Von ganz anderer Art, aber auch ein Querkopf, der Rommels interessierte Betrachtung herausforderte, war der Stuttgarter Stadtrat Eugen Eberle. Er war geprägt durch die Nazizeit und vorübergehend selbst in die grob verharmlosend „Schutzhaft“ genannte KZ-Haft genommen worden, was ihn aber nicht dazu verleitete, sich als Widerständler zu bezeichnen. Das Versagen der bürgerlichen Kreise in der Weimarer Zeit ließ in ihm die Überzeugung reifen, dass das Volk die Verantwortung für die Politik selbst in die Hand nehmen müsse. In den Bombennächten, als Stuttgart in weiten Teilen zerstört wurde, legte er das Gelübde ab, im Falle seines Überlebens alles in seinen Kräften Stehende zu tun, damit eine Gesellschaftsordnung entstünde, die den Frieden will.

Journalisten, die Eugen Eberle kennenlernen und über die Jahre beobachten konnten, gerieten noch viel später ins Schwärmen, wenn sie auf ihn zu reden kamen. Das liegt nicht etwa am ideologischen Rüstzeug, das der Altkommunist 1948 in den Gemeinderat eingebracht hatte, sondern an der unverwechselbaren Art dieses streitlustigen und streitbaren Mannes, der eine marxistische Arbeiterschule gründete und eine Buchhandlung mit politisch links orientiertem Angebot unterhielt. Die Firma Bosch trennte sich Anfang 1952 fristlos von ihm, weil er ihr als Betriebsratsvorsitzender offenbar zu frech agiert, die Verstaatlichung der Produktionsmittel gefordert und die Verlagerung von Betriebsteilen ins Saarland bekämpft hatte. In der Folge versuchte er seinen Lebensunterhalt als Versicherungsagent zu verdienen. Außerdem stützte er sich auf kleinere Einnahmen durch seine ehrenamtliche Stadtratstätigkeit.

Dem Gemeinderat gehörte Eberle zunächst als Vertreter der KPD an. Nachdem er sich mit den Genossen noch vor dem Verbot der KPD überworfen hatte, gründete er die Demokratische Linke, später auch noch das Parteifreie Bündnis Eugen Eberle (PFB), als dessen Galionsfigur er im Gemeinderat groß auftrumpfte. Der gebildete Mann und talentierte Redner galt den Stuttgartern als integrer Kommunalpolitiker. 37 Jahre lang konnte sich dieser Einzelkämpfer im Gemeinderat behaupten, und bei der OB-Wahl 1966 errang er gegen Amtsinhaber Arnulf Klett immerhin 15,8 Prozent der Stimmen. Solche Erfolge wären kaum denkbar gewesen, hätten nicht auch bürgerliche Kreise in den guten Wohnlagen ihre Stimme für Eberle abgegeben.

Dieser Stadtrat, den „Die Zeit“ als „schwäbischen Mitterand“ bezeichnete und den Freunde wie der Kabarettist Peter Grohmann einen „schwäbischen Jakobiner“ nannten, imponierte vielen durch seine profunde Kenntnis der Sitzungsunterlagen, mit seiner Abneigung gegen die autogerechte Stadt und seinem entschlossenen Einsatz, durch die Bombardierungen beschädigte Baudenkmäler wieder aufzubauen. Wie andere Gegner der Politik des großen Abräumens im Stuttgarter Städtebau musste Eberle allerdings so manche Niederlage hinnehmen.

1979, vier Jahre nach Manfred Rommels Amtsantritt, konfrontierte Eberle den OB mit Versäumnissen des Stadtarchivs. Er beklagte, dass eine wichtige Materialsammlung über Stuttgart unterm Hakenkreuz gänzlich ausgeblendet worden sei, ja, dass Akten über die Stuttgarter Juden und die Reichspogromnacht verschlampt, dann wieder entdeckt und schließlich doch nicht berücksichtigt worden seien. Eberle erhob sogar den Vorwurf, dass hinter der Vernachlässigung Kalkül stand und man die Akten einfach so lange liegen lassen wollte, bis die Überlebenden der Nazizeit tot wären und sich niemand mehr vor Enthüllungen würde fürchten müssen. Mitstreiter Eberles stellten selbst Nachforschungen an und warfen der Stadtverwaltung unter Rommel vor, wenig Sinn für eine bessere Aufarbeitung der Geschehnisse entwickelt zu haben.

In der jahrelangen Diskussion stieß auch das formale Konzept der seit Jahrzehnten überfälligen Chronik für den Zeitraum von 1933 bis 1945 auf massive Kritik. Der Leiter des Stadtarchivs hatte sich für eine Darstellung entschieden, die sich am Kalender orientierte und die Geschehnisse durch die Auswertung von Zeitungen erschloss, die freilich Opfer der Gleichschaltung durch die Nationalsozialisten geworden waren. Bei den gegebenen Mängeln, meinte Eberle, könne das Ergebnis nur eine Verfälschung der Geschichte und eine Verniedlichung der Ereignisse sein. Er und seine Helfer forderten stattdessen, die Ereignisse mit Hilfe von noch lebenden Zeitzeugen und aller vorliegenden Quellen zu erläutern und zu erhellen.

Eberle rührte aber auch an andere Fragen, die Stuttgart leicht noch Verwerfungen hätten einbringen können. Es könne keine Rede davon sein, urteilte er, dass der Stuttgarter Oberbürgermeister Karl Strölin ein Widerstandskämpfer gewesen sei. Ausdiskutiert wurde das nicht wirklich. Dabei hätte Manfred Rommel sicherlich dazu auch vieles sagen können, hatte er doch von seinem Vater erfahren, dass Strölin ihm Ende 1943 oder Anfang 1944 von der Vergasung von Juden berichtet habe.

Eberle und seine Helfer hatten sich zwar in eine riesige Arbeit gestürzt. Wegen des großen Aufwands und weil die Stadtverwaltung selbst den Stadträten nur Teile des Manuskripts zum Kennenlernen herausgegeben hatte, musste die Überprüfung sich auf einige wenige Punkte in der Chronik beschränken. Dennoch beanspruchte die Wiedergabe des Befundes fast 80 Blatt Papier.

Wie sollte aber nun weiterverfahren werden? Auf diese Frage spitzte sich der Streit letztendlich zu. Das Manuskript war vorhanden, die Chronik zu diesen verheerenden Jahren der deutschen und Stuttgarter Geschichte hätte eigentlich schon seit vielen Jahren gedruckt vorliegen müssen. Die Kritiker verlangten in einem Dringlichkeitsantrag, das Projekt zu stoppen und eine neue, wertende Darstellung der Daten und Ereignisse in Auftrag zu geben. Ende März 1981 unterlagen sie im Gemeinderat mit 24 zu 25 Stimmen.

Die Auseinandersetzungen zogen sich dennoch weiter hin. Kurz vor Ende des Jahres 1981 kam es schließlich zur entscheidenden Abstimmung darüber, ob man das Geld für den Druck bereitstellen solle oder nicht. Dabei vertrat der bürgerliche Teil des Gemeinderats einschließlich des Vorsitzenden Rommel die Meinung, weitere Verzögerungen wären nicht hinzunehmen, die Chronik müsse in Druck gehen und dann eben später um Bewertungen und Aufarbeitungen einzelner Themen ergänzt werden. Die Befürworter des umgehenden Andrucks setzten sich mit 33 zu 28 Stimmen durch, obwohl Eberle bei der SPD und den Grünen teilweise leidenschaftliche Mitstreiter gefunden hatte, selbst eine FDP-Stadträtin das Ergebnis der Archivleistung missbilligte.

Eberle wurde auch sonst nicht müde, die Erinnerung an Stuttgarts jüdische Geschichte wieder einzufordern, womit er beachtlichen Druck auf den Oberbürgermeister ausübte. Dem Vorschlag, ehemalige Stuttgarter Juden an ihren früheren Wohnort einzuladen, soll Rommel zunächst eher skeptisch gegenübergestanden sein. Später allerdings ermöglichte dieses Besuchsprogramm so manche anrührende Begegnung zwischen ehemaligen Stuttgartern, die ins Exil gezwungen worden waren, und dem Stuttgart von heute.

Zumindest diese Auseinandersetzung mit Eberle nützte Rommel am Ende also mehr, als dass sie im geschadet hätte. Im Grunde kamen die beiden auch ordentlich miteinander zurecht. Trotz mancher Zusammenstöße, schrieb Rommels Biograf Widmar Puhl, habe der OB den Altkommunisten freundschaftlich „d'r Eugen" genannt, aber auch gesagt, Eberle habe „für jeden Fall eine passende Rede. Bloß passen diese Reden alle nicht ganz zusammen". Der Ärger um die Chronik hat allerdings schon kleine Kratzer in Rommels Ansehen hinterlassen.

Ein anderer Vorfall erhellte außerdem, dass auch der tolerante, liberale, gebildete und gescheite OB Rommel im Gemeinderat nicht jene Atmosphäre herbeiführen konnte, die der Jakobiner Eberle für notwendig gehalten hätte. Im August 1983 holte Eberle daher noch einmal zu einer seiner leidenschaftlichen Einlassungen aus, als sein 75. Geburtstag am 1. September bevorstand. Aus diesem Anlass kündigte der dienstälteste Stadtrat den Verzicht auf eine erneute Kandidatur im folgenden Jahr an – eine Ansage, die zu einer Philippika geriet. Dem Gemeinderat warf Eberle vor, er diskutiere viel zu wenig, übe seine Kontrollfunktion nicht mehr aus, schlucke alles, was von der Verwaltung komme. Wer eine andere Meinung habe, werde als lästiger Störer abgestempelt.

Auch die Bürgermeister kamen nicht ungeschoren davon. Sie nähmen, ob nun freiwillig oder gezwungenermaßen, Rücksicht auf den Oberbürgermeister. Am Ende komme Rommels Meinung heraus. Darin sah Eberle sogar das Grundübel im Rathaus.

Eberles Tod im Mai 1996 war weder für Rommel noch für den Gemeinderat ein Anlass, die Verdienste dieses Ausnahmestadtrats zu würdigen, indem man eine Straße nach ihm benannt hätte. Auch nach Rommels Abschied aus dem Rathaus, als Eberles Tod nur wenige Monate zurücklag, kam keine Initiative dafür zustande. Erst Eberles Tochter schlug im Jahr 2006 die Benennung einer Straße nach ihrem Vater vor.

2008 erinnerte sich auch die SPD dieses ungewöhnlichen Mannes wieder und setzte sich für seine Ehrung ein – wohl wissend, dass es heutzutage im Gemeinderat keine Gruppierung mehr gibt, die Eberle für sich als passend betrachten würde, auch nicht die SPD. OB Wolfgang Schuster ließ im November 2008 wissen, die Verwaltung führe auf einer Liste mehr als genug Namen, die für Plätze und Straßen in Frage kämen. Der Name Eugen Eberle könne zum Zuge kommen, wenn im Stadtteil Steinhaldenfeld, wo bereits Straßen nach sozial engagierten Bürgern benannt sind, eine neue Verkehrsfläche bezeichnet werden müsse. Dann aber wuchs wieder Gras über die Sache.

Erst eine gezielte Nachfrage aus Anlass dieses Buchkapitels weckte die Aufmerksamkeit von Werner Wölfle, der als Verwaltungsbürgermeister seit Sommer 2011 auch für die Straßenbenennungen zuständig ist. Der Grünen-Politiker sagte zu, die Ehrung des früheren Stadtrats Eberle wieder auf die Agenda zu nehmen. Eberles Geschichte zeigt, wie schnell selbst Ausnahmepersönlichkeiten vergessen werden, wenn sie keiner Partei angehörten und auch sonst keine große Lobby hatten. Die Achtung, die Rommel Eugen Eberle entgegenbrachte, führte auch nicht dazu, dass der Altoberbürgermeister ihn in seinem Erinnerungsband berücksichtigt hätte, dabei wäre dieser ungewöhnliche Charakterkopf im Kapitel über Rommels Begegnungen in der Politik ohne Frage gut untergebracht gewesen. Immerhin galt Eberle vielen als eine der schillerndsten Persönlichkeiten im Gemeinderat in der Stuttgarter Nachkriegsgeschichte.

In Manfred Rommels früherem Leben allerdings sind Typen mit politischen Überzeugungen wie Eberle kaum vorgekommen. Sie blieben ihm offenbar fremd. Verständlicherweise. Die Kasernenareale, auf denen er mit dem Vater wohnte, bildeten eine Welt für sich. Die Verwandtschaft war bürgerlich. Und der Blick eines Bürgerlichen ist es denn auch, mit dem in Rommels 1998 erschienenem Erinnerungsband die Zeit bis zum Beginn des Zweiten Weltkriegs und auch die Jahre vom Kriegsende bis zu Rommels Wechsel ins Stuttgarter Rathaus betrachtet werden. Immerhin hat Rommel im Gegensatz zu vielen anderen Konservativen gelernt, die extreme Linke im Nachkriegsdeutschland nicht mit der extremen Rechten in einen Topf zu werfen. Die Rechte sei „inhuman", schrieb Rommel. Die extreme Linke habe wenigstens menschenfreundliche Träume und Utopien verfolgt. Leider habe sie sich auch Illusionen gemacht und ein substanzielles Konzept vermissen lassen. Abgesehen von der DKP habe die Linke in der Bundesrepublik zwar nicht Verhältnisse wie in der damaligen Sowjetunion oder in der DDR herbeiführen wollen, aber wie der gewünschte Mischling aus demokratischem Rechtsstaat und Volksrepublik gezeugt werden könnte, habe sie auch nicht zu erhellen gewusst. Da sah er offenbar Parallelen zu Eugen Eberle, dessen schöne Reden in Rommels Augen nicht zusammenpassten.

Das Leben als OB hielt noch weitere Herausforderungen durch „Querköpfe" für Rommel bereit. Mit einer ganz neuen Spezies davon musste er gegen Ende der 1980er- und zu Beginn der 1990er-Jahre Bekanntschaft machen: Mit den Hausbesetzern, die nun nicht mehr nur in Hamburg oder in Berlin von sich reden machten, sondern auch im vergleichsweise beschaulichen Stuttgart. Die Tatorte hat sich der Oberbürgermeister wohl nie angesehen, doch in den Referentenrunden, bestehend aus den wichtigsten Mitarbeitern Rommels und dem Stuttgarter Polizeichef, musste sich das Stadtoberhaupt sehr wohl mit ihnen befassen. Es kam auch vor, dass ihre Emissionäre ins Rathaus einmarschierten, mit einem Habitus, der bürgerlichen Konventionen nicht entsprach und bis dato in Stuttgart kaum gesehen worden war. Die Hausbesetzer vertraten ihre Forderungen nach Wohnraum und auch andere Ziele – und wurden von Rommel examiniert. So fanden sie sich plötzlich in einer Schule der Demokratie wieder, in der Rommel gewohnt fest in der Zielsetzung, aber freundlich im Ton und dabei ohne Wortschwall die Position der Verwaltung umriss.

Nicht jede Hausbesetzung verlief gleich. Aber Rommel wäre nicht Rommel gewesen, hätte er mit seinen Mitarbeitern nicht eine moderate Linie, eine Linie der Vernunft, durchschimmern lassen. Recht und Ordnung wurde Genüge getan, jedoch nicht zum Selbstzweck. Eine Räumung kam meist erst dann ins Spiel, wenn die Gewähr bestand, dass die Hausbesitzer von ihrem Eigentum bestimmungsgemäß Gebrauch machen wollten. Dass Wohnungen oder ganze Gebäude nach der Zwangsräumung wieder auf lange Zeit leer stehen könnten, lag nicht im Interesse der Stadtverwaltung.

Das passte ins Bild dieser Stadt, in der man lange Jahre bei Polizeiangelegenheiten von einer „Stuttgarter Linie" sprach. Überreaktionen der Ordnungskräfte? In der baden-württembergischen Landeshauptstadt drangen in Jahrzehnten kaum drastische Fälle ins Bewusstsein der Bevölkerung. Dieser Hauch von Liberalität war zunächst sozusagen hausgemacht, weil Stuttgart über eine eigene, kommunale Polizei verfügte. Als diese nach heftigem Ringen im Stuttgarter Gemeinderat schließlich an das Land abgegeben wurde, setzten die neuen Polizeichefs die Tradition meistens fort. Mit einem großen Paukenschlag sollte dies erst im Jahr 2010 in den Wirren der Auseinandersetzungen um das Bahnhofs- und Städtebauprojekt Stuttgart 21 enden.

Ein schwarzer Tag im September mit dem Einsatz von Wasserwerfern und vielen Verletzten bei einer Demonstration im Mittleren Schlossgarten reichte aus, um die „Stuttgarter Linie" vergessen zu machen und die Stadt mit dem bis dato liberalen Klima bundesweit, ja über Deutschlands Grenzen hinaus als Krawallstadt vorzuführen – und in den Augen vieler Menschen fälschlicherweise als Reiseziel mit beschränkter Garantie auf körperliche Unversehrtheit. An dem Tag jedoch, an den Tagen zuvor, waren die Fäden nicht im Rathaus gezogen worden, sondern irgendwo zwischen der Landespolizei und der CDU/FDP-Landesregierung. Und Rommel, der der Stadt ihre Liberalität gegeben hatte, zusammen mit der Gemeinderatsmehrheit aber auch das Projekt, über welches die Stadt gespalten wurde, musste das Resultat im Fernsehen und in den Zeitungen betrachten. Im 14. Jahr seines Ruhestands.

KULTUR ALS CHEFSACHE

In den Turbulenzen um den Theaterchef Claus Peymann offenbarte sich nicht nur Rommels liberaler Ansatz, wenn es bei seiner Tätigkeit um den Menschen ging. Sie warfen auch ein Schlaglicht auf seine Toleranz in Fragen von Kunst und Kultur. Eine kulturelle Entwicklung sei nur im Zustand größtmöglicher Freiheit denkbar, lautete Rommels Überzeugung. In der CDU war das ungefähr so überraschend wie eine Oase in der Wüste. Intellektuelle und Paradiesvögel mochte die Partei damals nicht, was durchaus auf Gegenseitigkeit beruhte. Einzig Lothar Späth gab dem Kulturleben damals Impulse, indem er dem Leiter der Kunstabteilung im Wissenschaftsministerium, Hannes Rettich, lange Leine ließ, wodurch sich Dynamik entfaltete. »Wer im Bereich der Kunst aus Angst vor Missbrauch die Freiheit lieber eingeschränkt sehen würde, handelt wie ein Mann, der aus Angst vor dem Tod Selbstmord begeht.«

Späths Antrieb war eher der eines rastlosen Machers, der sich auch auf dem Kultursektor beweisen muss, weil er nun mal nicht anders kann. Doch Manfred Rommel ließ sich persönlich vom Theater infizieren. Er attestierte Peymann mit einer Mischung aus Anerkennung und Kritik, der Mann wisse, wie man Erregung verursachen könne. Was der Schauspieldirektor auf die Bühne brachte, fand Rommel „wirklich ausgesprochen amüsant und bedeutend". Sein „Faust" in Stuttgart habe zwar nicht allen ernsthaften Goethe-Freunden gefallen, „aber Goethe selbst hätte sie gefallen", glaubte Rommel. Als Peymann sich von den Württembergischen Staatstheatern nach Bochum verabschiedet hatte, fuhr Rommel sogar dorthin, um sich von einer dortigen Inszenierung dieses „ungewöhnlichen Mannes", zu dem er nach eigenen Worten ein sehr gutes Verhältnis hatte, ein Bild zu machen.

Die Musik sei seine Achillesferse gewesen, gab Rommel später unumwunden zu . Sein Interesse an Kunst und Kultur, nicht nur am Theater, sondern auch an der bildenden Kunst, war jedoch so ausgeprägt, dass er dieses Ressort sehr lang in seinem eigenen Geschäftskreis als OB beließ. „Die Kulturpolitik der Stadt war eine meiner größten Herausforderungen", schrieb er 1998 in seinem Erinnerungsband. Andere vertraten indes die Auffassung, die Kulturpolitik sei eine Überforderung für ihn gewesen.

Mit dem früheren Journalisten Fritz Richert und der vormaligen Schulleiterin Dorit Sedelmeier installierte Rommel nacheinander zwei Kulturamtsleiter, die mit ihm zusammen die Herkulesaufgabe stemmen sollten, die selbstbewusste Kulturszene zu pflegen, Neues zuzulassen und die allzeit drohenden Finanzierungswünsche einzudämmen. Schon deshalb konnte es kaum ausbleiben, dass Rommel Defizite vorgehalten wurden. In der Kulturpolitik in Stuttgart ist die Notwendigkeit besonders ausgeprägt, die vielfältigen Geldwünsche und die Eifersüchteleien innerhalb der Kulturszene auszutarieren.

Die Kulturpolitik sei zu aufwendig, das Kulturleben zu wichtig, als dass man sie nebenher versehen und beackern könne, befanden Kulturjournalisten. Doch Rommel zögerte lange, den Posten eines Kulturbürgermeisters zu vergeben. Schließlich spielte er mit dem Gedanken, ihn den erstarkten Grünen anzubieten, die dann freilich lieber den Posten des Verwaltungsbürgermeisters besetzten. Erst 1993, drei Jahre vor seinem Abschied in den Ruhestand, übergab Rommel die Verantwortung für die Kultur dem neuen Bürgermeister Wolfgang Schuster von der CDU, der Jahre zuvor schon Rommels OB-Büro geleitet hatte, sein politischer Zögling war und mit der Perspektive antrat, die Nachfolge Rommels anzustreben.

ENTSCHLOSSEN FÜR DIE DOPPELTE STAATSBÜRGERSCHAFT

Politisch rechts orientierte Mitmenschen, eingefleischte Bürgerliche und Parteistrategen seiner CDU forderte Rommel mit seiner Haltung gegenüber den Zuwanderern gleichermaßen heraus. Die Eingliederung der Gastarbeiter der ersten Stunde, der späteren Zuwanderer und ihrer Kinder waren für ihn schon ein großes Thema, als der Begriff Integrationspolitik noch nicht erfunden war.

Berührungsängste kannte er dabei nicht – eine für Schwaben doch eher untypische Eigenschaft. Aber wie hätte es auch anders sein können? Die eigene Verwandtschaft und vor allem die seiner Frau waren doch selbst ein früher Fall von Multikulti in schwäbischen Landen. Seine Schwiegermutter war eine Griechin aus Istanbul, deren Vater als 14-jähriger Lehrbub an den Bosporus gekommen war, wo er zum Gewürz-, Öl- und Seifenhändler im Bazar von Galata aufstieg. 1918 flüchtete das Mädchen mit dem letzten Orient-Express, der noch fuhr, vor dem Krieg von Istanbul nach Deutschland.

Sie lebte zuerst bei einer Tante in Bad Kissingen, und später, als sie schon den jungen Otto Daiber aus Neu-Ulm kennengelernt hatte, zog sie zur Mutter und zur Schwester nach Paris. Dort erschien eines Tages der angehende Futtermittel-, Getreide- und Mehlhändler von der Donau und hielt um die Hand der schönen Griechin an, die auf den Fotos aus jener Zeit im Stil der neuen Moden kokett posierte. So kam ein Hauch von Weltstadt nach Neu-Ulm, wo Otto Daibers junge Frau bald die „raffinierte Pariserin“ genannt wurde.

Aber auch in Manfred Rommels eigener Familie gab es Angehörige verschiedener deutscher Volksstämme. Sein Vater war in Heidenheim/Brenz geboren, der Großvater Schulleiter in Aalen auf der

Ostalb. Manfred Rommels Mutter Lucie stammte aus dem Raum Danzig. Ob die katholische Frau tatsächlich eine Danzigerin war, wie Manfred Rommel glaubte, wurde in seiner Zeit als Stuttgarter OB von polnischen Gästen beim Plausch im Rathaus angezweifelt. Viel spreche dafür, dass die Katholikin eben doch Kaschubin gewesen sei, meinten sie. Polnische Vorfahren sind belegt. Möglicherweise gab es italienische Ahnen, worauf der Name Mollin hinzudeuten scheint.

Multikulti konnte Manfred Rommel also schwerlich Angst bereiten, als er zum Oberbürgermeister einer Großstadt mit hohem Ausländeranteil aufgestiegen war. Deutschtümelei war seine Sache nicht. „Der Versuch, Mustafa zum Germanen zu machen und ihn zu veranlassen, seinen Sohn Siegfried zu nennen, ist völlig blöd“, sagte Rommel einmal, „das sollen einmal Deutsche werden, aber Deutsche, die ihren türkischen oder serbischen oder jugoslawischen oder italienischen Hintergrund durchaus bejahen.“ Wie sehr sich die Grenzen aufgeweicht hatten, zeigt auch eine Anekdote, auf die sich der CDU-Politiker Heiner Geißler wiederholt berufen hat. Rommel, so erzählte Geißler, habe auf der Einkaufsmeile Königstraße einen jungen Mann angesprochen und ihn gefragt: „Gell, Sie sind ein Ausländer?“ – worauf der Angesprochene auf Schwäbisch antwortete: „Noi, i bin n' Türk.“

Recht bald nach seinem Amtsantritt und dann immer wieder aufs Neue setzte sich der OB dafür ein, für die Eingliederung der Migranten eine heilige Kuh des deutschen Staatsrechts und der deutschen Politik zu opfern: das Prinzip, dass die deutsche Staatsbürgerschaft eine andere Staatsangehörigkeit ausschließt. Besonders die größte Gruppe der Zuwanderer, die Türken, litt unter dem Dilemma, dass ihr Herkunftsstaat seine Schäfchen mit möglichst allen Mitteln zusammenhalten wollte, Deutschland vor dem Ausstellen des neuen Passes aber die ungeteilte Loyalität einforderte.

Der todbringende Brandanschlag auf eine türkische Familie in Solingen ließ auch in Stuttgart die Debatte aufflammen, wie die Zuwanderer zu schützen seien – vielleicht am besten durch die Gewährung gleicher Rechte wie für die Deutschen? Rommel forderte, die Straftat von Solingen zunächst einmal als eine Tat aus Hass auf anders Denkende zu verstehen. Die demokratischen Kräfte sollten sich gegen Gruppierungen wenden, die Ausländerhass propagierten. Die Debatte um die Zulassung der doppelten Staatsangehörigkeit verstärkte sich zusehends.

Rommel betrachtete es als Minimalziel, wenigstens den in Deutschland lebenden Ausländern aus Staaten der Europäischen Gemeinschaft diese Möglichkeit einzuräumen. Politik und Bürger hätten ein nachhaltiges Interesse daran, dass sich möglichst viele Mitbürger ohne deutschen Pass um die deutsche Staatsangehörigkeit bemühen, meinte er. Die Ausländerquote in Stuttgart von rund 25 Prozent betrachtete er als Aufforderung zum Handeln. Ihn trieb die Sorge um, dass in absehbarer Zeit ein Drittel aller Stuttgarter keinen deutschen Pass besitzen würden. Dass „Teilgesellschaften" entstehen. Dass die Chance einer gemeinsamen Verantwortung für die Stadt nicht genützt wird.

Im Lauf der 1990er-Jahre, in denen auch der Finanzpolitiker Rommel im Rathaus alle Hände voll zu tun hatte, arbeitete der OB beständig an dieser Front. Ende Juni 1993 bekam er dann zunehmend zu spüren, dass seine CDU noch längst nicht für eine solche Haltung reif war. Der Kreisparteitag der Stuttgarter CDU sprach sich mit sehr großer Mehrheit gegen den Zweitpass aus. Rommels Freund Gerhard Mayer-Vorfelder, den er bei seinem Weggang aus dem Innenministerium als neuen Persönlichen Referenten von Minister Hans Filbinger vorgeschlagen hatte, obsiegte als Kreisvorsitzender der Stuttgarter CDU mit seiner Haltung. Vorerst. Doch Rommel ließ eben nicht locker.

Im Mai 1994 erklärte er die Einführung der doppelten Staatsangehörigkeit „im deutschen Interesse zu einer der wichtigsten innenpolitischen Aufgaben der kommenden Legislaturperiode". Wer an dem Ort bleiben möchte, an dem er sich niedergelassen habe, solle „Bürger unter Bürgern werden können". Für den sozialen Frieden sei es von großer Wichtigkeit, dass sich die hier lebenden Ausländer von der Gesellschaft fair behandelt fühlten. Dafür reiche es nicht, den Migranten lediglich das Kommunalwahlrecht zu geben.

Acht Monate später forderte Rommel, zu dieser Zeit gerade Vizepräsident des Deutschen Städtetags, in einem „Spiegel"-Interview die doppelte Staatsangehörigkeit für dauerhaft in Deutschland lebende Ausländer. Für ihn war das kein Gnadenakt, sondern blanke Notwendigkeit. Speziell bei den Jugendlichen war inzwischen Rommels Ahnung wahr geworden, dass ein Drittel keinen deutschen Pass besaß. Das seien Stuttgarter, die den Eindruck hätten, ausgeschlossen zu werden. Ihnen müsse man klarmachen: „Ihr gehört zu uns. Wir wollen euch." Seiner CDU warf er im gleichen Atemzug vor, sie sei fern der Realität in den Großstädten. » OPTIMISMUS KANN MAN NICHT BEFEHLEN – GLAUBE, LIEBE UND HOFFNUNG AUCH NICHT. «

Zu diesem Zeitpunkt war die liberale, um sozialen Frieden bemühte Ausländerpolitik in Stuttgart fast schon sprichwörtlich. Rommels politischer Ziehsohn Wolfgang Schuster übernahm sie nach seinem Amtsantritt 1997 in weiten Teilen. Schnell wurden aber auch die kleinen Unterschiede deutlich. Schuster sprach sich dafür aus, die doppelte Staatsangehörigkeit nur für Kinder und Jugendliche bis zum 18. Lebensjahr zuzulassen, dann sollten sich die Doppelstaatsbürger für einen Pass entscheiden. Rommel wollte meistens mehr. Erst die rot-grüne Bundesregierung, die Ende 1998 antrat, kam seinen Wünschen mit der Erleichterung der doppelten Staatsbürgerschaft entgegen.

Während er dies als Schritt in die richtige Richtung begrüßte, schickten sich seine Parteifreunde in Stuttgart mit Hilfe von Ministerpräsident Erwin Teufel an, Unterschriften gegen die Reform zu sammeln. Der Schlüssel zur Integration sei nicht der Pass, sondern die Beherrschung der deutschen Sprache, meinten manche von ihnen. Durch den doppelten Pass werde die Integration sogar erschwert. Mancher dieser Christdemokraten bewegte sich allerdings auch ungern im Milieu der Migranten.

Nicht nur ihnen, auch der Europäischen Union, die seit Jahren um die Aufnahme der Türkei ringt, hätte Rommel mehr Offenheit empfohlen. Jahre nach seiner Pensionierung ging er auf Distanz zu dem vom CDU-Politiker Friedrich Merz geprägten Begriff der „deutschen Leitkultur". „Ich habe die Leitkultur nicht erfunden – ich wäre ohne sie ausgekommen", sagte Rommel im Jahr 2000. Er sah darin einen Begriff ohne definierten Inhalt, hielt Merz aber zugute, dass er dabei an Sprache und Allgemeinbildung gedacht habe – und da konnte auch Manfred Rommel mitgehen: „Wer hierher kommt, sollte Deutsch sprechen." Ob die Frauen mit Kopftüchern herumlaufen, sei ihm gleichgültig. Er sei zwar dankbar, ein Deutscher sein zu können, aber nicht stolz im Sinne von Überheblichkeit. Die Deutschen könnten sich niemandem überlegen fühlen. Eine Rangordnung der Kulturen aufstellen zu wollen, hielte er für unsinnig.

Im Übrigen sei nicht einmal die preußische Militärmusik „reinrassig" deutsch. Es habe schon der Türken bedurft, um den hiesigen Märschen mit Becken, Trommeln und Schellenbaum zu mehr Schmiss und Schwung zu verhelfen. Bei dem, was zu Zeiten des Alten Fritz gespielt wurde, sei der Feind gewisslich eingeschlafen.

So war es auch nicht verwunderlich, dass Rommel die beständige Zuwanderung von Ausländern für begrüßenswert hielt, damit sich Deutschland nicht in ein Altersheim verwandle. Im Gegensatz zu vielen anderen Politikern plädierte er auch entschieden dafür, die Einwanderung „nicht den Unzulänglichkeiten des Asylrechts zu überlassen". Man dürfe Asylsuchende zwar nicht aufrechnen gegen Fachkräfte, aber jeder vernünftige Staat werde versuchen, die Einwanderer ins Land zu holen, die er brauche.

Diese Haltung, die in jenen Jahren höchstens bei den Grünen gebräuchlich war, rührte möglicherweise auch wieder aus Rommels Familiengeschichte her, bei der sich der Kreis in jüngerer Zeit geschlossen hat: Rommels Schwiegersohn, der Fotograf Deniz Saylan, ist zwar in Deutschland aufgewachsen, stammt aber aus einer türkischen Familie. Sein Großvater war Apotheker in Istanbul. Sogar im selben Bazarviertel, in dem Lilo Rommels griechischstämmiger Großvater mit Seifen, Ölen und Gewürzen gehandelt hatte.

Ja, wenn man es ganz genau nimmt, ist auch Manfred Rommels Kater „Montag", der im Jahr 2012 in Rommels Haus wohnt und Besuchern im Wohnzimmer auf den Schoß springt, Türke. Eine Nachbarsfamilie der Rommels hat das Tier in Istanbul in Pflege genommen, mit nach Sillenbuch gebracht und schließlich an Manfred und Lilo Rommel abgegeben, als der Familienrat die Anschaffung eines Hundes beschlossen hatte.

WEGBEREITER FÜR VERKEHR, STADTERNEUERUNG UND SPORT

Zu den wenigen Erfolgen, die Rommel auf Nachfragen am Ende seiner Amtszeit selbst mit einem gewissen Stolz nennen wollte, gehörten gleich zwei Entwicklungen auf dem Feld der Verkehrspolitik: zum einen der Bau der S-Bahn-Strecken und die Fahrt der ersten S-Bahn Ende September 1977, die allesamt durch einen neuen Tunnel unter der Innenstadt ermöglicht wurden, sowie der Umbau des lokaler angelegten Straßenbahnsystems in ein Netz von Stadtbahnverbindungen. Die Blaupausen dafür hatte ihm der Vorgänger Arnulf Klett vererbt. Aber nach dessen Tod musste dafür bei manchem Kommunalpolitiker wieder neu geworben werden. Ans Ziel kam der Ausbau des Stadtbahnsystems erst im Jahr 2011.

Zu den Haben-Positionen in seiner Schlussbilanz zählte Rommel besonders auch den Ausbau der Start- und Landebahn des Flughafens. Ohne ihn selbst, hat Rommel einmal bilanziert, wäre „diese heikle Geschichte" wohl nicht zu dem bekannten Ergebnis gebracht worden.

Denn gegen das Projekt auf einem Flughafengelände, das die gemeinsamen Grenzen von Stuttgart, Leinfelden-Echterdingen und Filderstadt überspannt, machten die Bevölkerung und Bürgerinitiativen mit 81 833 Einsprüchen mobil. Lothar Späth, der inzwischen in der Nachfolge von Hans Filbinger das Steuer im Land übernommen hatte, sah sich bei Erörterungsterminen für das Genehmigungsverfahren wütenden Protesten gegenüber. Die Kritiker nötigten ihn, große Konfliktfähigkeit zu demonstrieren. Und Rommel musste es hinnehmen, dass der Stuttgarter Gemeinderat vor Verwaltungsgerichten gegen das Ausbauprojekt klagte.

Eine Klage aus dem Rathaus gegen das Projekt der Flughafengesellschaft, bei der die Landeshauptstadt zu jener Zeit gleichberechtigte Gesellschafterin neben dem Land Baden-Württemberg war – für Rommel, den Realpolitiker und Vollstrecker von parlamentarischen Mehrheiten, war das zweifellos starker Tobak, zumal er all die Jahre gerade die SPD mit viel Raffinesse in seine Pläne eingebunden hatte.

1987 aber kam es doch zum Kompromiss. Ein Stein fiel Rommel vom Herzen, als der Gemeinderat kurz vor Weihnachten 1991 mit dem Stadthaushalt 1992 den städtischen Finanzierungsbeitrag für den Ausbau des Flughafens zusagte. Die Zukunft des Filderairports war gerettet. Im September 1992 begannen die Vorarbeiten zum Ausbau der Startbahn. Anfang Oktober nahmen der amtierende Finanzminister Gerhard Mayer-Vorfelder und Rommel dies zum Anlass für eine Pressekonferenz. Ihre Botschaft lautete: Die Stadt Stuttgart und das Land investieren gewaltig, um den Wirtschaftsstandort Baden-Württemberg zu sichern. Der „flugseitige Ausbau“, der den Flughafen Stuttgart sicherer und wetterunabhängig machen solle, dauere bis 1996 und koste mit der Autobahn-Verlegung 1,4 Milliarden Mark.

Die Piste durfte 1995, nach rund 30 Jahren Vorarbeiten, nach Osten erweitert werden. Die Flughafengesellschaft wurde die rote Laterne los, die die Piloten dem Flughafen wegen seiner Mängel für den Flugbetrieb immer wieder angehängt hatten. Die Weidacher Höhe bei Echterdingen bildete fortan keine so große Hürde mehr für die nach Westen startenden Flugzeuge mit viel Tonnage. Für den lange Zeit einzigen Transatlantikflug ab Stuttgart, die Maschinen der Delta Airlines auf der Strecke zwischen Stuttgart und Atlanta im US-Staat Georgia, reichte das immer noch nicht ganz. Doch bei den meisten Wetterlagen können die Piloten nach Osten in Richtung Amerika abheben.

Neben der Flughafen-Erweiterung nannte Rommel am Ende seiner OB-Zeit den Aufbau einer Dienstleistungsstruktur als einen der Erfolge, die er sich und seinen Mitstreitern zurechnete. Später, als er sich längst in den Ruhestand verabschiedet hatte und als der Streit um das Bahn- und Städtebauprojekt Stuttgart 21 eskalierte, hob er immer wieder die Bedeutung dieses Vorhabens rund um einen neuen unterirdischen Durchgangsbahnhof hervor, das er mit einem schwäbischen Männerbund nahezu überfallartig aus der Taufe gehoben hatte: mit dem damaligen Bahn-Chef Heinz Dürr, mit Ministerpräsident Erwin Teufel sowie mit den Verkehrsministern Matthias Wissmann und Hermann Schaufler.

Neben diesen wichtigen Bausteinen für Stuttgart gab es noch viele andere Entwicklungen, die unter Rommels Ägide die Landeshauptstadt veränderten. So war er mit am Drücker, als der chronisch wasserarme Ballungsraum Stuttgart den Bodensee anzapfte, um fortan immer flüssig zu sein, was schon in Rommels Zeit als Beamter beim Land vorbereitet worden war. Stuttgart blühte auf bei der Bundesgartenschau 1977, aus deren Anlass die Stadt und das Land als Grundeigentümer den Schlossgarten durch verschiedene Maßnahmen aufwerteten. Das städtische Planetarium öffnete im selben Jahr seine Pforten. »Der Stadtverwaltung täglich Brot ist und bleibt der Hundekot.«

1980 begann die Sanierung des alten Bohnenviertels, bei der von einer Bürgerinitiative das Schlimmste verhindert werden konnte – einige alte Gebäude konnten gerettet werden. Rommel opferte für die schonendere Variante der Sanierung den vorgesehenen Bau eines Technischen Rathauses. Heute gilt das Bohnenviertel, trotz mancherlei Neubauten, als mustergültiges Wohnviertel mitten in der Innenstadt.

Zum Gipfeltreffen der Europäischen Gemeinschaft im Jahr 1983 setzte sich die Stadt neu in Szene. Inzwischen hatte man unter anderem das neue Mineralbad Leuze und die Hanns-Martin-Schleyer-Halle gebaut. Das Land versuchte, mit dem renovierten Schloss Solitude Ehre einzulegen.

Im folgenden Jahr griff Rommel, Jahre nach der Terrorismuszeit und seiner damaligen Bewaffnung, wieder zur Pistole und eröffnete das erste Sechs-Tage-Rennen der Radrennfahrer in der Schleyerhalle. 1985 ging das Schwabenzentrum in Betrieb. Die neuen Büros für die Stadtverwaltung, die Läden und das Parkhaus anstelle der einstmaligen „Vereinigten Hüttenwerke“, in denen das Spiellaster und das Rotlichtgewerbe daheim gewesen waren, ließ sich die Stadt Stuttgart rund 200 Millionen DM kosten. Was verschwand, war ein Biotop der Zocker und Nachteulen. Eine Ansammlung von windschiefen Altgebäuden, die sich im Herzen Stuttgarts überlebt hatte, der aber auch heute noch der eine oder andere Zeitzeuge mit Sinn fürs Milieu nachtrauert. Ein kleines Viertel, auf das Manfred Rommels Forderung trefflich gepasst hätte: „Weg mit dem Gerümpel“. Allerdings hat der OB diesen Satz erst Jahre später gesprochen. Er war gemünzt auf das alte Boschareal, die Wiege der Stuttgarter Industrie. Das zeigte, dass Rommel für vieles Verständnis und Talent haben mochte, aber nicht für den Denkmalschutz. »Wir brauchen keine Theorie, die die Nase rümpft, wenn sie der Praxis begegnet.«

Persönlich hatte Rommel auch wenig mit Sport im Sinn. Doch den Machern von Sportereignissen in Stuttgart ließ er lange Leine für ihre Bemühungen, immer wieder wichtige Veranstaltungen nach Stuttgart zu holen. So erlebte Stuttgart 1986 einen Wettbewerb, der das Lebensgefühl in der Landeshauptstadt nach allgemeiner Überzeugung nachhaltig verändert hat. Die Leichtathletik-Europameisterschaft sorgte für frischen Wind im Stuttgarter Talkessel.

Das Begleitprogramm, vom Leiter des städtischen Verkehrsamts ausgetüftelt, brachte exotisches Flair zu den braven Schwaben. Stuttgart legte vorsichtig die Spuren frei, die auf eine gewisse Nähe zu Italien hindeuteten. Die Bewohner hielten sich nun öfter im Freien auf. Die Gastronomie wagte sich auf die Straße. Und über der Stadt der arbeitsamen Pietisten lag alsbald eine vage Ahnung vom dolce far niente, vom süßen Nichtstun.

Es fielen während Manfred Rommels Amtszeit aber auch immer wieder Schatten auf die Stadt. Die chronisch schlechte Luft im windarmen Kessel hatte schon 1982 zum ersten Smogalarm geführt und eine Reihe von teilweise drastischen Maßnahmen ausgelöst. Ihr Ziel war es, den Schadstoffausstoß der Industrie in den Stuttgarter Außenbezirken einzudämmen. Später sollte auch der Autoverkehr mehr und mehr in den Focus rücken. 1987 fanden sich im Mineralwasser, dem großen unterirdischen Schatz der Stadt, gesundheitsgefährdende Kohlenwasserstoffe, die von der Industrie in den Zulaufkorridoren der unterirdischen Mineralwasserströme stammten. Der zuständige Umweltbürgermeister Klaus Lang geriet in große Gewissensnot, und es war sein Chef Manfred Rommel, der ihm Rückhalt war und ihn davon abhielt, die Verantwortung für das Fachgebiet hinzuwerfen.

Zwei Jahre später brachte der Exodus von Menschen aus der DDR eine Herausforderung für Rommel und seine Stadtverwaltung, wie es in dieser großen Dimension und kurzen Zeitspanne in seinen rund 14 Jahren Amtszeit nur wenige gegeben hatte. Binnen kurzem mussten Tausende von Menschen in Stuttgart untergebracht werden. Rommel appellierte an die Bürger, freie Zimmer und Wohnungen bereitzustellen, weil städtische und kirchliche Unterkünfte, auch die vorübergehend umfunktionierten Gemeindezentren, nicht mehr ausreichten.

1991 landete auch noch eine Welle von Asylsuchenden aus aller Welt und von Bürgerkriegsflüchtlingen aus dem damaligen Jugoslawien in Stuttgart an. Der Zustrom der Asylbewerber war so groß, dass Stuttgart nach dem Aufteilungsschlüssel im Land Ende 1991 jede Woche 80 weitere Flüchtlinge zur Unterbringung zugewiesen bekam. Dabei waren alle denkbaren Quartiere längst durch Tausende von Flüchtlingen belegt.

Dass diese Herausforderungen gemeistert werden konnten, rechnete Rommel dem zuständigen Mitarbeiter Siegfried Berger stets hoch an. Zur Verabschiedung Bergers, der inzwischen zum Hauptamtsleiter der Landeshauptstadt aufgestiegen war, kam der frühere OB, typisch Rommel, trotz schwerer Krankheitsbeschwerden eigens ins Rathaus und ergriff das Wort. Denn Berger hatte ihm möglicherweise noch heftigere Auseinandersetzungen mit dem Gemeinderat erspart. Der Ärger, den Rommel damals am Hals hatte, reichte auch so. » BEDENKEN SIND IMMER MEHRHEITSFÄHIG. «

Sämtliche Fraktionen im Gemeinderat forderten eine Entlastung der Stadt durch die übergeordneten Ebenen, vor allem den Bund. Mit einer Resolution gedachten sie, ihren Forderungen Nachdruck zu verleihen. Doch die Meinungsverschiedenheiten darüber, wie weit das Recht auf Asyl im Grundgesetz neu geregelt werden sollte, waren zu groß.

Die geplante Resolution kam Mitte September 1991 nicht zustande, dabei leugnete niemand, dass die Stadt überfordert wurde. Das galt nicht nur im Hinblick auf den Millionenaufwand, den sie betreiben musste. Der soziale Frieden, den zu wahren dem OB und dem Gemeinderat immer sehr wichtig gewesen war, schien bedroht. Denn mit den zahlreichen Asylbewerbern aus Schwarzafrika erklärte man sich auch eine als bedrohlich empfundene Entwicklung bei den Drogendelikten.

Rommels Verwaltung drängte auf die Errichtung neuer Asylbewerberdörfer mittels Containern oder Einfachbauten. Der Widerstand in der Bevölkerung und im Gemeinderat war groß, weil diese Dörfer im dicht besiedelten Stuttgart unweigerlich an bestehende Wohngebiete heranrücken würden. Schließlich drohte Rommel nicht nur damit, für die Flüchtlinge ein Großzelt auf dem Volksfestgelände in Bad Cannstatt aufstellen zu lassen, sondern auch kleinere Zelte in anderen Stadtbezirken zu errichten.

Besonders Rommels CDU verwahrte sich aber gegen Asyldörfer in der Nähe von Schulen, weil man die Befürchtung hegte, die Schüler würden direkt mit dem Drogenhandel von afrikanischen Asylbewerbern in Kontakt kommen. Der Stadtverwaltung warfen die Stadträte schlampige Vorbereitungen bei der Standortsuche vor. Rommel reagierte mit der Drohung, die Flüchtlinge notfalls in Turnhallen einzuweisen, falls der Gemeinderat keine Standorte für Asyldörfer genehmige. Er warnte auch, die Asylbewerber pauschal so darzustellen, als ob es sich durchweg um „Menschenfresser" handle. Man dürfe sie auch nicht als Ansammlung von Kriminellen hinstellen. Die Polizei habe im Umfeld von Flüchtlingsunterkünften keine auffällige und keine nennenswerte Kriminalität von Asylbewerbern festgestellt.

Allerdings zog die Stadtverwaltung die umstrittenen Vorschläge letztendlich doch zurück und empfahl andere Standorte, die schließlich genehmigt wurden. In diesem heißen Herbst 1991 wankte vorübergehend das Bild von Stuttgart als Stadt mit sozialem Frieden, in der Zuwanderer und Flüchtlinge gute Aufnahme finden.

1993 demonstrierte Stuttgart erneut glanzvoll seine Qualitäten als Gastgeber des Sports. Bei der Leichtathletik-Weltmeisterschaft zeigten sich die Schwaben im Stadion so begeisterungsfähig und gerecht applaudierend, dass die Unesco ihnen dafür einen Fairness-Preis verlieh. Stuttgart machte so noch einmal als Sporthauptstadt Deutschlands Schlagzeilen. Doch den Rat zu beherzigen, den der Präsident des Leichtathletik-Weltverbands den Stadtoberen gegeben hatte, nämlich glücklich über die WM zu sein und das Defizit zu zahlen („Be happy and pay the deficit"), fiel Manfred Rommel und seinen Mitstreitern im Rathaus nicht eben leicht. Denn im Herbst 1992 hatten sich bereits erste Wolken eines schweren Sturms über dem Rathaus zusammengezogen: Die finanzielle Lage der Stadt verschlechterte sich zunehmend. Stuttgart geriet in eine Wirtschaftskrise, die strukturelle Mängel des Wirtschaftsstandorts aufdeckte. Erfahrene Kommunalpolitiker von damals betrachten es noch heute als Glücksfall, dass die Geschicke der Landeshauptstadt damals von Manfred Rommel gelenkt wurden.

KLARE KANTE BEI ÖKOLOGIE UND DENKMALSCHUTZ

Es war im März 1982. Manfred Rommel trat in Zimmern ob Rottweil, rund 100 Kilometer südlich der Landeshauptstadt, ans Rednerpult. Der CDU-Ortsverein schätzte sich glücklich, einen so unterhaltsamen und attraktiven Gast aufbieten zu können. Und der Schreiber dieser Zeilen erlebte erstmals persönlich den vermeintlich „letzten Liberalen" des Landes. Als Rommel einpackte, war er beim Berichterstatter in puncto Liberalität ein Stück weit entzaubert. Vor allem das, was der populäre Stuttgarter Oberbürgermeister über die Kernenergie geäußert hatte, schien ganz und gar nicht mit dem Bild vom liberalen CDU-Politiker zusammenzupassen. Es war die klare Forderung eines Konservativen, die Kritiker der Kernenergie auszubremsen und den Ausbau der Atomenergie nach Kräften zu forcieren.

Fünf Jahre vor der Katastrophe von Tschernobyl sei die Forderung in dieser kompromisslosen Form doch nicht verwunderlich gewesen, mag man einwenden. Doch etwas weniger verheerende Zwischenfälle hatten der Atomwirtschaft die Unschuld bereits genommen. Erste Warnungen hatte es gegeben. Aber Manfred Rommel sollte sich später nicht einmal durch Tschernobyl von der Mahnung abbringen lassen, die weitere Verwendung der Atomkraft sei „ökologisch geboten". Das lag in der Zeit der beginnenden Diskussion über das vom Menschen verursachte Treibhausklima der Erde in der Bandbreite der damaligen Wortmeldungen. Überraschend war eher, wie entschieden Rommel diese Botschaft vertrat.

Wie wenige andere Themenfelder erhellt Rommels Umgang mit dieser Frage und mit den radikalen Forderungen der Ökologiebewegung, wie groß sein Hang zum Rationalismus ist. Wie sehr er an Überzeugungen festhalten kann, obwohl er sich damit schmeichelt, seine Meinung in einer Sitzung im Rathaus gleich mehrfach geändert zu haben, wenn es ihm mit Argumenten nahegelegt wurde. Wie unheilvoll er den Hang der Deutschen findet, Tatsachen auszublenden und mit romantischer Grundhaltung unheilvoll Politik zu machen.

Tief in seinem Inneren wirkte da die Erfahrung nach, wie die Menschen und vor allem die Jugend in der Hitlerzeit korrumpiert wurden und wie sie der Faszination der nationalsozialistischen Parolen erlagen. Er und seine Zeitgenossen hätten im Nationalsozialismus erlebt, wie Menschen fanatisch wurden, sagte Rommel. Da sei eine ganze Nation in einen unmenschlichen Krieg gezogen, weil sie meinte, er sei moralisch gerechtfertigt.

Möglicherweise trieb ihn das auch an bei seiner entschiedenen Absage an entschlossene Gegner der Atomkraft. Dabei sollte er in seinem Erinnerungsband Jahre später selbst eingestehen müssen, wie blank die Stadtverwaltung war, als nach dem größten anzunehmenden Unfall in Tschernobyl bald auch in Stuttgart die Geigerzähler ausschlugen und als von den Verantwortlichen im Rathaus Wissen über die Maßeinheiten Becquerel und Sievert gefragt war. Ein Vorgang, der die Frage nahelegte, ob Politik und Verwaltung lange Jahre vielleicht doch weniger in Kenntnis von Tatsachen und Grundlagen der Atompolitik Vorschub geleistet hatten als vielmehr im bloßen Glauben an die Richtigkeit. Ob sie vielleicht doch die Vernunft ausgeschaltet hatten?

Naheliegenderweise fragte Rommel die Informationen bei den Mitarbeitern ab, bei denen zurecht technisches Wissen vermutet werden konnte: beim parteilosen Technik-Bürgermeister Hans-Dieter Künne, beim städtischen Gesundheitsamt sowie beim Vorstandschef der damaligen Technischen Werke der Stadt Stuttgart, Heinz Brüderlin. Besonders von Letzterem aber waren kritische Ansätze in dieser neuartigen Krisensituation nicht zu erwarten. Unter Brüderlins Ägide hatte sich Stuttgart mit Rommels Segen an mehreren Kernkraftwerken beteiligt, alles Menschenmögliche getan, um möglichst viel Atomstrom zu verkaufen und tatsächlich einen Atomkraftanteil bei der Stromversorgung der Landeshauptstadt von rund 80 Prozent erreicht.

Zehn Jahre später gab Rommel in seinen Erinnerungen auch zu Protokoll, dass in der Frage der Verfügbarkeit von Rohstoffen und in der Umweltfrage ein grundlegender Wandel zu erahnen sei, der mit fast mathematischer Genauigkeit eintreten werde. Die Zukunft werde nicht ein großes Abbild der Gegenwart sein, sondern deutlich anders. Die Zeit der regenerativen Energien werde unaufhaltsam kommen, freilich nicht auf einen Schlag.

Rommels Neigung, die Dinge rational anzugehen, ergebnisoffen zu denken und die Kernenergie nicht zu verteufeln, haben auch da wieder sein Denken geprägt. Wie viele Konservative bediente er sich des Arguments, die Kernenergie sei nicht aus der Welt geschafft, wenn die Deutschen ihre Atomkraftwerke abschalten würden. Die Gentechnik lasse sich nicht dadurch eindämmen, dass die Deutschen auf sie verzichten. Leider hätten die Deutschen die Neigung zu glauben, „Deutschland sei die Welt, mindestens aber der Nabel der Welt".

Dass sich Deutschland an die Spitze einer Bewegung gegen Atomkraftwerke setzen könnte, schied in Rommels Denken also aus. Zugleich äußerte er Besorgnis, dass mehr als zehn Jahre später immer noch Kraftwerke vom Typ Tschernobyl in Betrieb seien und auf absehbare Zeit am Netz bleiben würden. Der Politiker Rommel beklagte da die Folgen einer Politik, die die Geister gerufen hatte und sie so schnell offenbar nicht mehr bannen konnte.

Wie eine Mahnung, den Wandel aktiv anzugehen, klang das freilich nicht. Und so blieb die Frage, ob Rommel auf diesem Feld von seinem Unbehagen an dem Romantisieren der Deutschen nicht doch in eine Falle gelockt wurde? Ob er nicht selbst der Horizontverengung anheim fiel, die er bei den Kernkraftgegnern zu erkennen glaubte?

Als Schrittmacherin auf dem Gebiet der Ökologie und der Energiewende tat sich die Landeshauptstadt unter Rommels Ägide jedenfalls nicht hervor. Wenn es auf Gebieten wie der Luftreinhaltung und dem Energiesparen Erfolge zu verzeichnen gab, lag das in erster Linie an den Forderungen des Regierungspräsidenten und an engagierten Mitarbeitern im städtischen Amt für Umweltschutz, die sich mehr Gestaltungsfreiheit gewünscht hätten.

Der OB aber stellte mancherlei Versuche, die Messung von Schadstoffen im Nanogrammbereich zu perfektionieren und die Maßnahmen zu verschärfen, in Frage. Die weit höhere Lebenserwartung der heutigen Menschen spreche für sich. Dass Umweltschützer gegen Wirtschaftswachstum polemisierten, zeitgleich aber Forderungen nach höheren Ausgaben für Kultur, Soziales und den öffentlichen Dienst erhoben wurden, bereitete dem Finanzpolitiker Rommel größte Sorge. Die finanzpolitischen Widersprüche ließen sich nur bei Anwendung des Hexeneinmaleins überwinden. Zauberei und Geisterbeschwörung könnten in der Politik nicht helfen –

zumal die Geister sich vielleicht beschwören ließen, sie aber trotzdem nicht kommen würden.

Vielleicht noch reservierter als die Umweltbewegung, die aus der Protestbewegung von 1968 gelernt hatte, betrachtete Rommel eine andere Entwicklung: dass der Denkmalschutz zum Programm erhoben werden sollte. Vollends tief besorgt war Rommel, als er aus einem Gespräch mit seinem Jerusalemer Amtskollegen Teddy Kollek schließen musste, dass die jahrtausendealte Stadt weniger Denkmale habe als Stuttgart.

Mit der Frage, was schön sei, tat sich Rommel schon bei neuen Bauvorhaben schwer. Was nach dem Zweiten Weltkrieg entstanden war, hatte es bei ihm nicht eben leicht, als denkmalwürdig eingestuft zu werden. Manchmal war er auch bereit, Bausubstanz zum Abbruch freizugeben, die trotz des Bombenteppichs über Stuttgart den Krieg überstanden hatte. Beispielsweise die Gebäude auf dem alten Bosch-Areal in der Innenstadt, wo Robert Bosch den Zündfunken für die stürmische und erfolgreiche Industrialisierung der eigentlich armen Stadt Stuttgart gegeben hatte.

„Weg mit dem Gerümpel" hat Rommel während der Debatte um die Zukunft der alten Bosch-Bauten empfohlen. Es war wieder so ein Moment, in dem der unromantische Mensch Manfred Rommel die Ampel auf Grün stellen wollte für Bestrebungen, von denen er sich die bauliche und wirtschaftliche Weiterentwicklung seiner Stadt versprach. Ausgerechnet dem wertkonservativen Denker Rommel, der ständig über die Erwartungshaltung der Bürger und ihr Verhältnis zur Politik sinnierte, fehlte der Blick für die emotionalen Bedürfnisse, Heimat auch in der Bewahrung von alter Bausubstanz zu erleben. Sein Heimatbegriff, sein Verständnis von einer menschengerechten Stadt waren bar jeder Romantik. » NOSTALGIE IST DIE FÄHIGKEIT, DARÜBER ZU TRAUERN, DASS ES NICHT MEHR SO IST, WIE ES FRÜHER NICHT GEWESEN IST. «

Wer es vor allem auf Romantik anlege, der müsse auch den Küchenschaben etwas abgewinnen, die in den alten Gemäuern umherkriechen, meinte er. Wer die Stadt des 19. Jahrhunderts wolle, der müsse auch die sozialen Verhältnisse von damals wollen. Beton, Stahl und Glas störten ihn nicht. Wenn er die Verdichtung neuer Wohngebäude kritisierte und mit dem Psychoanalytiker Alexander

Mitscherlich die Unwirtlichkeit der Städte befürchtete, dann deshalb, weil in den Satellitenvierteln kein Raum für Grün, nachbarschaftliches Miteinander und Vereinsstrukturen mehr bleibe. Die Satellitenbauten selbst störten Rommel weniger.

Die Stadt des 19. Jahrhunderts zu erhalten und mit den heutigen Bedürfnissen zu versöhnen, das spielte bei Rommel kaum eine Rolle. Zum Glück wusste im Fall des Bosch-Areals eine Bürgerinitiative zusammen mit dem Architekten Roland Ostertag, den Abriss der alten Gebäude zu verhindern.

Das Lamentieren über die Stadtplanung seiner Bauverwaltung war Rommel in seiner Zeit als OB ein Gräuel. Stadtplanung verstand er nicht nur als eine Frage von Ästhetik, sondern als „Querschnittsaufgabe, in der Wirtschaftspolitik, Sozialpolitik, Kulturpolitik, Verkehrspolitik, Umweltpolitik und künstlerische Gestaltung zusammenfließen“. Nicht von ungefähr zitierte Rommel in seinen Erinnerungen ein Wort des Schriftstellers Karl Kraus: „Ich verlange von einer Stadt, in der ich leben soll, Asphalt, Straßenspülung, Haustorschlüssel, Luftheizung, Warmwasserleitung. Gemütlich bin ich selber.“

Dass die Bürger immer mehr Einfluss auf ihr Viertel und auf ihre Stadt nehmen wollen, dass die Verwaltung neue Wege gehen muss, dafür hatte Rommel nur eine kleine Antenne. Die Fragen der Stadtplanung seien vielschichtig, schrieb er. Über Grundsatzfragen des Städtebaus solle nicht unmittelbar die Gesamtheit der Mitbürger entscheiden. Das müsse dem Gemeinderat vorbehalten sein. Die Anhörung der Bürger sollte bei wichtigen Vorhaben „auch etwas umfassender sein als rechtlich vorgeschrieben“, gestand er nach seinem Abschied aus dem OB-Amt nur zu. Damit bewegte sich Rommel freilich auf einem kollisionsverdächtigen Kurs, lang bevor das Projekt Stuttgart 21 die Wut der Bürger erregte.

FAST IMMER DIE KASSENLAGE IM BLICK

Schon in der Landesverwaltung und der Landespolitik hatte Rommel auf Realismus, Finanzplanung und Sparsamkeit gesetzt. Die Politik könne den Grundrechenarten nicht entkommen, hat er schon früh erkannt. „Alle Versuche, eine Geldmenge durch moralische

Beschwörungen zu vermehren, sind bislang fehlgeschlagen", schrieb er gegen Ende seiner politischen Karriere. » SPAREN HEISST, GELD, DAS MAN HAT, NICHT AUSZUGEBEN – UND NICHT GELD NICHT AUSZUGEBEN, DAS MAN NICHT HAT. «

Fast wie ein Mantra trug er viele Jahre die Überzeugung vor sich her, dass die Demokratie finanziell Maß halten müsse, um sich nicht selbst zu schaden. Dass man den Bürgern kein Schlaraffenland versprechen dürfe, ihnen vielmehr reinen Wein einschenken müsse. Dass die Menschen es zu schätzen wüssten, wenn man sie nicht belüge, sondern ihnen ehrlich die Lage beschreibe. Der Bürger sehe in der Regel schon ein, dass die finanziellen Mittel begrenzt seien.

Hinweise, dass ein Anliegen in der Politik „absolute Priorität" besitze, ließ Rommel nicht gelten. Absolute Priorität gebe es nicht. Sie sei immer relativ. Man müsse daher abwägen und neben den vermeintlichen Prioritäten auch die Posterioritäten, das Nachrangige, bestimmen. Der Handlungsbedarf, der so dringend angemahnt werde, bestehe meistens ja gerade deshalb, weil keine Geldmittel zur Befriedigung dieses Bedarfs vorhanden seien.

Die Linie, die er in der Landesverwaltung aufgenommen hatte, führte der Zahlenfuchs im Rathaus fort. Das ließ im Lauf seiner Amtszeit gelegentlich die Kritik aufkommen, das Oberbürgermeisteramt sei in den Händen eines Mannes, der immer noch denke wie ein Beamter im Finanzministerium. Rommel hielt aber Kurs. Meistens zumindest. Einmal, zu Beginn seiner Amtszeit, war er noch der Versuchung erlegen, mit der Stadt Stuttgart im Alleingang ohne die Umlandkommunen oder gar andere Großstädte ohne besondere Not auf dem Gebiet der sozialen Leistungen ein bisschen mehr zu tun.

Das war der Fall, als ausgerechnet in der wohlhabenden Stadt Stuttgart die Obdachlosen und sogenannten Stadtstreicher eine Zeit lang stark in Erscheinung traten. Der Aufenthalt der ungepflegten, grölenden und bettelnden Menschen, von denen viele dem Alkohol verfallen waren, auf den Straßen und Plätzen der Innenstadt habe die übrigen Bürger ständig geärgert, erinnerte sich Rommel später.

Damals stimmte der OB einigen mit Geldausgaben verbundenen Maßnahmen bei, obwohl er sicher war, dass unter diesen Stadtstreichern nicht nur unschuldige Opfer der Gesellschaft seien, sondern auch Schlawiner, die mit etwas Anstrengung auch ein Leben ohne öffentliche Subventionen führen könnten. So kam es, dass die Stadt versuchte, den Obdachlosen ausreichend viele Unterkünfte zu verschaffen und sie etwas mehr zu betreuen.

Der Effekt verblüffte Rommel und seinen Sozialamtsleiter Dieter Rilling. Die Nachricht von den guten Absichten der Stadt Stuttgart habe sich wie ein Lauffeuer verbreitet, erinnerte sich Rommel. Überall hätten sich Stadtstreicher und solche Menschen, die Stadtstreicher werden wollten, auf den Weg nach Stuttgart gemacht. Da sei ihm klar geworden, dass man es gelegentlich nur zusammen mit anderen schaffen könne, Gutes zu tun. Die Stadt gab die Suche nach immer mehr Unterkünften auf, begnügte sich in der Winterzeit mit einigen beheizten Containern auf dem Festplatz in Bad Cannstatt, auf dass kein Obdachloser erfrieren würde, und sparte somit auch an dieser Front wieder konsequenter. » WENN AUS EINER KASSE, IN DER 100 MARK SIND, 300 MARK ENTNOMMEN WERDEN, DANN MUSS MAN ERST WIEDER 200 MARK IN DIE KASSE HINEIN TUN, DAMIT NICHTS IN IHR IST. «

Die Botschaft von der Notwendigkeit des Maßhaltens verkündete Rommel auch gern bei den regelmäßigen Bürgerversammlungen in den Stadtbezirken, zu denen oft viele Menschen strömten. Sie kamen manchmal, um eigene Interessen zu vertreten, oft genug aber aus Interesse und purer Lust an diesem Mann, der so anders war als viele Politiker. Der keine Geschenke machte – außer dem seiner Reden, die mit Witz operierten, wo andere mit Worthülsen Langeweile verbreiteten.

Als der Gemeinderat Ende 1991 den Haushaltsplan 1992 verabschiedete, sah Rommel Grund zu verschärften Warnungen. Es sei „nicht mehr weit bis zur Genehmigungsunfähigkeit" der städtischen Finanzplanungen, sagte er. In vielen Bereichen sei das Anspruchsdenken noch zu ausgeprägt, das während jahrzehntelangen Wohlstands gewachsen sei. An der Jahreswende 1992/1993 bewahrheiteten sich die Vorahnungen. Auf einen Schlag waren alle Eigenschaften und Talente Rommels bitter nötig. Stuttgart schlitterte in die schwerste Wirtschaftskrise nach dem Zweiten Weltkrieg. Die örtliche Wirtschaft und auch die Stadtverwaltung waren dafür nicht ausreichend gerüstet.

Mit ihrem Dienstleistungssektor hinkte die Landeshauptstadt noch immer hinter anderen Großstädten her. Ein Wunder war das nicht, denn die Stadt herausragender Gründer der Industriekultur war mit der Herstellung von immer besseren Automobilen, Maschinen und Elektronikprodukten lange Zeit gut gefahren. Mit der Krise der deutschen Industrie und dem zunehmenden Export von Arbeitsplätzen in Billiglohnländer kam die Zäsur. Binnen zwei Jahren gingen in Stuttgart 1993 und 1994 insgesamt rund 40 000 Arbeitsplätze verloren. Im Durchschnitt also jeden Tag 55 Stellen. An jedem Werktag und an jedem Sonntag.

Als Folge davon brachen nicht nur die Einnahmen bei den Gewerbesteuern ein, auch die Beteiligung der Stadt an Steuereinnahmen des Bundes schmolz fast so dahin wie Schnee in der Sonne. Zusammen mit Klaus Lang, inzwischen Finanzbürgermeister der Landeshauptstadt, organisierte der Moderator Rommel einen Sparpakt im Rathaus. Das Ziel: Spätestens 1997 sollten die jährlichen Ausgaben der Stadt um 385 Millionen D-Mark verringert sein.

1500 Arbeitsplätze wurden zur Disposition gestellt, vielerlei Gebühren und kommunale Steuern überprüft und angehoben. Die Stadtgesellschaft ächzte unter dem Spardruck ausgerechnet in einer Zeit, da die letzten Errungenschaften aus besseren Tagen in Betrieb gingen. Ende 1994 wandte sich Rommel an die Bürgerinnen und Bürger und versuchte die Verzagten unter ihnen wieder aufzurichten. „Ich will nicht behaupten, dass wir uns auf einer Lustfahrt in ein irdisches Paradies befinden", erklärte er, „aber eine moralische Pflicht, den Rüssel so tief hängen zu lassen, wie dies die weltlichen Bußprediger empfehlen, besteht nicht." » DIE BÜRGER SEHEN IN DER REGEL EIN, DASS DIE GELDMITTEL BEGRENZT SIND. «

Die Krisenjahre 1993 und 1994 wurden zu einer Erfahrung, die die beteiligten Stadträte nicht mehr vergessen sollten. Sie wurden zur Warnung, die Spätfolgen einer lustvollen Ausgabenfreude nicht aus den Augen zu verlieren. Sie erschienen wie eine Lektion aus dem Lehrbuch des Zahlenfuchses Rommel für die Kommunalpolitiker. Auch für seinen Kultur-, Bildungs- und Sportbürgermeister Wolfgang Schuster (CDU), der die Bedeutung von geordneten Stadtfinanzen vor Augen geführt bekam. Rund drei Jahre später konnte er diese Erfahrung als Rüstzeug mitnehmen, als er von den Stuttgartern zum Nachfolger seines politischen Ziehvaters Manfred Rommel gewählt wurde.

Zu Rommels beständiger Sorge um die Finanzen der Stadt passte seine stetige Aufmerksamkeit für die Wirtschaft, deren Blühen er für unabdingbar hielt, wenn die Stadt ihre sozialen Aufgaben erfüllen solle. Andererseits erachtete er auch den sozialen Frieden als Voraussetzung dafür, dass der Wirtschaftsstandort nicht an Qualität verliert, sondern gewinnt, dass er qualifizierte und kreative Menschen anzieht und als Mitarbeiter gewinnt. Bei diesem Balanceakt versuchte Rommel in gutem Kontakt mit den Stuttgarter Firmenchefs zu handeln, besonders natürlich mit den Lenkern der nicht wenigen Weltfirmen, die ihren Firmensitz in Stuttgart haben.

Die Notwendigkeit, den Industriestandort Stuttgart stärker in Richtung Dienstleistung zu entwickeln, lag auf der Hand, seit verschiedene Wirtschaftszweige und die Volkswirtschaften allgemein in zeitweilige Krisen und an die Grenzen ihres Wachstums geraten waren. Was Stuttgart von der Industrie noch geblieben war, wollte Rommel freilich schon deshalb aktiv verteidigen, weil sich um diese industriellen Bereiche herum kleine Dienstleister mit industrienahen Angeboten rankten, die beim weiteren Rückzug der Industrie ebenfalls Schaden nehmen würden. Wie ein Trauma lastete auf den Stadtoberen in Stuttgart auch noch, dass der Bosch-Konzern seinen Firmensitz von der Stuttgarter Innenstadt nicht etwa nur an die Stuttgarter Peripherie verlagert hatte, sondern über die Stadtgrenze hinweg ins benachbarte Gerlingen.

So etwas wollte man nicht noch einmal erleben. Daher war der Boden gut bereitet für einen heftigen Streit, als in den 1980er-Jahren ein Neubau für die Mercedes-Benz-Zentrale im Stadtbezirk Möhringen zur Debatte stand – ausgerechnet in einem Landschaftsschutzgebiet, um dessen Fortbestand die Umweltschützer entschlossen kämpften. Rommel warf sein ganzes Prestige und seinen ganzen Einfluss in die Waagschale, damit das gewünschte Baugebiet zur Verfügung gestellt werden konnte.

Wie es der Zufall manchmal will, warfen neue Überlegungen in der Konzernspitze später allerdings nachträglich die Frage auf, ob von dieser Ansiedlung tatsächlich Wohl und Wehe des Standortes Stuttgart abhängig gewesen waren. Mit Edzard Reuter, Jürgen Schrempp und Dieter Zetsche residierten zwar drei Konzernchefs mit ihren Mitarbeitern und den Büros auf dem Gelände im „Sternhäule", doch Zetsche zog mit dem Hauptquartier alsbald wieder dorthin zurück, wo es hergekommen war: ins Stammwerk in Stuttgart-Untertürkheim. Der Vorgang hätte eigentlich Anlass zu der Frage geben müssen, ob die kommunalen Wirtschaftsförderer, die die Schicksalsfrage des Wirtschaftsstandorts ausrufen, mit ihrer hektischen Betriebsamkeit nicht allzu bereitwillig den Launen von Wirtschaftskapitänen folgen, die fehlbar sind.

In Stuttgart tauchte zeitweilig auch die Frage auf, ob sich die Stuttgarter Stadtväter nicht weniger um den Verbleib von Weltfirmen auf ihrem Stadtgebiet hätten sorgen müssen, wenn Manfred Rommel in seiner Zeit im Innenministerium den eigentlichen Bedürfnissen der Landeshauptstadt besser entgegengekommen wäre. Bei der Gemeindereform, die in der ersten Hälfte der 1970er-Jahre konzipiert wurde und ausgerechnet in Rommels erstem OB-Amtsjahr 1975 in Kraft trat, ging die Landeshauptstadt nämlich leer aus. Die Städte und Gemeinden im „Speckgürtel" um Stuttgart herum durften in fröhlicher Eigenständigkeit fortbestehen. Die Landeshauptstadt mit ihrem Zentrum in einem engen Talkessel und mit dürftigen Ausdehnungsmöglichkeiten blieb eingeschnürt von selbstständigen Nachbarn, die von den Einrichtungen im Oberzentrum Stuttgart lebten und nur über einen kommunalen Finanzausgleich mitzubezahlen hatten, dessen Gerechtigkeit umstritten war. Altlasten wie jene, dass nie ein Autobahnring um Stuttgart herum geschaffen wurde, sondern dass unnützerweise Verkehr durch das Zentrum der autogerecht gemachten Stadt zwischen Hügeln gelenkt wurde, wurden zementiert. So lange, bis die Umweltschützer sich überall positioniert hatten und bis an den Bau des Autobahnrings nicht mehr zu denken war.

Die persönliche Mitverantwortung dafür, dass Stuttgart leer ausging und die „Belagerer" der Stadt gestärkt wurden, lehnte Rommel ab. Es handle sich um einen landespolitischen Fehler, konstatierte er, für den aber auch die Stadt Stuttgart verantwortlich gewesen sei, deren Oberbürgermeister er damals noch nicht war. Im Rathaus habe man zwar allerlei Ansätze für die Lösung der sogenannten Stadt-Umland-Frage entworfen, eine klar umrissene Gebietsforderung jedoch nicht erhoben. „Wer sich in der Politik solch vornehmer Zurückhaltung befleißigt, der geht unter", schrieb Rommel in seinem Erinnerungsband.

Ihn selbst habe der weitere Verlauf der kommunalen Gebietsreform nicht mehr beschäftigt, als er Ende 1971 zum Amtschef im Finanzministerium ernannt worden sei. 1975 ließ er als Stuttgarter OB zwar noch einmal die Debatte über Eingemeindungen aufleben, doch das Resultat beurteilte er selbst als mager. Sein Vorstoß habe lediglich erreicht, dass die Landkreise jenseits der Stadtgrenze einen geringen Teil der Betriebskosten bezahlen müssen, die Busse und Bahnen im öffentlichen Personennahverkehr verursachen. Immerhin: „Das war besser als gar nichts."

Wie sich 15 Jahre später mit Macht zeigen sollte, reichte es allerdings nicht aus, um an dieser Front dauerhaft Ruhe zu schaffen. Die Defizite der Gemeindereform schwärten weiter wie eine eiternde Wunde. Der Ruf nach einer Neuordnung der Verhältnisse in der Region wurde wieder laut. Und auch Rommel selbst sollte wieder gefordert sein, am Umbau dieser Region mitzuwirken.

DEUTSCHLAND ALS BÜHNE

Was Manfred Rommel das Volksfest zum Ausleben seiner humorvollen, ja bisweilen komödiantischen Wesensart und zur Mehrung seiner Popularität bedeutete, war ihm in ganz anderer Weise der Deutsche Städtetag zur Steigerung seines politischen Renommees und zur Einflussnahme auf die große Politik. Die Möglichkeiten der Einmischung waren grandios, denn Rommel hatte früh erkannt, dass fast alle Themen der großen Politik sich auch in der Kommunalpolitik finden, dass der Kommunalpolitiker aber einen entscheidenden Vorteil hat: Er ist näher dran, kann dem Volk aufs Maul schauen, kann, wenn er will, aus praktischen Erfahrungen eine Politik für die Menschen schmieden.

Er nutzte die Bühne, die der Deutsche Städtetag ihm bot, und wirkte dort ungewöhnlich lang: neun Jahre als Vorsitzender und, da es die Rotation unter parteipolitischen Vorzeichen erforderte und auch mal andere die Verantwortung haben wollten, einige Jahre als Vizepräsident. Im Städtetag Baden-Württemberg gab er ebenfalls als Vorsitzender sechs Jahre lang den Ton an.

Besonders auf nationaler Ebene konnte er seine Neigung zur Finanzpolitik, die er als entscheidenden Hebel für viele politische

Rommel in seinem Element: Als Präsident des Deutschen Städtetags kämpft er viele Jahre für die Interessen der Kommunen.

Themenfelder verstand, ausleben. Hier hatte er eine Bühne für Auftritte vor bundespolitischen Gremien und Zirkeln sowie vor den überregionalen Medien. Hier konnte er versuchen, drohende Aufgabenzuweisungen an die Kommunen durch die Bundespolitik bei unveränderten Finanzzuschüssen oder gar bei einer Drosselung von Geldzuweisungen zu verhindern. Hier konnte er sich bemühen, die pragmatischere Sicht in den Kommunen etwas mehr in das Bewusstsein der Bundespolitik zu rufen. In diesem Zusammenhang ärgerte sich Rommel besonders über den Rechtsanspruch auf einen Kindergartenplatz, der vom Bund eingeführt, aber den Städten und Gemeinden zur Umsetzung und zum Bezahlen zugewiesen wurde.

» Absolute Priorität gibt es nicht. Sie ist immer relativ. Es gibt keinen Vorrang ohne Nachrang. «

Rommel schätzte es, dass im Städtetag die Gemeinsamkeit der Demokraten und bei aller nötigen Konkurrenz der Parteien doch das Bemühen um eine gemeinsame Linie gegenüber dem Bund im Vordergrund stand. Die da oben in Bonn, der damaligen Hauptstadt, und die Repräsentanten des Landes hätten nach Rommels Ansicht gut daran getan, etwas mehr Ideen und Veranstaltungen aus der kommunalen Ebene zu berücksichtigen.

Es liege sogar im eigenen Interesse dieser staatlichen Ebenen, damit sie Tuchfühlung zur Realität behalten. Die Welt ändere sich schnell. Die sich ständig erneuernden praktischen Erfahrungen, die auf der kommunalen Ebene zuerst ihren Niederschlag fänden, dürften nicht beiseite geschoben werden. In Bonn aber herrschte nach Rommels Beobachtung ein Misstrauen gegenüber den stets jammernden Kommunen, das sich auch mit dem Namen Helmut Schmidt verband. Leider sei das Jammern aber die einzige Waffe der Städte und Gemeinden, rechtfertigte Rommel sich.

Der SPD-Kanzler hielt dennoch große Stücke auf ihn. In ihm sah er, wie er aus Anlass von Rommels Abschied aus dem Rathaus wissen ließ, einen „grundsolide ausgebildeten Finanzfachmann" und einen OB, der „mit Kompetenz und Witz" das Klischee vergessen ließ, hier regiere einer eine Stadt, weil er des Wüstenfuchses kleiner Sohn sei. In der Zusammenarbeit entdeckte Schmidt bei Rommel eine ausgeprägte Neigung zum Kompromiss, zu Selbstkritik und zur Korrektur von früheren Entscheidungen, wenn es denn nötig war. Bei der „besonderen Ausformung der behaglich-schwäbischen Autorität" erkannte Schmidt Parallelen zum früheren Bundespräsidenten Theodor Heuss.

Als der Kanzler 1982 plötzlich Helmut Kohl hieß und in Bonn unerwartet die Senkung der Einkommenssteuer auf die Tagesordnung kam, später die deutsche Vereinigung auch noch einen erhöhten Finanzbedarf schuf, sah Manfred Rommel, der Vorsitzende des Deutschen Städtetages, den Keim für einen Konflikt.

Rommel widersetzte sich einer Steuersenkung auf breiter Front, die für die Kommunen teurer geworden wäre. Das Steueränderungsgesetz von 1974, das den Kommunen Hunderte von Millionen Mark an Verlusten bei der Gewerbesteuer gebracht hatte, war noch in unguter Erinnerung. In der neuen Steuerdiskussion stritt Rommel für eine Senkung der Sozialabgaben und forderte gleichzeitig mehr Steuermittel für die sozialen Aufgaben. So wollte er einerseits der Wirtschaft einen Impuls für neue Arbeitsplätze und mehr Steueraufkommen schaffen, auf der anderen Seite die Kommunen entlasten.

Das war die Stunde, in der Kohl die Kritik als bedeutungslos abtat und sagte: „Die Hunde bellen, die Karawane zieht weiter." Rommels witzig gemeinte Replik vor Journalisten lautete: „Lieber ein Hund sein als ein Kamel." Mit Kohl hatte er es sich damit auf Jahre hinaus verscherzt.

Den Verantwortlichen des Deutschen Städtetags war natürlich auch klar, wer der Organisation einmal verloren gehen würde. Mit einer Festschrift versuchten sie 1997 Rommels Abschied vom Amt und damit dem Abschied vom Städtetag gerecht zu werden. In dem Werk werden dem Leser Zusammenhänge aus der Welt der Kommunen und ihrer komplexen Existenzbedingungen entworfen, die der Unbefangene nur als bizarres Monstrum begreifen kann. Schlimm ist das allerdings nicht. Erstens erreichte die Festschrift vor allem langjährig Vorbelastete. Zum andern erfüllt sie Voraussetzungen, bei deren Vorliegen Manfred Rommel stets annahm, dass der Text nie gelesen würde: Sie ist viel zu dick.

2008 ereilte den Alt-Oberbürgermeister eine weitere Ehrung. Der Städtetag Baden-Württemberg erhob ihn, wenige Monate vor seinem 80. Geburtstag, zum ersten Ehrenpräsidenten in der damals 54-jährigen Geschichte der Städtevertretung. Der amtierende Präsident, der Ulmer Oberbürgermeister Ivo Gönner, nahm die Auszeichnung vor. Sie galt Rommels Lebensleistung.

EIN GANZ EIGENER FÜHRUNGSSTIL

Die Art, wie Manfred Rommel die Geschicke der Stadt Stuttgart lenkte und wie er mit mehr als 20 000 Mitarbeitern in der Stadtverwaltung und in den städtischen Tochterunternehmen umging, rief schon bald nach seiner Amtseinsetzung Respekt hervor. Das Parteibuch besaß für ihn keine Bedeutung. Der Personalratsvorsitzende Hans Hammer, der ebenfalls den Hang zum schwäbischen Philosophieren und eine unaufgeregte Art hatte, erfreute sich eines guten Zugangs zu Rommels Büro.

Egal ob Bürgermeister, Sachbearbeiter, Fahrer oder Mitarbeiter des Sitzungsdienstes, die für technische und organisatorische Hilfen in den Sitzungssälen zuständig sind: Sie alle waren darauf geeicht, „Grüß Gott, Herr Rommel" zu sagen, nicht Herr Oberbürgermeister und nicht Herr Doktor, obwohl der OB einige Ehrendoktorhüte verliehen bekommen hatte.

Es war der Mensch, der für Rommel zählte. Und das war nicht nur Fassade, wie sich in besonderen Notlagen zeigte. Wie bei seinem Fahrer Manfred Miller, der Rommel auch noch lang nach dessen Abschied aus dem Rathaus bei besonderen Anlässen chauffierte.

Miller befand sich mit Rommel im Dienstwagen auf der Autobahn nach Singen, und man hatte schon etwa 100 Kilometer zurückgelegt, als Rommel ihn umkehren ließ. Übers Autotelefon hatte er eine Nachricht erhalten. Er habe etwas Wichtiges vergessen, sagte Rommel, man müsse zurück. Leise fluchend steuerte Miller den Wagen wieder nach Stuttgart. Als sie die Stadtgrenze überquert hatten, dirigierte Rommel seinen Fahrer in den Stadtbezirk Ost, wo auch Miller selbst mit seiner Familie wohnte. Bei der eigenen Wohnung angekommen, leuchtete Miller schlagartig ein, weshalb sie den Rückweg angetreten hatten: Aus dem Gebäude quoll Rauch.

Millers Familie hatte sich rechtzeitig retten können. Der Hund Benni war in der brennenden Wohnung umgekommen, die Einrichtung der Vierzimmerwohnung zerstört – mit allen Möbeln und mit sämtlicher Kleidung in den Schränken.

Fürs Erste besorgte man der Familie eine notdürftige Bleibe. Um ein Uhr nachts suchte das Ehepaar Rommel daheim Hemden, Hosen und Jacken für Miller zusammen. Der Erste Bürgermeister Klaus

Lang steuerte in den folgenden Tagen weitere Kleidungsstücke bei. Und Liselotte Rommel steckte Miller in einem Kuvert Geld zu, auf dass sich Millers Frau und Kinder wieder mit dem Nötigsten ausrüsten könnten.

Ein Zurück in die beim Brand zerstörte Wohnung konnte es für Miller und seine Familie vorerst nicht geben. Daher setzte Rommel alle Hebel in Bewegung, damit die Familie binnen weniger Tage von einer Baugenossenschaft eine neue Dreizimmerwohnung in einem anderen Stadtbezirk zugewiesen bekam. Millers Respekt vor dem Chef wuchs weiter, und die Bereitschaft, ihn notfalls ans Ende der Welt zu chauffieren, auch. „Für mich war das ein Chef von Weltklasse", sagt Miller.

Im Alltagsgeschäft ließ Rommel seinen Mitarbeitern meist freie Hand, besonders den Bürgermeistern. Es galt die Devise, dass alles in Ordnung sei, solange man nichts von ihm höre. „Man konnte immer offen und ehrlich reden", sagte sein früherer Protokollchef Heinz Hermann, „wenn er einmal Vertrauen zu einem gefasst hatte, war es ein ganz wunderbares Arbeiten mit ihm." Rommel besaß aber genug Autorität, damit ihm die Zügel nicht aus der Hand genommen wurden. Falls es doch versucht wurde, konnte Rommel auch sehr entschieden werden, berichteten Mitglieder der Verwaltungsspitze. In solchen Fällen soll er dann gesagt haben: „Die Verwaltung bin ich." Andererseits genierte er sich nicht, in der Referentenrunde, einer wöchentlichen Sitzung der wichtigsten Mitarbeiter, seine Meinung zu revidieren, falls er eines Besseren belehrt wurde.

Diese Besprechungen, schrieb Rommel, seien für ihn alles andere als Veranstaltungen zur Befehlsausgabe gewesen. „Ich delegierte so viel wie möglich", verriet er. Gleichzeitig beugte er dem Eindruck vor, das Delegieren diene dem Zweck, sich ein leichtes Leben zu machen. Wer delegiere, müsse sich auch vor seine Mitarbeiter stellen, wenn sie Kritik erregen. Man müsse sich laufend über den Gang der Dinge informieren lassen, in kritischen Situationen urplötzlich selbst eingreifen und dann auch tief in die jeweilige Materie einsteigen. Nicht alle Häuptlingsfedern, mit denen er sich schmücken könne, habe er selbst erworben, sagte Rommel. Ein Teil davon sei den normalen Indianern zu verdanken.

Wer von Rommel im Rathaus oder gar in den Medien als „tüchtig“ bezeichnet wurde, durfte sich geadelt fühlen. Einigen seiner Mitarbeiter ermöglichte er Karrieren im Konzern Stadt Stuttgart, die sich für die Betreffenden wirklich auszahlten. So war es vor allem bei seinem Wirtschaftsförderer Rainer Vögele und bei seinem Persönlichen Referenten Walter Gehring, die zu Geschäftsführern der städtischen Messe- und Kongressgesellschaft, der Vorläuferin der heutigen Landesmesse Stuttgart, aufstiegen. Jahrelang nahm Rommel es sogar hin, dass die Messechefs, von Kennern der Materie auch „die Könige vom Killesberg“ genannt, am Messeumsatz orientierte Zulagen erhielten, ohne Rücksicht darauf, ob ein Gewinn übrig blieb. Erst im Lauf der Zeit wurde das Vergütungssystem umgestellt. Manchmal forderte Rommel aber auch Solidarität und Loyalität zurück für seine Großzügigkeit.

Als Gehring an einer Verlagerung der Messe arbeitete, um sie aus den beengten Verhältnissen am Stuttgarter Killesberg zu erlösen, und Rommel anderer Meinung war, schickte er eine Warnung zu Stuttgarts Wohlstandshügel hinauf. Er empfehle auch Geschäftsführern von Tochtergesellschaften, die Mutterkörperschaft, von der sie abhängig seien, freundlicher zu behandeln. So etwas, öffentlich ausgesprochen, signalisierte fast Rommels größtmögliche Missbilligung. Dass man die Messe so einfach an eine Stelle verlagern könnte, wo es 70 Hektar Platz und gleich nebenan den Flughafen gebe und auch noch einen guten Anschluss an den öffentlichen Personennahverkehr, glaubte Rommel nicht. Wer so einen Platz kenne und ihm mitteile, erhalte Finderlohn.

Die Entwicklung gab Rommel bekanntermaßen nicht recht. Die Stuttgarter Messe zog – allerdings nach der Jahrtausendwende und nach der Beteiligung des Landes Baden-Württemberg an dem bis dato städtischen Unternehmen – tatsächlich um: direkt zum Flughafen. Es bedurfte einer neuen Politikergeneration wie des Staatsministers Christoph Palmer und eines Landesgesetzes, um die Verlagerung durchzusetzen. Doch die Operation gelang und zeigte noch einmal, dass auch große, umstrittene Projekte gegen massive Proteste durchsetzbar sind. Bis dann, ein halbes Jahrzehnt später, der Streit um Stuttgart 21 alles änderte – und eine CDU/FDP-Regierung unterging wie die Titanic nach der Kollision mit einem Eisberg.

Etwas gespannt blieb Rommels Verhältnis zur Frauenbeauftragten Gabriele Steckmeister, die ihren Dienst 1985 angetreten hatte und es fünf Jahre im Stuttgarter Rathaus aushielt. Die Politikwissenschaftlerin, die zuvor an der Universität Tübingen tätig gewesen war, beklagte einen Stillstand im Stuttgarter Rathaus in der Frauenfrage. Rommel habe zwar in großer Liberalität Raum für Ideen gelassen, die Leine aber kurz gehalten, wenn die Macht der Männer wirklich angekratzt worden sei. Rommel revanchierte sich in seinem Erinnerungsband und attestierte Steckmeister eine Neigung zu Übertreibungen, besonders bei der Frage, wann der Tatbestand der sexuellen Belästigung erreicht sei. Steckmeister habe darunter bereits das aufmerksame Betrachten einer Dame eingestuft.

Dass er die Maxime ernst nahm, sich vor Mitarbeiter zu stellen, die in die Kritik geraten waren, demonstrierte Rommel nicht nur einmal. Mitunter gab er zu viel Vertrauensvorschuss.

Wie Anfang 1986, als es wie in einigen anderen Großstädten auch in Stuttgart plötzlich Vorwürfe gegen städtische Beamte gab, die Ausländern gegen Schmiergeld an den Wartelisten vorbei Sozialwohnungen oder auch eine Aufenthaltsgenehmigung verschafft haben sollten.

500 bis 2000 Mark für die Wohnungsvermittlung, 2500 Mark für die Aufenthaltsgenehmigung? Manfred Rommel und sein Wohnungsamtsleiter Manfred Gann konnten nicht glauben, was da behauptet wurde. Der OB drohte sogar, die „Stuttgarter Kanaken-Zeitung“ wegen Beleidigung und falscher Anschuldigung zu verklagen. Das deutsch-türkische Blatt mit dem provozierenden Titel ließ eine Handvoll Ausländer über zwölf Seiten hinweg berichten, wie sie es zu einer der Sozialwohnungen geschafft hatten, die in Stuttgart Mangelware waren. Rommel und Gann äußerten Zweifel und forderten Beweise, mussten wenig später aber erleben, wie sich die Vorwürfe konkretisierten.

Ein Mitarbeiter der Wohnungsbehörde legte gegenüber der Staatsanwaltschaft ein Geständnis ab. Ein Kollege von der Stuttgarter Ausländerbehörde wurde vorübergehend festgenommen. Da war es ein schwacher Trost, dass zur selben Zeit auch in Hannover und Hamburg, in Heilbronn und Mühlacker die Staatsanwälte in Verdachtsfällen gegen Beamte ermittelten.

Auch als Rainer Vögele ins Visier der Staatsanwaltschaft geriet, konnte er auf die Unterstützung des Oberbürgermeisters zählen. Der Chef der Messegesellschaft, der sich wiederholt als Macher-Typ bewiesen und große Veranstaltungen nach Stuttgart geholt und organisiert hatte, war plötzlich der fremdnützigen Untreue verdächtig. Es wurde ihm also nicht etwa der Vorwurf gemacht, sich selbst mit Steuergeldern bedient zu haben, sondern öffentliche Gelder entweder fahrlässig oder absichtlich zum Vorteil von Geschäftspartnern der Stadt verschleudert zu haben.

Plötzlich ging es im Zusammenhang mit der in Stuttgart ausgetragenen Radweltmeisterschaft um Schwarzkonten im Ausland, Strohmänner und Scheingeschäfte. Es sollte sich herausstellen, dass Vögele sich zu weit in die Grauzonen eines trickreichen Sportgeschäftes begeben hatte – vielleicht auch die Grenzen der Legalität überschritten hatte. Rommels Mann für schwierige Operationen jenseits der klassischen Verwaltungsfelder, sein Beauftragter für die Zusammenarbeit mit Funktionären bei Sportveranstaltungen und mit Fachverbänden bei Gartenbauausstellungen, der einzige wirkliche Manager der Stadt, stand öffentlich am Pranger. Der Gemeinderat bildete einen Akteneinsichtsausschuss, eine Art von Untersuchungsausschuss, um die Vorwürfe gegen Vögele zu prüfen.

Rommel selbst wurde nicht müde, den Vorgang kleinzureden und Vögele als besonders tüchtigen Mitarbeiter zu loben. Dennoch veranlasste er ihn, einen von der Staatsanwaltschaft Stuttgart erwirkten Strafbefehl anzunehmen, um die Überprüfung bei einer Gerichtsverhandlung zu vermeiden. Er brauche, sagte Rommel damals, Vögeles ganze Arbeitskraft für die Organisation der Leichtathletik-Weltmeisterschaft und der Internationalen Gartenbauausstellung. Deshalb empfahl er Vögele die Annahme des Strafbefehls, obwohl der Jurist Rommel der Meinung war, dass die Verhandlung wahrscheinlich einen Freispruch gebracht hätte. Vögele nahm an – und konnte sich später nie mehr ganz von dem Makel befreien. Diese unerfreuliche Geschichte, ließ Rommel später immer wieder wissen, belaste sein Gewissen bis heute.

Man könnte auch sagen: Die unvermutet ausgebrochene Agilität der Staatsanwaltschaft und ihr plötzlich erwachtes Interesse an fremdnütziger Untreue bildeten eine gewisse Zäsur in Rommels Betrachtungen über das Verhältnis von Verwaltung und Justiz. Das wurde auch deutlich, als die Staatsanwälte gegen den Generalintendanten der Württembergischen Staatstheater ermittelten.

Auch Wolfgang Gönnenwein wurde Untreue vorgeworfen. Im Dschungel der komplizierten Haushaltsproblematik bei dem von Land und Stadt finanzierten Musentempel habe er die Übersicht verloren und das Budget überzogen, urteilte Rommel in späteren Jahren. Die Staatsanwälte hielten Gönnenwein vor, er habe in den Haushalten 1987 bis 1991 um bis zu fünf Millionen Mark überzogen, das Geld zwar keineswegs privat kassiert, es aber für „nicht unabwendbare" Dinge in den Staatstheatern ausgegeben. Dabei handle es sich um einen Verstoß gegen seine Pflicht zur korrekten Haushaltsführung.

Alle Welt redete von der „Bugwelle" an Kosten, die das Flaggschiff des Stuttgarter Kulturbetriebs verursachte. Rommel und der Vorstandschef der Landesgirokasse Stuttgart, Walther Zügel, gerieten ebenfalls ins Visier der Staatsanwaltschaft. Deren Verdacht war, dass Zügel mit Wissen des Verwaltungsratsvorsitzenden Rommel den Staatstheatern einen zinslosen Kredit gewährt habe, mit dessen Hilfe das Budget überzogen werden konnte.

Als die Staatsanwaltschaft in einer spektakulären Aktion nicht nur in den Staatstheatern Durchsuchungen vornahm, sondern auch in Rommels Büro und in der Landesgirokasse Akten sicherstellte, war die Empörung des Oberbürgermeisters riesengroß. Nur einen Tag nach der Sichtung der Akten trat die Staatsanwaltschaft aber schon wieder den Rückzug an. Die Sache mit dem Kredit bestätigte sich nämlich nicht. Der Plan, damit Gönnenweins Finanzmisere zu beseitigen, war zwar tatsächlich verfolgt worden, stellten die Staatsanwälte fest. Er sei aber verworfen worden. Die Bank habe als Sponsorin einen „erheblichen Betrag" ausbezahlt, ohne eine Rückzahlungspflicht zu vereinbaren. Einen Verstoß gegen das Haushaltsrecht und Beihilfe zu einer etwaigen Haushaltsuntreue konnten die Staatsanwälte Rommel und Zügel damit nicht mehr vorwerfen.

Sie ermittelten in der Folge nur noch gegen Gönnenwein, der aber nach wie vor Rommels Vertrauen genoss. Die künstlerische und technische Steuerung so großer Staatstheater sei eben schwierig, erklärte Rommel, und Gönnenwein sei Musiker, kein Jurist. Die

Staatsanwaltschaft werde auch noch erkennen, dass der Generalintendant unschuldig sei. Mit Aufatmen reagierte Rommel auf die Einstellung der Ermittlungen gegen ihn selbst. Jeder habe doch gedacht, er habe Geld der Stadt gestohlen.

Das plötzliche Augenmerk der Staatsanwälte für das Delikt der fremdnützigen Untreue werde langsam, aber sicher zu einem Problem für die Oberbürgermeister, grollte Rommel. Er fürchtete, dass dadurch der Tatendrang seiner Kollegen leiden könnte. Doch Stadtoberhäupter mit Angst hätten einen schweren Stand. Das Volk möge keine Hasenfüße, schrieb Rommel, und wenn eine Stimmung gegen den OB entstehe, werde seine Autorität beschädigt. Er selbst musste so eine Stimmung gegen sich allerdings selten befürchten.

In Phasen, in denen bei den leitenden Mitarbeitern alles wie von alleine lief, gewann Rommel Zeit, um seiner Neigung zum Grübeln und Wägen der Dinge nachzukommen, um sich auf das Wesentliche seiner Aufgabe zu besinnen. Ein OB in der Großstadt dürfe sich nicht von den vielen Details des Verwaltungsgeschäftes aufzehren lassen, fand er heraus.

Wenn er gelassen und ruhigen Schrittes durch die Rathausflure ging, schien er wie ein Mann zu sein, der das Ticken der Uhr nicht hört und seine Termine spielend im Griff hat. In Wirklichkeit besaß er eine innere Uhr, mit deren Hilfe er laufend den aktuellen Stand bei der Absolvierung seines Arbeitsplanes kontrollierte. Er hielt viel auf Pünktlichkeit. „Zeit war für ihn wie ein Geschenk, mit dem er gelassen, aber sorgfältig umzugehen wusste", urteilte der frühere Erste Bürgermeister Rolf Thieringer.

Was niemand ahnte: Die Lektüre all der Dinge, die Rommel hätte lesen sollen, konnte er schon viele Jahre vor seinem Abschied nicht mehr bewältigen. Es wurde einfach zu viel. Das anfängliche Rinnsal der Papiere und Informationen sei im Lauf der Jahre zum reißenden Strom angeschwollen, wofür Rommel die zunehmende Verbreitung der Faxgeräte und der Kopiergeräte verantwortlich machte, mit deren Hilfe jeder jedem zu allen Zeitpunkten alles zuspielen konnte.

Die Potenzierung durch den Siegeszug der E-Mails wenigstens ist Rommel im Amt erspart geblieben. Dennoch beurteilte er es als „völlig unrealistisch", alles zu lesen, was ihm vorgelegt wurde. Hätte er alles gelesen, schrieb Rommel 1998 überzeichnend, wäre er 1996 noch mit den Papieren des Jahres 1986 beschäftigt gewesen. Daher sei er dazu übergegangen, manches nach mehr oder weniger langer Ehrfurchtsbezeugung nur noch abzuzeichnen. Seine Vorzimmerdamen allerdings hätten noch 1996 die Hand dafür ins Feuer gelegt, dass „er wusste, was er unterschrieb".

Das Aus- und Vordenken, das Um- und Querdenken, das Nach- und Überdenken sowie das Zu-Ende-Denken sind Rommel unter diesem Druck immer schwerer gefallen. Ein OB in der Großstadt müsse sich aber nicht um zu viele Details kümmern und auch nicht um Taktik, sondern um Strategien, hielt Rommel fest. Bei der Bestimmung seiner Aufgabe fühlte er sich bei den Franzosen fündig geworden, bei denen es heiße: „Gouverner c'est prévoir – Regieren heißt voraussehen". Zur richtigen Balance mag ihm auch der frühere Bundespräsident Theodor Heuss verholfen haben, den Rommel mit dem Ausspruch zitierte: „Ich regiere nicht, ich bilde Atmosphäre."

Der Erfolg gab Rommel recht. Auch die allermeisten Stadträte honorierten seine Art. Sogar die von ihm oft trocken in die Schranken gewiesenen Republikaner kamen nicht umhin, Rommel aus Anlass seines 80. Geburtstags als ehemaligen OB zu würdigen. Er sei auf Ausgleich und Harmonie bedacht gewesen, er sei ein untadeliger Mann. Dabei hatte es Rommel im Jahr 1989, als die rechtsradikalen Republikaner ausgerechnet in den Gemeinderat der liberalen Stadt Stuttgart eingezogen waren und dies auch noch mit sechs Stadträten, nicht an Zeichen der Missbilligung ihrer Verhaltensmuster fehlen lassen.

Die Rommel'sche Eigenart, mit trockenem Witz einen unmissverständlichen Kommentar zum Sitzungsverlauf abzugeben und dann schnell wieder zur Tagesordnung überzugehen, richtete sich jetzt nicht selten gegen manche der Republikaner. Andererseits trat Rommel dem Eindruck entgegen, dass der Untergang des Abendlandes zu befürchten wäre. Immerhin gebe es eine Rechtsordnung für alle, auch für die Republikaner, ließ er wissen. Asylbewerber müssten nicht schon deshalb mit der Ablehnung ihrer Anträge rechnen, weil neuerdings Republikaner im Gemeinderat säßen, signalisierte er. Gewisse Gruppierungen müsse man in einem freiheitlichen

Staat eben ertragen. Das sei der Preis der Freiheit. Im Übrigen äußerte er die Hoffnung, „dass wir nicht ständig eine Faschismusdebatte führen müssen". Diese Hoffnung erfüllte sich im Großen und Ganzen, aber leider nicht immer.

Mitunter unsägliche Wutausbrüche mancher Rep-Stadträte, die schwerlich anders, denn als krankhaft beurteilt werden konnten, wurden im Gemeinderat mit betretenen Gesichtern zur Kenntnis genommen und in der Regel nicht durch übertriebene Beachtung aufgewertet. Die starke Rep-Präsenz im Rathaus führte allerdings zu dem Problem, dass das bürgerliche Lager unter Einberechnung dieser Außenseiter nach Jahren des Schwächelns wieder Mehrheiten bilden konnte. Das wurde nicht nur für die bürgerlichen Gruppierungen zu einem etwas peinlichen Umstand, zumal man ja nicht immer der Unterstützung durch die stramm rechten Kollegen vorbeugen konnte – die neuen Verhältnisse liefen im Grunde auch den Neigungen Manfred Rommels zuwider, sich Mehrheiten bei den angestammten demokratischen Gruppierungen durch geschicktes Werben und Moderieren von Fall zu Fall zu besorgen.

Er konnte das. Es war sein Metier. Die Überzeugungskraft seiner Persönlichkeit machte es möglich, dass er aus unklaren Mehrheitsverhältnissen im Gemeinderat noch Stärke schöpfen konnte. Viele andere Oberbürgermeister hätte das in Schwächephasen gestürzt.

Viele Akteure im Gemeinderat erfreuten sich der Wertschätzung Rommels, der sich hier in seinem Element fühlte, weil man im Gemeindeparlament praxisorientierter zu Werke gehen muss als in der Landespolitik. „Je länger ich OB war, desto fester ist mein Vertrauen in die Leistungsfähigkeit der Demokratie geworden", schrieb er. Rommel versuchte allerdings auch, pragmatisch vorzugehen und nicht nachtragend zu sein, denn jahrelang immer wieder alte Konflikte hervorzuholen und weiterzuspinnen, schien ihm ein nutzloses Verhalten zu sein. Dennoch musste er in den späten Jahren seiner Ägide von Stadträten, Repräsentanten des öffentlichen Lebens und Interessengruppen das eine oder andere, mehr oder weniger freundlich verpackte, Widerwort hinnehmen.

GEBURTSHELFER FÜR EIN PROBLEM: STUTTGART 21

Manfred Rommel begeisterte sich üblicherweise nicht gleich für ein Projekt, für das man ihn gewinnen wollte. Für das Bahn- und Städtebauprojekt Stuttgart 21 aber hat er sich von Anfang an und bis zum Baubeginn, bei dem er längst Pensionär war, ins Zeug gelegt. Mag sein, dass ihm die Tieferlegung der Hauptbahnhof-Gleise besonders sinnfällig erschien, weil die Idee nicht irgendwo in den vermeintlich höheren Sphären der Bundespolitik geboren worden war, sondern mit einer Schwaben-Connection in Verbindung stand.

Ein schwäbischer Unternehmer an der Spitze der Deutschen Bahn, nämlich Heinz Dürr, ein bodenständiger Ministerpräsident in der Villa Reitzenstein, nämlich Erwin Teufel, und ein moderner, Agilität demonstrierender Schwabe im Bundesverkehrsministerium, nämlich Matthias Wissmann – wie hätte sich der Stuttgarter Oberbürgermeister noch querlegen können, wenn so ein Trio die Gleisstränge quer und tiefer unter den historischen Bahnhofsbau legen wollte? Zumal nach Jahren, in denen die Vertreter der Wirtschaft ihn ständig mit Forderungen nach Visionen und Ausbau der Verkehrswege überzogen hatten? Und während ihm sein Gesundheitszustand – die Magenprobleme und die Rückenschmerzen – die Führung der Amtsgeschäfte schwerer machte?

Welcher Mix dafür auch verantwortlich war – jedenfalls kam in der Schlussphase von Rommels Amtszeit das Projekt ins Rollen, das rund 15 Jahre später der Stadt Szenen des Aufstands und der Rebellion bescheren sollte. Oder besser: die Art und Weise, wie das Projekt angeschoben, von den Initiatoren verschleppt, neu aus dem Hut gezaubert und schließlich in einer schwachbrüstigen, weil formalisierten Bürgerbeteiligung der Realisierung näher gebracht wurde. Zu einem Zeitpunkt, als nicht wenige Menschen längst den Glauben daran verloren hatten, dass man sich mit Stuttgart 21 noch ernsthaft befassen müsste. Denn zeitweilig schleppte sich das Projekt dahin. Mehr Kurven, Kehren, Höhen und Tiefen hat ein Bauprojekt kaum erlebt, als dieses „Jahrhundertprojekt", das im Frühjahr 1994 der erstaunten Öffentlichkeit vorgestellt worden war.

Am 18. April trommelten Dürr und Teufel kurzfristig die Presse zusammen. Mit Wissmann, mit dem Landesverkehrsminister Hermann Schaufler sowie mit Rommel zündeten sie eine politische Bombe. Sie kündigten an, den weit von der Bahnstrecke Mannheim–Ulm–München entfernten Flughafen nicht etwa nur mit einer Stichstrecke an die geplante Schnellbahn-Trasse Stuttgart–Ulm anzubinden, sondern in eine Neubaustrecke zu integrieren und diese im Tunnel zu einem neuen unterirdischen Durchgangsbahnhof in Stuttgart zu führen. Der oberirdische Kopfbahnhof in seiner gewohnten Form solle aufgegeben werden. Noch handelte es sich um eine Vision, aber um eine sehr konkrete. In Geheimverhandlungen war daran gefeilt worden. Die Verblüffung des Publikums war daher groß. Dabei waren schon früher Weichen gestellt worden.

Bereits in den 1980er-Jahren hatte man sich in Stuttgart den Kopf zerbrochen über die künftige Schnellbahn-Magistrale Paris–Budapest. Um die Ein- und Ausfahrten in den Kopfbahnhof zu vermeiden, wurde ein neuer Fernbahnhof in Cannstatt oder beim Rosensteinpark erwogen – und verworfen. 1988 veröffentlichte der Verkehrswissenschaftler Gerhard Heimerl dann Überlegungen, für die er heute „Vater" von Stuttgart 21 genannt wird. Sie sollten den

1994 präsentiert Rommel mit Heinz Dürr, Erwin Teufel, Matthias Wissmann und Hermann Schaufler das Projekt Stuttgart 21.

Ideen der Bahn-Planer für die Ertüchtigung der Neckar- und Filstal-Trasse später immer mehr den Rang ablaufen.

Der Schnellbahnverkehr wird, so lautete Heimerls Idee, in einen Durchgangsbahnhof unter dem Hauptbahnhof verlegt, diesen verbindet ein Tunnel mit dem Flughafen. Die Neubaustrecke verläuft von dort auf einer neuen Trasse meist neben der Autobahn nach Ulm. Der Regionalverkehr bleibt in Stuttgart oben.

Im September 1992 beschäftigte die Heimerl-Trasse das Landeskabinett. Im Herbst wollte sich auch die Bahn entscheiden. Doch die plagten noch viele andere Probleme. Vorübergehend wurde es wieder etwas ruhiger um das Projekt. Irgendwann Anfang 1994, als der Stuttgarter Heinz Dürr im Führerstand der auf die Privatisierung zusteuernden Bundesbahn war, fiel bei dem vormaligen Fabrikanten und bei Verkehrsminister Wissmann der Groschen. Von einem Flugzeug, so besagt es die S-21-Legende, blickten sie auf die Stadt und erkannten, dass durch die Beseitigung des kompletten Kopfbahnhofs eine gewaltige Fläche für ein zweites Stadtzentrum freizumachen wäre. Die Grundstücke sollten das Geld für den Bau des neuen Bahnhofs liefern. Der Plan für die technische Lösung verschmolz mit der Finanzierungsidee.

Noch wusste die Öffentlichkeit davon nichts. Im März 1994 aber wurde eine „verbindliche Übereinkunft" zwischen Dürr und Teufel bekannt, die ICE-Züge auch zum Flughafen zu führen, weil Dürr verschiedene Verkehrssysteme verknüpfen wollte. Im April 1994 enthüllten Dürr, Teufel, Wissmann und Rommel den bereits erwähnten Plan. Die allgemeine Euphorie war groß. Die Grünen im Rathaus aber misstrauten ihr.

Bis zur Realisierung, das wusste auch Dürr, gab es noch „ungeheure technische Probleme" zu meistern. Die Bahn vergab eine Machbarkeitsstudie. Im Januar 1995 lautete das Ergebnis: Das Projekt ist technisch zu bewältigen und finanzierbar, es bringt Vorteile für Städtebau und Verkehr. Es entstehe ein „neues futuristisches Tor Stuttgarts in die Welt", erklärte Teufel. Es sei „ein großer Wurf und ein Jahrhundertwerk, für das sich jeder Einsatz lohnt". Rommel bekannte, er habe in Verwaltung und Politik selten etwas gelesen, was ihn so überzeugte. Und Dürr besuchte Mitte Februar 1995 stolz wie Oskar die Redaktion der „Stuttgarter Nachrichten". Zufrieden lehnte er sich zurück. Er lächelte. Die Art und Weise, wie er mit wichtigen Politikern das große Vorhaben präsentiert hatte, sei ganz wichtig gewesen, sagte er damals. Hier handle es sich um ein gutes Beispiel dafür, „wie man solche Großprojekte vorstellen muss“ – in einer „überfallartigen“ Aktion. Dadurch könne die Sache vorher nicht zerredet werden.

Unter die Zustimmung in der Öffentlichkeit mischten sich zu der Zeit ein wenig Skepsis und nur vereinzelte Gegenreden. Ähnlich wie nach der Detonation der politischen Bombe 1994 krankte der Geist des Widerstands zunächst an einem Mangel an belastbaren Tatsachen. Für die Zweifel waren vorwiegend die Grünen zuständig. Sie schlugen ähnlich wie ursprünglich Heimerl einen Kombibahnhof mit Schnellverkehr im viergleisigen Tunnelbahnhof und Regionalverkehr im alten Kopfbahnhof vor – was 16 Jahre später der Schlichter Heiner Geißler aufgriff, als bei den Grünen dieser Zug längst auf dem Abstellgleis war.

Erst gegen Ende 1995 bahnte sich eine Rahmenvereinbarung von Bund, Bahn, Land, Stadt und Region Stuttgart an, mit der die Finanzierung und die bauliche Realisierung Gestalt annahmen. Langsam kam auch der Protest in Fahrt. Das Umweltbündnis Umkehr Stuttgart kämpfte für die Beibehaltung des Kopfbahnhofs mit verbesserten Zu- und Ablaufstrecken oder allenfalls noch einem Kombibahnhof mit Tunnel zum Flughafen. Zehn Architekten warfen der Stadt vor, sie sichere einem Privatunternehmen wirtschaftlichen Gewinn aus einem Grundstücksgeschäft zu. Bauleitplanung werde zu Gefälligkeitsplanung. Auch der Verkehrsclub Deutschland attackierte die Zusage der Stadt, bis Juli 1997 einen städtebaulichen Rahmenplan vorzulegen, der auf 100 Hektar Fläche Wohnungen für 11 000 Einwohner und 24 000 Arbeitsplätze ermöglichen sollte.

Die Vereinbarung kam dessen ungeachtet zustande. Im Mai 1996 sah sich unter anderem die Evangelische Kirche zu der Mahnung veranlasst, dass „Bürger nicht nur als Hindernis bei der Durchführung des Projekts betrachtet werden sollten“. Später wurde zwar an vielen Abenden und in vielen Gruppen über städtebauliche Feinheiten und den Entwurf des Rahmenplans diskutiert – oft aber mit mäßiger Resonanz. Die von der Stadt angebotene Bürgerbeteiligung wurde als unzulänglich kritisiert.

Der Protest war aber noch immer ein schwaches Lüftlein. Viel kreative Einbindung der Bürger gab es auch danach nicht. Aber viel Formalismus: Planauslegungen und Fristen, die die Bahn-Planer, Umweltverbände und Juristen beschäftigten. Ende 1997, als der Entwurf für den Bahnhof gekürt war, und Rommel das erste Jahr im Ruhestand schon fast hinter sich hatte, erhielt der Protest erst ein konkretes Feindbild. Doch selbst hartnäckige Gegner des Projekts glaubten nicht an die Realisierung. Wachsende Kostenschätzungen und Kostenrisiken schienen dagegenzusprechen. Manchen Befürwortern kam das Schnellbahnprojekt der vielen prozessualen Kurven und Kehren und der personellen Wechsel ebenfalls wie eine Fata Morgana vor. Dürrs Nachfolger Johannes Ludewig stoppte es 1998. Es sei, so erläuterte er 2009, „für die Bahn schlicht zu teuer und zu groß gewesen".

Ludewig ging 1999, die Vision blieb. Nachfolger Hartmut Mehdorn legte für sie den Hebel wieder um, als Ministerpräsident Günther Oettinger ihm 950 Millionen für die Strecke nach Ulm und mit Risikoübernahme insgesamt 1,3 Milliarden für Stuttgart 21 zugestand – in Euro, nicht mehr in Mark. Als Mehdorns Nachfolger Rüdiger Grube und Oettingers Erbe Stefan Mappus 2010 volle Kraft voraus gaben und den Bahnhofsbau beginnen lassen wollten, bekamen sie es mit einer Bürgerwut zu tun, die den Befürwortern ungerecht vorkam. Und irgendwie überfallartig.

Manfred Rommel verfolgte das Geschehen in jenen Tagen in seinem Haus in Sillenbuch mit wachsender Besorgnis, sprach sich erneut für das Projekt aus und missbilligte, dass dieses wiederholt von parlamentarischen Mehrheiten beschlossene Vorhaben zum Spielball einer nicht legitimierten Masse wurde.

WACHSENDE KRITIK AM DENKMAL ROMMEL

Würde es ein Stuttgart ohne Rommel als Oberbürgermeister geben können? Viele fragten sich das Ende 1996 bange, obwohl doch sonnenklar gewesen war, dass der Tag des Abschieds kommen würde. Mit 68, das hatte Manfred Rommel oft genug angesprochen und in etwas gespielter Zerknirschung beklagt, sei man vom Gesetzgeber als OB zum Abdanken gezwungen. Doch vieles sprach auch dafür, dass die Zäsur inhaltlich richtig sei.

Manfred Rommel im Dezember 1989: 14 Jahre ist er jetzt schon OB in Stuttgart – aber die härteren Jahre der Wirtschaftskrise kommen erst noch.

War vielleicht schon das Jahr 1988 der Höhepunkt der Rommel-Begeisterung gewesen, ohne dass die Stuttgarter die nahende Umkehrung des Trends erkannten? Am Vorabend seines 60. Geburtstags am Heiligen Abend des Jahres 1988 hatte sich im Rathaus eine Festgesellschaft zusammengefunden, die Rommel und seine Frau mit Würdigungen und Ehrungen überhäufte. In einem Maß und einer Qualität, wie es die beiden kaum zu hoffen gewagt hatten. Weil er sich früher eigentlich für ziemlich ungeeignet gehalten habe, mit breiten Bevölkerungskreisen umzugehen, sei er heute zufrieden und überrascht von dem Grad der Bekanntheit und Anerkennung, die er genieße, gestand Rommel.

Selbst Ministerpräsident Lothar Späth, mit dem er den einen oder anderen Strauß ausgefochten hatte, erwies ihm bei der Überreichung des Großen Bundesverdienstkreuzes mit persönlichen Worten seine Reverenz. Wie kaum ein anderer könne Rommel mit wenigen Worten Wahrheiten aussprechen, die in der Luft lägen, aber von anderen noch nicht ganz realisiert und formuliert würden.

Aber schon anno 1991 kam es zu gelegentlichen Trübungen im Verhältnis zwischen Rommel und dem Gemeinderat. Manche Sit-

Frühe Auszeichnung: An Rommels 50. Geburtstag im Jahr 1978 überbringt Ministerpräsident Späth ihm das Bundesverdienstkreuz.

zungen strotzten von gegenseitigen Schuldzuweisungen. Unproduktive Diskussionen waren zeitweise eher die Regel als die Ausnahme. Auch langjährige Beobachter der Kommunalpolitik erinnerten sich kaum an vergleichbare Vorgänge.

Die SPD-Fraktionsvorsitzende Helga Ulmer brachte das Fass zum Überlaufen. Die Ankündigung ihrer Landtagskandidatur verband sie mit Kritik an anderen Fraktionen und an der Verwaltungsspitze, einschließlich den Bürgermeistern mit dem Parteibuch der SPD. Ulmer bemängelte, dass die Aktivitäten der Verwaltung unkoordiniert seien, dass es einen Mangel an Führung gebe und dass sich in den Referentensitzungen jeder Bürgermeister nur um seine eigenen Anliegen kümmere. Sie wünschte sich fürs Rathaus einen Koordinator, der für frühzeitigere Beteiligung der Fraktionen sorgen, das Durchsetzbare ermitteln und so die Konfrontationen in den Gremien abbauen sollte.

Rommel wies die diversen Vorwürfe zurück: Die Verwaltungsspitze halte sich „nicht für kopflos". Die Landeshauptstadt verfüge über eine gute Verwaltung und gute Bürgermeister. Allerdings hätten in der hiesigen Kommunalpolitik „nicht alle denselben Kopf auf", wiewohl in dem „durch Volkes Willen auf das Seltsamste zusammengesetzten Gemeinderat" Kompromissbereitschaft geboten sei. Mehr und mehr Politiker gingen, nicht nur im Stuttgarter Gemeinderat, dazu über, Bedingungen für ihre Zustimmung zu formulieren und bei unvollständiger Erfüllung „dagegen zu stimmen", klagte Rommel. Er ließ keinen Zweifel daran, dass nach der Gemeindeordnung auch die Stadträte für die Erledigung der Verwaltungsgeschäfte verantwortlich seien. » WER JEDERMANNS LIEBLING SEIN WILL, WIRD ZU JEDERMANNS DACKEL. «

Rommel machte deutlich, dass er das Heft in der Hand behalten wolle. Es gehe ihm gesundheitlich gut, und den Wählerauftrag vom November 1990, Stuttgarts Verwaltung zu leiten, wolle er keineswegs frühzeitig zurückgeben. Die neueren Aufregungen erklärte er sich nicht nur mit den schwierigen Mehrheitsverhältnissen im Gemeinderat, sondern auch mit einer Häufung wichtiger und aufregender Entscheidungen. „Jetzt sollte man sich wieder abregen und keine großen Sprüche machen", forderte er. Er sei auch zuversichtlich, dass dem Gedanken der Gesamtverantwortung für Stuttgarts Geschicke bald wieder ein höherer Stellenwert eingeräumt werde. Eines sei freilich auch klar: „Ich kann nicht Valium austeilen." » DIE VERWALTUNG HAT DIE BESONDERE GABE, SICH DORT HINZUSTELLEN, WO MAN OHRFEIGEN BEKOMMT. «

Bald kündigte er an, er wolle mehr Zuständigkeiten vom Gemeinderat auf die Verwaltung übertragen. Sein Vorschlag an die Stadträte: Ein Wirtschaftsberatungsunternehmen solle die Möglichkeiten aufzeigen. Dies berge ein „beachtliches Potenzial für Rationalisierung und Kosteneinsparung" und müsse nicht zu einem Machtverlust für den Gemeinderat führen.

Eine Stabsstelle für den OB oder eine Zentralstelle, von der sich manche Stadträte, auch solche der CDU, bessere Koordination in der Verwaltung versprachen, lehnte der OB strikt ab.

Ein Stab oder eine größere Zentralstelle sei ein Mittel, „jede Dynamik aus der Stadtverwaltung entweichen zu lassen". Das „Prinzip der weitgehenden Freiheit der Bürgermeister" habe sich bewährt. Eine Stabsstelle jedoch unterbreche die Verbindung zwischen den Ämtern und der Verwaltungsspitze. Allerdings gebe es heute

„manchmal Kommunikationsschwierigkeiten zwischen Bürgermeisterbank und Fraktionen", sagte Rommel, womit der den Ball an die Parteien zurückgab, denen seine Bürgermeister angehörten.

Die „Politik" im Rathaus, also der Gemeinderat, verzettele sich zunehmend in Details, klagte Rommel bei einer seiner Pressekaffee-Veranstaltungen auch. Dadurch werde sie nicht mächtiger. Vielmehr ziehe sie alle Beschwerden, Klagen und Frustrationen der am Einzelfall Interessierten auf sich, ohne deren Erwartungen auch nur entfernt erfüllen zu können. Der Gemeinderat sei zwar eine Volksvertretung, aber gerade deshalb kein Potentat. Er überschwemme die Verwaltung mit immer mehr Anfragen und Anträgen. Im Jahr 1982 seien es noch 175 gewesen, 1991 bereits 687. Die Beantwortung sei „ein Saugeschäft". Um den Dienst am Bürger nicht zu vernachlässigen, müsse die Verwaltung die Antworten künftig kurzfassen oder eine grundlegende Änderung dieser Praxis erwägen.

Die Stadträte rief Rommel dazu auf, offene Fragen durch Telefonanrufe zu klären. Um in den Zeitungen erwähnt zu werden, müssten sie nicht unbedingt den schwerfälligen Anfrage-Weg beschreiten. Überhaupt stehe es Politikern nicht gut an, eigens „etwas zu machen, damit die Journalisten etwas berichten". Den Bezirksbeiräten könnten die Ämter außerdem nicht mehr in jedem Fall Vertreter in Sitzungen schicken.

Dem OB war vor allem auch die Zahl der Sitzungsstunden des Gemeinderats zu hoch. Das Gremium müsse Ballast abwerfen, delegieren, administrative Details vergessen und zu einer „Verwesentlichung der Politik" kommen. Leider habe Stuttgart nach der Gemeindeordnung eine Verfassung „wie das kleinste Dorf", dabei erfordere seine Größe eine andere Qualität der Organisation, des Verfahrensablaufs und der Geschäftserledigung. Immerhin könne der Gemeinderat gemäß Gemeindeordnung mehr Aufgaben an den OB übertragen – etwa Personalangelegenheiten, bei denen es nicht um leitende Mitarbeiter gehe. Widerspruch der Ratsfraktionen war dem OB gewiss, hatten die Stadträte doch ihrerseits zunehmend über unkoordinierte Arbeit der vielen Ämter geklagt. Der Tenor: Bei solcher Verwaltungsarbeit könne der Rückzug aus der Erörterung von Details gravierende Folgen haben.

Dass Rommel die Hauptschuld für die Reibungsverluste eindeutig beim Gemeinderat suchte und seine Verwaltung weitgehend schonte, stieß bei den Stadträten auf Unverständnis. Die Grünen-Sprecher Dietmar Reinborn und Edda Meyer zu Uptrup formulierten, was so mancher dachte: „Die Verwaltung ist zurzeit nicht in der Form, dass sie weitere Aufgaben effektiv bewältigen könnte." Rommel möge von Wirtschaftsberatern auch die Verwaltung unter die Lupe nehmen lassen, nicht nur die Möglichkeiten, Aufgaben auf den Oberbürgermeister zu übertragen.

Vielleicht müsse die Zuarbeit für den OB ja tatsächlich dem Persönlichen Referenten vorbehalten bleiben oder dem Hauptamt abverlangt werden, meinte der SPD-Fraktionsvize Rainer Kußmaul. Auf jeden Fall fehle „ein Hans-Dampf-in-allen-Gassen, der den Ämterdurchlauf von Vorlagen beschleunigt". Im Rathaus werde eben nicht koordiniert. Viele Referate werkelten nebeneinander her. Kaum habe man ein Thema in die Verwaltung „eingespeist", sei es „wie im Bermuda-Dreieck" verschwunden.

Unzufrieden waren Kußmaul und seine Genossen auch mit den Beschlussvorlagen, auf deren Zuverlässigkeit die Stadträte besonders angewiesen sind, wenn sie sich aus den Details zurückziehen sollen. „Oft sind diese Vorlagen nicht sehr brauchbar. Wir können bei dieser Lage nicht einfach allem zustimmen." Mathematik-Dozent Kußmaul setzte hinzu: Wenn sich der Gemeinderat vernünftigerweise auf die großen Dinge zurückziehen solle, dann müsse die Verwaltung „um Zehnerpotenzen besser werden".

RINGEN UM EINE NEUE VERFASSUNG FÜR DIE REGION

Nicht nur im Gemeinderat, auch außerhalb des Rathauses wurde Kritik am Ablauf und am Ergebnis kommunalpolitischer Entscheidungen geübt. So beklagte 1991 die Landesarchitektenkammer, dem Städtebau und der Architektur würden viel weniger Aufmerksamkeit und Vorbereitungszeit gewidmet als den wirtschaftlichen Projekten. Zur gleichen Zeit sägten der Präsident der Industrie- und Handelskammer des Mittleren Neckarraums, Hans Peter Stihl, und sein Mitstreiter Berthold Leibinger zunehmend direkter am Rommel-Denkmal und kreideten dem weltweit respektierten Oberbürgermeister Versäumnisse an.

Dem Wirtschaftsstandort Stuttgart mochten sie keine Spitzenqualität mehr bescheinigen. Die Infrastruktur lasse zu wünschen übrig. Die chronischen Staus auf den Autobahnen führte die IHK nicht nur auf die Zunahme des Schwerlastverkehrs zurück, sondern auch auf Versäumnisse bei der Erneuerung des Straßennetzes. Prompt wurde es als Menetekel für den Abzug von Unternehmen bewertet, dass eine Daimler-Benz-Tochterfirma ihren Unternehmenssitz nach Berlin verlegte, wobei allerdings unterschlagen wurde, dass Deutschland sich nach dem Zusammenbruch der DDR in jenen Jahren sozusagen neu zentrierte.

Rommel, so der Vorwurf, habe die Führungsrolle, die dem Stuttgarter Oberbürgermeister in der Region zukomme, nicht angemessen wahrgenommen. Dabei hatte der Gescholtene schon bald nach seinem Amtsantritt den Nachbarschaftsverband Stuttgart aus der Taufe gehoben, um die Zusammenarbeit zwischen der Landeshauptstadt und ihren Nachbarn zu verbessern. » Es kommt nicht darauf an, im Moment Applaus zu bekommen, sondern dass man wiederkommen kann, ohne den guten Namen verloren zu haben. «

Gleichwohl ließ sich nicht übersehen, dass die Kleinstaaterei in der Region Stuttgart mit 179 Städten und Gemeinden sowie die Zersplitterung der Kompetenzen zunehmend Schwierigkeiten bereitete. Sie war ein Hindernis geworden bei dem Versuch, die wirtschaftlich bedeutsame Region Stuttgart im Wettbewerb mit anderen Regionen besser aufzustellen. Zudem ergab sich daraus der Zustand, dass Stuttgarts Anrainer im „Speckgürtel" um die Landeshauptstadt herum mancherlei Vorteile aus der großen Nachbarin zogen, die Finanzierung der Zentrumsaufgaben Stuttgarts aber nach Auffassung von Rommel und nach Auffassung der IHK mehr schlecht als recht durch die gewohnten Zuweisungen des Landes unterstützt wurde.

Der Ruf nach einem aktiven Beitrag des Umlands wurde lauter. Es müsse endlich zu gemeinsamen und gemeinsam finanzierten Aktivitäten etwa auf dem Gebiet der Tourismusförderung kommen, verlangte die IHK. Außerdem wurde der Mangel an bezahlbaren Wohnungen in Stuttgart zunehmend als Hemmnis begriffen.

Die Stimmung der IHK-Funktionäre war also im Keller, doch auch das Lebensgefühl vieler Privatleute krankte längst an Geißeln wie Immobilienspekulanten, die mit harten Bandagen um Gewinne kämpften. Sogar große Mietshäuser kauften sie auf, drängten die angestammten Mieter oft genug mit rüden Methoden zum Auszug und verkauften die Wohnungen einzeln mit erklecklichen Gewinnen. Stadtverwaltung und Gemeinderat taten sich äußerst schwer mit Gegenmaßnahmen. Mietwohnungen, in der Großstadt ohnehin Mangelware, waren noch schwieriger zu bekommen, und wenn, dann zu hohen Preisen. Manche Wohnungssuchenden flüchteten sich mit Hilfe von Bankdarlehen in den Kauf von Eigentum.

Nicht wenige Stuttgarter verloren auch die Contenance, weil zeitweilig Asylbewerber und Aussiedler in großen Scharen in ihrer Stadt strandeten. Die Asylunterkünfte und Übergangswohnheime hätten die Bürger gern in weiterer Entfernung von ihren Gartenzäunen gesehen. Doch in der von Hügeln eingeschnürten Stadt herrschte schon seit Jahrzehnten chronischer Platzmangel.

Auch sonst kämpfte man mit Problemen. Über dem windarmen Talkessel hing oft dicke Luft, mit Schadstoffen angereichert von Hunderttausenden von Autos, die täglich ein- und ausfuhren und über keine vernünftige Anlage zur Abgasreinigung verfügten. Kurzum: Manchmal und mancherorts herrschten raue Sitten. Die Hybris der Großstadt regierte Stuttgart. Da und dort blitzte Bürgerwut auf, obwohl der Wutbürger noch ein unbekanntes Wesen war.

Auch Rommel und seine Stadtverwaltung bekamen den Unmut zu spüren, kurz vor der OB-Wahl Ende 1990. Der Grünen-Landtagsabgeordnete Rezzo Schlauch, der gegen Rommel antrat, surfte auf einigen dieser Wellen und schaffte es entgegen mancher Wahrscheinlichkeit, sich gegen den untypischen CDU-Oberbürgermeister Rommel ein Stück weit zu profilieren. Die Ablösung Rommels schaffte er nicht, obwohl die SPD gar nicht erst zu Rommel in den Ring gestiegen war.

Der wiedergewählte OB hielt im November 1991 vor der Schwäbischen Gesellschaft eine fast schon programmatische Rede zur regionalen Frage. Sie ließ an Deutlichkeit wenig zu wünschen übrig. Die Stuttgarter Kulturangebote, kündigte Rommel vor der heraufziehenden großen Stuttgarter Wirtschaftskrise an, seien ohne Mithilfe der Region künftig nicht aufrechtzuerhalten. Die Region müsse Wohnbau- und Gewerbeflächen zur Verfügung stellen. Über Finanzierungen habe man auch zu reden. Und mit mehr Nachdruck griff Rommel wieder die Drohung auf, die Stadt werde möglicherweise zum Jahresende 1994 den Staatsvertrag kündigen müssen, in dem die gemeinsame Finanzierung der Württembergischen Staatstheater durch das Land und die Landeshauptstadt geregelt war.

Rommel machte auch keinen Hehl daraus, dass er die „seltsamen Vorurteile" und das Misstrauen gegenüber der Landeshauptstadt, das in vielen Landesteilen herrsche und besonders von den badischen Industrie- und Handelskammern genährt wurde, als irrational beurteilte. So präsentierte sich ohne Zweifel ein vergleichsweise kämpferischer Rommel. Später setzte er sich zum Ärger der Landräte im Speckgürtel um Stuttgart für einen Regionalkreis ein, der den herkömmlichen Landkreisen ein Ende bereitet und den selbstbewussten Landräten, die als Kreisfürsten aufzutreten gewohnt waren, ihre Ämter gekostet hätte.

Dahinter verbarg sich die Idee eines einheitlichen Superlandkreises, der allerdings einen anderen Aufgabenzuschnitt haben sollte als die bisher bekannten Landkreise. Er wolle das Modell eines solchen Regionalkreises ausarbeiten lassen, kündigte Rommel an. Die Region Stuttgart sei nämlich eine Schicksalsgemeinschaft, für die alles davon abhänge, dass sich ein Regionalbewusstsein entwickle und dass Strukturmaßnahmen gemeinsam getragen und bezahlt würden. So trommelte Rommel zwar für eine Neuordnung, doch die ganz starke Führungsrolle in der Region, zu der ihn die IHK-Repräsentanten drängen wollten, nahm er nie an. » WER MEHR SAGT ALS ER WEISS, RISKIERT, DASS ER LÜGT. «

Am Ende steuerte die Region unter der Moderation von Ministerpräsident Erwin Teufel eine kleine Lösung an, für die man ein wenig Maß genommen hatte am Umlandverband in Hannover. Der neue Verband Region Stuttgart erhielt die nötigsten Kompetenzen in Bereichen wie Regionalplanung und öffentlicher Nahverkehr. Er durfte das Geld, das er benötigte, durch Umlagen bei den Landkreisen und Kommunen schöpfen.

Er sei darüber nicht enttäuscht, sagte Rommel später, denn er habe nicht mit mehr gerechnet. Ihm sei klar gewesen: „Alles was danach aussieht, dass es Geld kostet, würde in der Regionalkonferenz auf grimmige Ablehnung stoßen. Und manche hätten es am liebsten, wenn gar nichts passieren würde." Die Idee des Regionalkreises sei höchstens für den Moment tot. Der Regionalkreis bleibe auch für andere Großstadträume interessant – als naheliegende Antwort auf die komplizierten Verflechtungen in solchen Ballungsräumen. Die OB-Kollegen in den Großstädten hätten seine schriftlichen Darlegungen sehr aufmerksam gelesen. Nur sei die Zeit dafür noch nicht reif. Außerdem sei auch ihm selbst klar gewesen, dass man den Schritt zum Regionalkreis nicht ohne weitere Prüfung tun sollte. „Aber man sollte in diese Richtung gehen." Eine Politik der regionalen Interessen und Problemlösungen müsse durchsetzbar sein und müsse finanziert werden. Er halte es daher für unerlässlich, sagte Rommel, dass das Hauptorgan des Verbandes durch Direktwahl bestimmt werde. Außerdem müssten die finanziellen Verhältnisse in der ganzen Region und die Aufgaben mit regionaler Bedeutung untersucht werden. Mit dem Ziel, zu einem gerechten Finanzierungsschlüssel zu kommen.

Das neue Regionalparlament wurde dann tatsächlich vom Volk gewählt. Auch Rommel gehörte ihm an. Zwei Jahre nach seinem Abschied als OB gab er auch den Sitz in diesem Parlament auf. Bis zuletzt verteidigte er seine Meinung, dass ein Regionalkreis die richtigere Organisationsform gewesen wäre. Immerhin, sagte er, sei binnen fünf Jahren aber auch so das Bewusstsein gewachsen, dass man in einem Boot sitze. Und die Abgeordneten des Regionalparlaments und die Verwaltung des Verbandes der Region Stuttgart setzen sich noch immer für mehr Kompetenzen, etwa auf dem Gebiet des öffentlichen Personennahverkehrs, ein.

Da und dort war also schon zu Beginn seiner dritten Amtszeit als OB Kritik an Rommel aufgeblitzt, der zwar ein glänzender Repräsentant Stuttgarts war, von manchen aber auch als schwächelnder Motor einer der wichtigsten Wirtschaftsregionen Europas betrachtet wurde. Dynamik zu entfalten, im Führerhaus des Baggers ständig neue Bauprojekte freizugeben, in der Welt neue Entwicklungen aufzuspüren und in Stuttgart nachzuvollziehen, das war wirklich nicht Rommels Stil. Rommels Replik auf die Kritik der IHK, dass es ihm an Visionen mangle, ist unvergessen: Die Vision sei die Vorstufe der

Halluzination, mithin also krankhaft und am besten zu vermeiden, konterte Rommel. Er erhob sich in der politischen Landschaft wie ein Turm und er stand für Realismus.

Aber nicht nur eine gewisse Kritik an Rommel mahnte den Stabwechsel im Rathaus an. Rückenprobleme von Beginn seiner Amtszeit an, eine Magenkrankheit mit der Folge einer Operation und die beginnende Parkinson-Erkrankung zehrten, trotz strengster Disziplin, derer er sich befleißigte, an Rommels Schaffenskraft. Die Zäsur, die vom Gesetzgeber vorgegeben wurde, schien also zumindest in diesem Fall des Sinnes nicht zu entbehren. Das fühlte auch Rommel, mochte er auch schalkhaft darüber räsonieren, dass er nur dem Gesetze weiche. Dennoch, oder vielleicht gerade deswegen, lag in Stuttgart Wehmut in der Luft. Damals, kurz vor dem Jahresende 1996. Ganz besonders am 17. Dezember. Am Tag von Rommels Abschied aus dem Amt.

DER TAG DER GROSSEN ZÄSUR – ABSCHIED VOM RATHAUS

Draußen, vor dem Opernhaus der Stuttgarter Staatstheater, blies das Heeresmusikkorps Rommel schon eine Stunde vor dem Festakt den Abschiedsmarsch. Drinnen ergingen sich Besucher, die einen Zipfel vom Mantel der Geschichte erhaschen wollten. Sie waren auch gespannt auf Helmut Kohl, den Bundeskanzler. Er kam 25 Minuten früher, posierte draußen mit ernstem Blick für die ersten Fotos des Abschieds. Er war glänzend disponiert.

Kaum hatten die Stuttgarter Philharmoniker den ersten Satz von Mozarts Sinfonie Nr. 39 gespielt, da stattete zunächst der Erste Bürgermeister Klaus Lang seinen Dank ab. Er würdigte Rommels „eiserne Pflichterfüllung“, die häufig bis an die „äußerste Grenze der Leistungskraft“ gegangen sei, auch Rommels Klugheit, Weitblick, Tatkraft, Augenmaß, Toleranz und Liberalität. Da machte ein Bürgermeister seinem Herzen, ja seiner Zuneigung Luft, der nie ein ganz großer Redner gewesen war. » EIN GEWISSES ZUFALLSERGEBNIS BEI ORDENSVERLEIHUNGEN IST UNVERMEIDLICH UND IN KAUF ZU NEHMEN. WIE GRANATEN SCHLAGEN SIE IM HINTERGRUND EIN UND TREFFEN OFT DIE FALSCHEN. «

Bundeskanzler Helmut Kohl (Mitte) verabschiedet Rommel 1996 aus dem OB-Amt. Wolfgang Schuster (links) folgt nach.

Der Kanzler aber hatte Größe, und er hauchte sie auch diesem Festakt ein. Er sorgte für einen angemessenen Schlusspunkt der Ära Rommel. Jahre zuvor, als der Stuttgarter OB seine Steuer- und Finanzpolitik kritisiert hatte, soll Kohl gesagt haben: „Die Hunde bellen, die Karawane zieht weiter." Was Rommel mit den Worten konterte: „Besser ein Hund als ein Kamel sein." Aber längst hatten die beiden seit dieser Auseinandersetzung wieder die Friedenspfeife geraucht.

Kohl muss auch viel über Rommel nachgedacht haben, sonst hätte er ihm nicht eine solche Abschiedsrede halten können: meist im freien Vortrag. Nicht unkritisch, aber manchmal fast liebevoll, jedenfalls ehrlich um das Verständnis dieses Menschen bemüht.

Ganz wenigen Politikern sei es beschieden, so eindrucksvoll verabschiedet zu werden, erwähnte Kohl fast ein bisschen neidisch und vielleicht sogar ahnungsvoll. „Sie haben es verdient", sagte Kohl in der Stunde, in der Rommel sicherlich „die Tragödie seiner Familie durch den Kopf geht". Er lobte Rommels Einsatz für die Völkerverständigung und bescheinigte ihm einen „sehr eigenen Charakter",

Vernunft, Pragmatismus, Offenheit sowie einen ebenso hintergründigen wie freundlichen und selbstironischen Humor. Nicht zuletzt aber „ein Verhältnis zur Pflicht", das offenbar auch heute noch Anerkennung finden könne. Stets sei Rommel aber auch Weltbürger gewesen. Mundart und weltläufiges Denken müssten eben kein Widerspruch sein. Ganz sicher habe Rommel viel zur Offenheit dieser Stadt beigetragen. „Stuttgart und Rommel waren ein Synonym."

Ausdrücklich dankte der Kanzler ihm für die Bemühungen um die Nichtdeutschen und um die jüdischen Mitbürger, die unter diesem „OB mit Leib und Seele" in Stuttgart in besonderer Weise wieder eine Heimstatt gefunden hätten. Mit Ironie würdigte Kohl auch jene Seiten Rommels, die ihm selbst das Leben manchmal schwer gemacht hatten. Er könne bezeugen, sagte der Kanzler, dass kein anderer OB „so überzeugend jammern und so ein milchsaures Gesicht" machen konnte wie Rommel, wenn es um die Anliegen der Kommunen ging. Dem konzilianten Auftreten zum Trotz sei Rommel ein streitbarer Schwabe. Und Kohl wusste genau: „Die mit den leisen Tönen sind in den Verhandlungen die gefährlichsten."

So wie der Kanzler Rommel im Auftrag des Bundespräsidenten die höchste Auszeichnung der Republik übergab, das Große Verdienstkreuz mit Stern und Schulterband, wartete auch Ministerpräsident Erwin Teufel mit einer Ehrung auf. Er verlieh ihm den Professoren-Titel. Rommels Leistung sei an Geist und Atmosphäre in der Stadt zu bemessen, urteilte Teufel. Der Literat und vorbildliche Demokrat habe vielen Beispiel und Orientierung gegeben. „Er war populär, ohne Populist zu sein."

Kann man so viel Lob von höchster Stelle, dazu noch von Straßburgs Oberbürgermeisterin Catherine Trautmann (im Namen der Partnerstädte) und von Karlsruhes OB Gerhard Seiler (für den Deutschen Städtetag) einfach wegstecken und Mensch bleiben? Man kann, das stellte Rommel postwendend unter Beweis. „Ich habe auch einen Haufen Mist gemacht", räumte er unumwunden ein. Dann entschuldigte er sich fast bei Kohl. „Ich gehe davon aus, dass mit dem heutigen Tag alle Sünden verziehen sind. Ich hab's eigentlich immer gut gemeint", spielte er auf seine Interventionen in Bonn an, bei denen es in erster Linie um die Steuerpolitik und ihre Folgen für Städte und Gemeinden gegangen war. Doch spätestens mit der deutschen Einheit hat Rommel Kohls Verdiensten Tribut gezollt und sich mit dem Kanzler arrangiert.

Zur Sprache kam das beim letzten Treffen der beiden nicht. Auch davon, dass er insgeheim eine letzte kleine Genugtuung hegte und pflegte, verriet Rommel nichts. Er verdankte sie seiner Schwiegermutter, der Türkin mit griechischem Pass, die sich mit Karawanen auskannte. Sie hatte Rommel darauf aufmerksam gemacht, dass an der Spitze einer Karawane üblicherweise ein Esel voranziehe. Doch das, sagte Rommel später, hätte er Kohl nie vorgehalten. Niemals.

So mag er im Opernhaus zwar an die kleine Kontroverse mit der Karawane gedacht haben. Er sprach sie aber nicht an. Dafür äußerte er Respekt vor dem Kanzler. Der CDU dankte Rommel dafür, dass sie ihn nie gezwungen habe, seine Meinung zu ändern. Erwin Teufel bescheinigte er, er habe die Landeshauptstadt unterstützt, obwohl er wusste, „dass Stuttgart von Spaichingen aus etwas unheimlich aussieht“. Auch die Dienste seines Fahrers Manfred Miller („Nur Fliegen ist schöner“) und seiner Sekretärinnen würdigte Rommel, besonders die Hilfe seiner Frau.

Rommels größte Verbeugung aber galt dem Souverän, den Bürgern und dem Gemeinderat. In seinen 22 Jahren im Rathaus habe er gelernt, den Bürgern zu vertrauen. Ehrlichkeit und Höflichkeit würden honoriert. Lügen lohnten sich für Politiker nicht. Die Demokratie gehe im Zeichen von Minus-Wachstum einer Bewährungsprobe entgegen. Sie müsse gestärkt werden. Man möge sich bitte nicht über Folgen von Etatkürzungen zanken, sondern Sinn fürs Ganze beweisen. Dieses Verständnis müsse der Erinnerung ans Dritte Reich entspringen.

„Ich bin ungern OB geworden“, räumte Rommel noch ein letztes Mal ein, „aber ich bin gern OB gewesen.“ Und nach den letzten Mozart-Tönen fiel im Opernhaus der Vorhang. » Die Wahl ist unangenehm, aber wenn man erst einmal OB ist, dann ist das Amt auch heute noch interessant und ein Geschäft, das das ganze Leben bereichert. «

Dieses Stuttgarter Stück, die Regentschaft Rommel, war vorbei. Zum Lohn gab es viel Applaus. Dazu erhob sich das Publikum. Es war ein Abschied, der die Herzen wärmte. Bei Rommel und bei denen, die ihm applaudierten. Sogar beim gestrengen Kanzler, der an diesem Tag noch schwerer mit sich ringen musste, um die Rührung zu beherrschen, gleichwohl Gespür für die Bedeutung des Moments zu zeigen.

LETZTER AKT: EHRENBÜRGER

Adieu, Manfred Rommel: Im Rathaus setzten sich zwei Tage nach dem Festakt im Opernhaus die Abschiedsfeierlichkeiten fort. Der Gemeinderat ernannte den scheidenden OB aufgrund seiner „herausragenden Verdienste" zum Ehrenbürger.

Ganz so feierlich wie im Großen Haus der Staatstheater war es diesmal nicht, die Delegationen der Partnerstädte und einige Bürger auf der Tribüne erlebten jedoch einen zu Herzen gehenden Abschied. Und zwar in der letzten Gemeinderatssitzung, die Rommel als Chef im Rathaus mitmachte. 539 mal habe er solche Sitzungen geleitet, hatte sein Stellvertreter Klaus Lang herausgefunden, dabei seien 9271 Tagesordnungspunkte behandelt worden.

Lang überreichte Rommel den Ehrenbürgerbrief: die höchste Auszeichnung, die eine Kommune vergeben kann. Nur zwei andere lebende Persönlichkeiten besaßen sie zu diesem Zeitpunkt: der französische Politiker Pierre Pflimlin aus der Partnerstadt Straßburg und Altbundespräsident Richard von Weizsäcker. Dieser hatte sich bei Lang entschuldigt, weil er im Ausland weilte, aber geschrieben: „An Rommels Seite das Ehrenamt Ihrer Landeshauptstadt und meiner Geburtsstadt wahrnehmen zu dürfen, ist das Beste, was ich mir wünschen kann."

Lang brachte die letzten 22 Jahre auf den einfachen Nenner: „Es war eine schöne Zeit." Der Chef habe große Gestaltungsfreiheit gelassen, aber stets eine klare Richtung vorgegeben. Mit seiner Geradlinigkeit, seiner Menschlichkeit, seinem Vertrauen und seiner Kompromissbereitschaft sei er ein großes Vorbild gewesen. Lang: „Trotz übervollem Terminkalender strahlten Sie immer große Gelassenheit und Souveränität aus." Entscheidungen seien immer mutig und schnell getroffen worden. „Worte können unsere Gefühle in der Stunde des Abschieds nicht ausdrücken", sagte Lang pathetisch, ehe auch die Fraktionssprecher mit einem Gefühl der Wehmut das Ende der Rommel-Ära besiegelten.

Noch einmal trug Rommel die Amtskette, die 22 Jahre lange das Symbol seines würdevollen Amtes war. „Ich will nicht sentimental werden, aber der Abschied fällt mir schon schwer", gestand er. Die Altersgrenze mit 68 Jahren halte er für vernünftig, damit eine Greisen-Herrschaft vermieden werde. Der Kanzler könne länger im Amt bleiben, „aber nicht jeder ist ein Bundeskanzler".

Zum guten Schluss besann sich Rommel noch einmal seiner wichtigsten Anliegen. Man möge, wenn irgend möglich, den Nichtdeutschen den Weg zur deutschen Staatsbürgerschaft erleichtern. Auch den Städtepartnerschaften räumte er große Bedeutung ein, weil Politik mehr und mehr zu Weltpolitik werde. „Wir müssen lokal reagieren, aber das Lokale kann nicht das Globale aufheben", gab er den Stadträten mit auf den Weg, vor denen er sich aber auch verbeugte. Er wisse, wie viel er dem Gemeinderat zu verdanken habe.

„Ich verabschiede mich in meiner Eigenschaft als OB", sagte Rommel, „das ist keine Tragödie." Er wolle nicht Vorzimmer-Schreck werden, aber die Verbindung zum Rathaus aufrechterhalten. Sein letzter Appell: „Haltet ein bisschen zusammen."

Dem Ehrenbürger oblag dann nur noch eines, um in den Lebensabschnitt des Ruhestands einzutreten: das Aufräumen im Büro. Kurz vor Silvester 1996 machte Rommel sein Dienstzimmer im Rathaus für den Nachfolger leer. „Wollen Sie ein Schnäpschen? Ich trink' die Flaschen nicht mehr aus." Rommel öffnete die Minibar in dem Raum, der 22 Jahre lang sein Büro gewesen war. Nur Hochprozentiges und etliche Bücher wie die Hauptsatzung der Landeshauptstadt ließ er übrig. Dinge, die sein Nachfolger Wolfgang Schuster übernehmen und gebrauchen können würde.

Ein letztes Mal posierte Rommel in seinem Dienstzimmer für die Fotografen, zeigte er den Generalschlüssel fürs Rathaus, den er noch abzugeben hatte. Er zückte den Schlüssel, der ihm die Tür zur Ehrenloge im Großen Haus der Staatstheater geöffnet hatte („Ich hab' immer weniger davon Gebrauch gemacht."). Dann hielt er zwei Bücher hoch, die er noch mitnehmen wollte. Eines davon: „Christliche Dekadenz in unserer Zeit" von Günther Rohrmoser, dem erzkonservativen Emeritus der Uni Hohenheim. „Das ist der Einzige, der den Hegel noch kennt", lobte er Rohrmoser.

Auch die Sammlung eigener Gedichte, die er nach eigenem Bekunden vor der in Lyrik-Fragen stets anspruchsvollen Gattin in Sicherheit gebracht hatte, durfte wieder nach Sillenbuch. Viel nehme er nicht mit, betonte Rommel noch einmal. „Zwei schöne Hegel-Erstausgaben“, die er von der CDU und der Landesgirokasse erhalten hatte, vermachte er dem Hegelhaus. Einiges schenkte er der Stadt und „Leuten mit größerer Lebenserwartung“. Was ihm gehörte und was er mitnehmen wollte, war schon eingepackt. Es reiche für seine restlichen Jahre, sagte der 68-Jährige, der noch einmal seinen schwarzen Humor aufblitzen ließ.

Die Bilder an den Wänden blieben zurück. Der Nachfolger werde den Raum aber sicher „umgestalten“, sagte Rommel. Briefe und Urkunden von US-Größen wanderten ins Archiv.

Noch einmal warf Rommel an seinem letzten Arbeitstag den Computer an. Die Tastatur auf dem OB-Schreibtisch, der wie der Konferenztisch noch von Arnulf Klett stammte, harrte Rommels letztem Anschlag. Ein Brief an den Freund und Finanzminister Gerhard Mayer-Vorfelder sollte noch rausgehen, in dem sich Rommel für eine „Bremswegfinanzierung“ zugunsten der Staatstheater einsetzte, also für etwas erhöhte Zuschüsse zur Bewältigung der Aufgaben. Dann gehörte auch der Computer Wolfgang Schuster, der am 4. Januar aus dem Israel-Urlaub zurückkehren und den Schlüssel übernehmen würde.

Und Rommels Pläne? Was würde der Alt-OB sich vornehmen, wenn er seinen Lebensmittelpunkt aus dem Allerheiligsten im Rathaus an den Arbeitsplatz im Sillenbucher Heim verlagert hätte? Computer und Drucker hatte er daheim schon aufgerüstet. Im Januar aber lasse er es noch langsam angehen, sagte Rommel. Die Bandscheibe erlaube ihm langes Stehen nicht. Ende Januar wolle er aber nach Bonn. Für die SPD solle er eine Rede auf den Altersjubilar Erhard Eppler halten.

Auch vielen eigenen Geburtstags-Gratulanten müsse er noch antworten. Über die Festtage habe er schon 150 Briefe geschrieben, obwohl ihm die Familie nur ein kleines Plätzchen ließ. Bald wolle er über die Verwendung des Witzes in der politischen Rede schreiben, kündigte Rommel an. „Das hat den Vorteil, dass ich viele alte Witze auf weitere Tauglichkeit untersuchen kann.“

Später wolle er Ernsthafteres zu Papier bringen. Und dann seien da immer noch Termine, auch solche in seiner Eigenschaft als Koordinator für die deutsch-französische Zusammenarbeit. Zeitvertreib habe er also genug. Und am Tag des Aufräumens im OB-Büro hatte er auch die Gewissheit, dass er sich am Neujahrstag in aller Seelenruhe sogar noch einmal daheim den Festakt zu seinem Abschied im Opernhaus würde anschauen können. Der Süddeutsche Rundfunk hatte die Sendung noch einmal ins Programm genommen – auf vielfachen Wunsch der Zuschauer.

MANFRED ROMMELS ERBE UND VERMÄCHTNIS

Was bleibt von Rommels 22 Amtsjahren? Welches Erbe hatte er vorgefunden? Wie fügte er sich ein in die Reihe der Stuttgarter Oberbürgermeister?

Sein Vorgänger Arnulf Klett hatte 1945 als „Trümmerbürgermeister" angefangen. Als OB pflegte er einen eigenen Stil. Nicht nur der Fliege wegen, die er fast immer trug. Klett war den Stuttgartern ein Stadtoberhaupt, das mit Trümmerfrauen und Arbeitern genauso konnte wie mit Staatsgästen und Wirtschaftskapitänen der Wirtschaftswunderzeit. Ein OB, der mit unverwüstlichem Optimismus einen riesigen Schutthaufen anging. Ein unbürokratischer Mann, der rund um die Uhr rackerte – und gute Laune verbreitete. Über sich selbst sagte Klett: „Ich bin Stuttgarts Motor mit Humor."

Zunächst war er von den französischen Besatzern als OB eingesetzt worden, ehe er zur ersten Volkswahl um den Stuttgarter OB-Sessel nach dem Zweiten Weltkrieg antrat. Die Franzosen hatten sich für ihn entschieden, weil der Jurist NS-Gegner verteidigt, öffentlich gegen die Gleichschaltung der Presse opponiert und sich damit eine einmonatige „Schutzhaft" im KZ Heuberg eingehandelt hatte. Gegen Ende des Krieges wurde Klett außerdem einem Widerstandskreis zugerechnet. Damals wie später war Klett um Zusammenarbeit mit den Alliierten bemüht, als OB vertrat er aber vor allem die Interessen der Stuttgarter.

Sein erster Arbeitstag am 24. April 1945 gestaltete sich völlig anders, als man sich normalerweise so einen Auftakt wünscht. Die zerbombte Stadt war eine Ansammlung von Trümmerbergen. Dazwischen verliefen nur noch Trampelpfade, wo vorher stattliche Straßen waren. 266 027 Menschen lebten damals in Stuttgart. Wöchentlich kamen Tausende hinzu. Sie hausten in den wenigen unversehrten Häusern, in Ruinen, Bunkern und Kellern.

Der OB verfügte über keinerlei Verwaltungserfahrung – und er konnte nur wenig Sach- oder Geldmittel der Stadt einsetzen. Er ließ die Straßen räumen und aus dem Schutt Baustoffe gewinnen. Er musste Wohnraum und Lebensmittel beschaffen, die komplette Infrastruktur neu aufbauen. „Wir wussten anfangs nicht, wo uns der Kopf steht", gab er später zu. Dennoch galt Stuttgart schnell als vorbildlich bei der Beseitigung der Trümmer und beim Aufbau.

Mit Generalbaudirektor Walther Hoss zusammen wollte Klett die moderne und autogerechte Stadt schaffen. Autobahnähnliche Schneisen bezeugen es bis heute. Dem Verkehr opferten Klett und der Gemeinderat die Ruine des Kronprinzenpalais. Den Abriss des ausgebrannten Neuen Schlosses konnte neben einigen anderen der Bahnhofserbauer Paul Bonatz verhindern. Die Stadt bekam trotzdem den Stempel der Modernisten aufgedrückt. Seine Zeitgenossen bescheinigten Klett eine „Antenne für Neuerungen".

Von Anfang der 1950er-Jahre bis Mitte der Sechziger wehte Klett bisweilen ein heftiger Wind ins Gesicht: Ein Skandal bei der Girokasse und die Affäre um eine Perserbrücke in Kletts Privathaus, die er von Daimler-Benz angenommen hatte, sorgten lange für Gesprächsstoff und überschatteten auch noch die OB-Wahl 1966. Klett verfehlte im ersten Wahlgang das notwendige Drittel der Stimmen aller Wahlberechtigten. Danach erhielt er im zweiten Wahlgang 59,6 Prozent. Er war erneut gewählt, sollte aber weitere schwierige Jahre vor sich haben.

Das hohe Arbeitstempo forderte seinen Tribut. Am 3. Juli 1974 kam Klett mit Anzeichen einer Kreislaufschwäche ins Robert-Bosch-Krankenhaus. Einen Monat später verließ er die Klinik – wie man dachte, auf dem Weg der Besserung. Am 14. August 1974 aber starb er, 69 Jahre alt, bei seinem Kuraufenthalt auf der Bühler Höhe im Schwarzwald an Herzversagen und Lungenembolie.

Mit Manfred Rommel folgte auf Klett ein Ordnungspolitiker der finanziellen Vernunft. Einer, der die Konsolidierung der städtischen Finanzen betrieb und sie im Lauf seiner Amtszeit auf eine solide

Basis für die Zukunft stellte. Er hatte aber, wenngleich manche zeitweilig einen anderen Eindruck gewannen, nicht nur einen Blick für die Finanzwirtschaft. Rommel war die größtmögliche Nachdenklichkeit, die die CDU in den Jahren nach der außerparlamentarischen Opposition in Deutschland und nach dem Ölpreisschock in Stuttgart für das Amt des Stadtoberhaupts aufbieten konnte. Die Studentenbewegung war Rommel zwar auch höchst suspekt gewesen, weil er in ihr wieder so eine Bewegung zu erkennen glaubte, bei der die Hinterleute mächtig schieben, weil sie meinen, die Leute an der Spitze des Zuges wüssten, wo es hingehen müsse. Dennoch war kein anderer Konservativer in Stuttgart wie er durch Erfahrung, Intellekt, Charakter, Moral und Weltläufigkeit geeignet, die Diskussionen anzunehmen. Auch die über die Grenzen des Wachstums, die nach dem Ölpreisschock immer mehr ins Bewusstsein der Menschen gedrungen waren.

Rommel schuf ein neues Klima in Stuttgart – und stand doch für Kontinuität. Die Wirtschaft am Laufen zu halten, die einst in einer Region ohne Bodenschätze und in einer Stadt ohne Stand-

Am 12. Februar 2004 feiert Bundespräsident Rau mit Rommel und seiner Frau den 75. Geburtstag von Manfred Rommel nach. Vincent Klink kocht für sie.

ortgunst entwickelt wurde und mit technischen Innovationen immer bedeutender wurde, war bei allen sozialen und kulturellen Interessen doch immer Rommels großes Ziel. Denkmale in Stein zum eigenen Ruhm errichtete Rommel so gut wie keine, was ihm heute bisweilen als mangelnder Wille ausgelegt wird, der Stadt Dynamik einzuhauchen und sie zu entwickeln. Dass Rommel Leitplanken für seine Bürger baute, die lange wirkten, gerät darüber in den Hintergrund.

Mit dem Satz, dass mit dem Tod alle Feindschaft aufhöre, habe er geholfen, das moralische Gewissen der Deutschen zu festigen, urteilte Bundespräsident Johannes Rau, als er völlig gegen die Usancen ein Gastmahl im Stuttgarter Restaurant Wielandshöhe ausrichtete, um nachträglich Rommels 75. Geburtstag zu feiern, nicht in der Hauptstadt. Einen wie Rommel könne man nur in Stuttgart ehren, obwohl ihm nicht nur diese Stadt viel verdanke, sondern ganz Deutschland, hatte Rau erkannt. Bei Rommel handle es sich um einen schwäbischen und deutschen Staatsmann, obwohl Rommel nie ein Staatsamt inne hatte.

ROMMEL ALS KÖNIGSMACHER

Rommel selbst war sehr besorgt gewesen, wer ihn beerben würde und dass der CDU dieser wichtige Posten verloren gehen könnte. Daher setzte er schon früh alle Hebel dafür in Bewegung, dass sein politischer Ziehsohn Wolfgang Schuster ins OB-Büro einziehen konnte.

1993 holte er den über die Maßen ehrgeizigen CDU-Mann und Gatte einer ebenso ehrgeizigen Frau zurück ins Stuttgarter Rathaus, wo ihm Schuster schon als Büroleiter gedient hatte. Aus Schwäbisch Gmünd, wo er zwischenzeitlich Oberbürgermeister war, brachte Wolfgang Schuster nun wichtige Erfahrungen und Qualifikationsmerkmale mit. Er übernahm die Bürgermeisterstelle für Kultur, Bildung und Sport.

Damit das nicht gar zu sehr zum Abstieg geriet, hatte er sich von der CDU-Fraktion im Gemeinderat zusichern lassen, dass sie versuchen werde, ihm gleich zum Auftakt seiner Tätigkeit zusätzlich die Funktion des Ersten Bürgermeisters und damit des wichtigsten OB-

Der Plan ist aufgegangen: Am 11. November 1996 gratuliert Rommel seinem Nachfolger und politischen Zögling Wolfgang Schuster.

Stellvertreters zu verschaffen. Sie wurde vakant, weil der CDU-Gesundheitsbürgermeister Rolf Thieringer sich in den Ruhestand verabschiedete.

Eigentlich sprach aber auch vieles dafür, dass der Verwaltungsbürgermeister Gerhard Lang aufrücken würde: seine Beliebtheit, seine Erfahrung und sein SPD-Parteibuch. Da die CDU schon durch Rommel repräsentiert wurde, gab es gute Gründe, an dieser Stelle die Sozialdemokraten zu favorisieren. Doch die CDU beharrte darauf, dass der Stellvertreterposten Nummer eins der Partei zustehe, die die größte Fraktion im Gemeinderat stelle, also der CDU. Welches Parteibuch der Oberbürgermeister besitze, der durch Volkswahl bestimmt werde, spiele in den Überlegungen für die Stellvertreterfunktionen keine Rolle.

Schuster wollte mit Rommels Rückendeckung als Erster Bürgermeister in den OB-Wahlkampf 1996 ziehen. Um dieses Ziel zu erreichen, ging er samt Ehefrau unmittelbar vor der Abstimmung durch die Reihen der Stadträte und schüttelte Hände. Dafür hatte er vorher sogar den stramm rechten Republikanern, denen sonst selten die

Ehre der Konsultation der anderen Fraktionen widerfuhr, ein Gespräch angeboten.

Es nützte alles nichts. Schuster und damit auch Rommel kassierten eine Niederlage. Der SPD-Bürgermeister Gerhard Lang erhielt nämlich auch so manche Stimme vom bürgerlichen Lager aus CDU, FDP und Freien Wählern.

Das Ziel, den OB Rommel bei der Wahl 1996 durch den Kronprinzen Wolfgang Schuster zu ersetzen, gaben der Lehrmeister und der Ziehsohn aber nicht auf. Selbst in der CDU ernteten sie nicht nur Zustimmung, weil dem zwar hoch qualifizierten, aber spröden und etwas hölzern wirkenden Bewerber die richtige Ausstrahlung fehlte. Doch Rommels Einfluss in der CDU war so groß, dass der Auswahlzirkel um Ministerpräsident Erwin Teufel und Minister Gerhard Mayer-Vorfelder Schuster akzeptierte. Vielleicht auch aus Mangel an echten Alternativen: Eine charismatischere Persönlichkeit mit der nötigen Qualifikation und dem Willen, diesen Knochenjob auf sich zu nehmen, war nicht in Sicht gekommen.

Der Wahlkampfmanager Christoph Palmer musste 1996 aber alle Register ziehen, alle Tricks und Finessen anwenden, damit Schuster von den Stuttgartern gewählt wurde. So knapp die Entscheidung war: Schuster und Rommel waren doch am Ziel.

Die beiden verloren sich nie mehr aus den Augen. Schuster übernahm Kernpunkte von Rommels Politik wie die Bemühungen um Integration, beschleunigte aber auch die Veränderung der Stadt. So stand er sowohl für Kontinuität wie auch für Kurskorrekturen. Investoren öffnete er nicht nur die Türen. Er versuchte sie überall in der Welt anzuwerben. Und mit neuen Einrichtungen wie dem Kunstmuseum und der modernen Stadtbibliothek konnte er sichtbare Zeichen seines Wirkens schaffen.

Mehr als einmal zollte Rommel seinem Nachfolger großes Lob. Manchmal blitzte sogar Bewunderung auf für den Mann, der rastlos Investoren hofierte, ständig zu Grundsteinlegungen eilte, laufend neue Spitzenplätze oder wenigstens vordere Plätze für Stuttgart bei jedweden Städtevergleichen verkündete. Schusters Erfolgsbilanz sei noch imposanter als seine eigene, pflegte Rommel dann und wann zu sagen. Und auch im Vergleich der beiden Juristen erkannte Rommel dem Jüngeren einen Vorsprung zu.

Der Vorgänger und der Amtsinhaber halten Kontakt: Pensionär Rommel kommt zum Neujahrsempfang von Wolfgang Schuster.

Nie hat er aber gesagt, wie sehr er bedauerte, dass Schuster in einer, vielleicht der wichtigsten Aufgabe eines Oberbürgermeisters weit abgeschlagen blieb. Die Menschen zu erreichen, sie mitzunehmen bei der Weiterentwicklung der Stadt, Instanz für sie zu sein, das Gesicht der Stadt zu sein oder, um es mit Heuss zu sagen, Atmosphäre zu bilden – das ist Schuster viel weniger gelungen als Rommel.

Dass sein Zögling Anfang 2012 auf eine erneute Kandidatur verzichtete, dass er die Konsequenzen aus dem großen Streit um das Bahnhofsprojekt Stuttgart 21 zog, das Rommel mit aufs Gleis gesetzt hatte, ging dem Alt-Oberbügermeister merklich nahe. Als es nicht mehr zu ändern war, meldete sich Rommel noch einmal zu Wort, um das aufkommende Ringen um den OB-Sessel zu beeinflussen und das anzusprechen, was er für Stuttgarts Interessen hält.

Eigentlich war er stets der Meinung, dass die Partei nicht Vorrang habe, aber die Mitgliedschaft darin einem Oberbürgermeister Gewicht verschafft. Dennoch setzte er sich im Wettbewerb der OB-Bewerber um das Ticket der CDU überraschend doch nicht für das Parteimitglied Andreas Renner ein. Am Tag der parteiinternen Entscheidung ließ er den Teilnehmern des Parteitags einen Brief vorlegen, worin er sich für den parteilosen Werbeprofi Sebastian Turner aussprach.

Rommel, den seine Krankheit vom Parteitag ferngehalten hatte und der in jenen Tagen kaum schreiben konnte, hatte noch einmal seine Unterschrift zur Verfügung gestellt. Sie sah aus wie in den besten Tagen. Schwungvoll und klar. Turners Helfer lehnten sich zufrieden zurück, weil es ihnen gelungen war, Rommels Unterstützung zu gewinnen.

Seine Fürsprache war immer schon goldwert gewesen. Nicht nur 1996, als die CDU Schuster erstmals auf den OB-Sessel hieven wollte, sondern auch 2004, als Schuster trotz vieler innerparteilicher Widerstände und trotz schlechter Prognosen der Meinungsforscher in Allensbach noch einmal zur OB-Wahl antrat. Im zweiten Wahlgang konnte er sein Amt verteidigen. Ein knapper Wahlsieg, der wohl auch von Rommels Unterstützung herrührte.

DIE ANFORDERUNGEN AN DIE NACHFOLGER

Von einem wie Rommel kann man natürlich lernen, wie eine Großstadt im Zusammenspiel mit dem Gemeinderat erfolgreich geführt wird. Welche Voraussetzungen ein Oberbürgermeister oder eine Oberbürgermeisterin mitbringen muss, welche Fähigkeiten man entwickeln muss, das hat Rommel wiederholt erläutert.

Es sei nicht einfach, dieses Amt auszuüben, sagte er Anfang 2012. Man müsse die Beteiligten zusammenhalten und Widersprüche, die in der Kommunalpolitik naheliegen, ausgleichen. Man müsse die Menschen kennen, weil sonst in einer Stadtverwaltung mit rund 20 000 Mitarbeiterinnen und Mitarbeitern keine gute Personalpolitik gelinge.

Warum ausgerechnet der von ihm protegierte und geschätzte Wolfgang Schuster als OB viele Stuttgarter nicht davon überzeugen konnte, dass er über diese Fähigkeiten verfügt, versuchte Rommel mit der schwäbischen Mentalität zu erklären: „Da ist auch so ein schwäbisches Nörgeln im Spiel. Der Politiker soll möglichst singen wie ein Vogel, dazu Ziehharmonika spielen und mit den Daumen noch die Löcher zuhalten.“ Um damit klarzukommen, sei eine gewisse Heiterkeit von Nutzen. Und eine gewisse Gelassenheit. Man sollte sich sagen: „Im Dienst bin ich nicht beleidigungsfähig." Das sei seinem Nachfolger schwerer gefallen. „Ich", sagte Rommel, „habe viel runtergeschluckt damals."

Für Stuttgart wünschte sich Rommel einen OB, „der führt, der mit anderen zusammen Prioritäten festlegt und Realist ist". Die Stadt brauche einen OB, der sich nicht in Einzelthemen verliere, sondern den Zusammenhang aller politischen Fachgebiete erkenne und danach handle. Zwischen Bereichen wie dem Verkehrswesen, dem Siedlungswesen und den Finanzen gebe es enge Zusammenhänge. Deren Beachtung sei „eines der wichtigsten Utensilien eines Oberbürgermeisters". Und natürlich müsse man mit den Leuten schwätzen können.

Diese Empfehlungen gab Rommel einer Stadt, die jahrelang durch den Streit um das Tiefbahnhof-Projekt zerrissen war. Sie waren aber auch grundsätzlich gemeint. Der Generalist Rommel setzte immer auf kontrolliertes Delegieren, auf die Kontrolle über die Feinabstimmung zwischen den unterschiedlichen Geschäftsbereichen durch eine stimmige Finanzpolitik und die Wahrung des Überblicks. Den Vorstand der Landesgirokasse, an der die Stadt beteiligt war, habe er im Allgemeinen nicht mit Versuchen behelligt, nachzuweisen, dass auch er das Zeug zum Sparkassendirektor gehabt hätte, sagte Rommel – und so hielt er es auch bei den anderen Beteiligungsunternehmen der Stadt.

POPULÄR ALS REDNER UND BESTSELLERAUTOR

Man stelle sich einmal vor, beim Fassanstich im Festzelt ginge alles glatt. Dem Mann mit dem Hammer würde ein Schlag reichen, um den Spund ins Fass zu treiben und das Bier in den Maßkrug fließen zu lassen. Die Eröffnung des Volksfestes wäre nur der halbe Spaß. In den Zeitungen würde die Zeremonie fürs Volk kaum zur Geltung kommen und auch im Fernsehen würde etwas fehlen. Manfred Rommel wusste das und stellte sich während seiner OB-Amtszeit darauf ein. Selbst ein Fassanstich mit drei Schlägen, schrieb er, wäre kein erwähnenswerter Vorgang. Zehn Schläge jedoch, mit denen nicht nur das Fass angestochen, sondern versehentlich auch der bereitgehaltene Bierkrug zertrümmert wird, sowie eine Fontäne aus Bierschaum stellten ein Ereignis dar, das von den Menschen nicht so schnell vergessen werde. Beim Fassanstechen sei es halt wie in der Politik: Es dürfe nicht alles klappen, weil die Chose sonst schnell langweilig werde.

In diesem Sinne äußerte sich Manfred Rommel am Ende seiner Amtszeit im September 1996. Von Beginn an hatte er aber die Chancen der Gaudi auf dem Cannstatter Wasen erkannt. Schnell machte er aus der Pflicht, das Cannstatter Volksfest zu eröffnen, eine Tugend. Er nützte auch die Bühnenbretter im Festzelt, die dem gemeinen Mann ein bisschen Welt bedeuten, um sich als Mensch unter Menschen zu präsentieren. 22 Jahre machte er den Stuttgartern den Oberbürgermeister – und 22-mal eröffnete er mit einer Rede das Volksfest. Nur drei Witze, so hielt sich Rommel selbst zugute, habe er mehrmals verwendet. Witzig aber musste es sein. Bald galt seine Volksfestrede als Höhepunkt des Jahres bei seinen öffentlichen Auftritten.

Schlagkräftiger Rommel: Die Fassanstiche bei fast zwei Dutzend Volksfesten in seiner Amtszeit machen den OB noch populärer.

Wer die Reden heute nachliest, ist zu denken versucht, dass Rommels Witze nicht immer leicht und süffig daherkamen. Bisweilen gönnte er sich sogar Kalauer wie diesen: „Lieber Bier auf Krankenschein, als operiert von Frankenstein." Oder er frönte dem schwarzen Humor: Eine soeben verwitwete Frau füllt die Asche ihres Mannes in eine gläserne Urne. Danach befragt, warum sie das tue, antwortet sie: „Mein Gatte hat doch immer so gern aus dem Fenster hinausgeschaut."

Gut, manches davon wirkt im Nachhinein nicht sehr ansteckend heiter. Das liegt unter anderem aber sicherlich daran, dass die reine Lektüre der Volksfestrede eine über die Maßen trockene Materie ist. Nicht so spritzig wie der Fassanstich. Verlorene Zeit war es für die Menschen im Zelt und an den Fernsehgeräten aber wahrlich nicht, wenn sie Rommels Eröffnungszeremonie verfolgten. Zwar sagte er selbst: „Sie werden dieses Volksfest nicht klüger verlassen", er fügte allerdings hinzu, „aber im Unterschied zu manchen politischen Veranstaltungen auch nicht dümmer."

Nicht wenige Stuttgarter waren und sind der Meinung, die Volksfesteröffnungen hätten den Grundstock zu Rommels Popularität gelegt. Zu einer Popularität im Land, die auch Rommel selbst im Jahr 1978 für größer hielt als die Popularität des Innenministers und angehenden Ministerpräsidenten Lothar Späth. Wie der Chemiker im Labor Reaktionen zwischen unterschiedlichen Elementen untersucht, lotete der Redner Rommel im Festzelt die Reaktionen des Publikums auf seine Textbausteine aus. Was manchmal spielerisch leicht wirkte, war zu Teilen das Ergebnis einer wohlüberlegten Strategie und einer guten Organisation.

Dem Zufall überließ er seine Wirkung nicht. Manfred Rommel war ein Sammler der Witze und ein Jäger der Worte. Oft führte er ein Notizbüchlein mit sich, um Erzählungen und spontane Gedanken zu notieren, die auch er verwenden könnte. Manchmal tauschte er mit ausländischen Staatsgästen, die Stuttgart besuchten, Witze, Anekdoten, Erkenntnisse und geistreiche Formulierungen aus. Nicht selten fragte er Gesprächspartner, denen er einen klugen oder launigen Gedanken zutraute, ob sie nicht etwas Passendes für ihn hätten. So ausgerüstet, spickte er seine Reden und Vorträge mit Passagen, die einem wichtigen Anspruch gerecht werden sollten: dass die Zuhörer sich gut unterhalten, sich aber um nichts in der Welt gelangweilt fühlen.

Es konnte nicht ausbleiben, dass Rommel auch die Bütt als Bühne für den Auftritt mit wohl formulierten Worten entdeckte. Zunächst betrachtete er das Gastspiel bei Prunksitzungen noch als Pflichtübung, um die Erwartungen der Karnevalsgesellschaften zu befriedigen und mit „etwas an den Haaren herbeigezogenen Beiträgen“ Frohsinn zu erzeugen. Aber bald ging er mit Lust zu den närrischen Anlässen und machte sich und seinen Lesern vor, dass Stuttgart auf dem Gebiet der Narretei doch einiges zu bieten hätte. Man mag ihm in diesem Zusammenhang zugute halten, dass ihm der richtige Einblick ins Narrenwesen in Baden und in Württemberg dann doch gefehlt hat.

Sicher ist jedenfalls, dass es nicht vielen Politikern vergönnt ist, so populär zu sein, beim Volke wirklich geschätzt zu werden, obwohl er dem Volke nicht zum Munde redete, wenn er zwischen heiteren Einsprengseln auch harte Einsichten packte. Fast wie in seinen Büchern.

20 davon hat der Autor Manfred Rommel im Lauf der Zeit veröffentlicht. Sie sind wie er. Vielseitig. Humorvoll. Kenntnisreich.

Rommel, der Freund der Karnevalisten: 1982 erhält der Stuttgarter OB in Aachen sogar den Orden wider den tierischen Ernst.

Gescheit. Manchmal ganz der Lust an Aphorismen gewidmet. Dann wieder erläuterte er, als Herr über Erwin Rommels Hinterlassenschaft, seine Interpretation der letzten Tage des Hitler-Reiches. Oft postulierte er den Abschied vom Schlaraffenland und rief auf, Maß zu halten. Nur ein Staat, der sich finanziell nicht überfordert, kann seinen Aufgaben und seiner Verantwortung gerecht werden und sich das Vertrauen der Menschen erhalten, lautete Rommels Credo. Eine zu ausgabenfreudige, unrealistische Sozialpolitik sei eine schlechte Sozialpolitik. Der Sozialstaat müsse wirtschaftlich erfolgreich sein, die Finanzpolitik die ganze Politik zu einem Ganzen zusammenbinden.

Der Zahlenfuchs konnte nicht über seinen Schatten springen. Sein Anliegen mag richtig gewesen sein. Doch mit der ständigen Postulierung lief der glänzende Entertainer aus der Politik dann doch Gefahr, sein Publikum ab und an ein wenig zu ermüden. Erst die akute Krise des weltweiten Finanzsystems, das Schwächeln des Euro und vor allem die hoffnungslose Überschuldung von Staaten wie Griechenland rehabilitierten seine Ansichten glanzvoll: seinen Glauben an die Notwendigkeit des staatlichen Maßhaltens und seine Furcht vor der Demoralisierung der Bürger durch die Schuldenpolitik.

Den Auflagen von Rommels Büchern hat das zeitweilige Verschwinden seines großen Anliegens kaum geschadet. Kein anderer Autor aus Stuttgart hat seine Werke, hat sich selbst so gut verkauft. Schon das erste Buch mit dem Titel „Abschied aus dem Schlaraffenland“, mit dem Rommel 1981 auf eine Anregung seines Pressechefs Klaus Dieterle ausgewählte Aufsätze und Reden zusammenfasste, erwies sich als Bestseller. Man habe sich nach einigem Zögern dazu durchgerungen, in der ersten Auflage gleich 10 000 Exemplare drucken zu lassen, berichtete Rommels Freund und Verleger Ulrich Frank-Planitz 1996. Mitarbeiter hätten voller Sorge gewarnt, davon werde man nicht einmal die Hälfte verkaufen. Tatsächlich sei allein die Originalausgabe achtmal aufgelegt worden mit dann insgesamt 78 000 Exemplaren.

Das Buch „Manfred Rommels gesammelte Sprüche“, erstmals 1988 veröffentlicht, brachte es in rund acht Jahren auf 16 Auflagen und insgesamt 128 000 Exemplare. Das lässt erahnen, dass nicht nur der Verlag sich mächtig über diesen Bestsellerautor freute, sondern auch Rommel selbst nicht unerhebliche Nebeneinnahmen verbuchen konnte.

Rommel fand und findet, wie sein Verleger 1996 nach der Auswertung der Verkaufszahlen verriet, die Leser vor allem in Südwestdeutschland, aber auch in Bayern, in der Schweiz, in Hamburg und in Schleswig-Holstein. Warum er in Hessen, in Nordrhein-Westfalen und in Österreich nicht auf ähnlich großes Gefallen stieß, wusste Frank-Planitz freilich nicht zu erklären. Er konnte allenfalls spekulieren, dass an Rhein und Ruhr, am Main und an der mittleren Donau Rommels trockener Humor und sein aphoristisches Talent halt vielleicht nicht so gut verstanden würden.

Als Dichter reimte der OB sehr populäre Verse. Als politischer Schriftsteller setzte er sich so gekonnt in Szene wie wohl kein anderer deutscher Kommunalpolitiker. Dem Aphoristiker Rommel bescheinigte Frank-Planitz gar eine Ausnahmestellung in Deutschland. Wer sonst hätte es so souverän geschafft, das Wesen, die Widersprüche oder auch die Unfähigkeit der Politiker mit so wenigen Worten so gewitzt zu formulieren? »Der einzige, der bei uns noch wirklich gefürchtet ist, ist der Polizeihund, weil dieser das Grundgesetz nicht gelesen hat.«

Die Frage, was die großen Denker hergeben, um den Gegenstand seines Grübelns und Sinnierens zu erhellen, ließ Rommel ebenfalls nicht ruhen. Manche Beobachter glaubten nicht ganz zu Unrecht zu bemerken, dass sich der Stuttgarter OB, fast bis zur Selbstaufgabe pflichtbewusst, am ehesten im Sinne der Erkenntnisse von Immanuel Kant verhalte.

Oft wurde Rommel zwar eine geistige Orientierung an Georg Friedrich Wilhelm Hegel nachgesagt, seine Auseinandersetzung mit diesem in Stuttgart geborenen Philosophen und Rommels Verständnis von Hegels Lehre dürften allerdings erheblich überschätzt worden sein. Gewiss: Rommel bezog sich verhältnismäßig oft auf Hegel. Er trug Sorge dafür, dass das Geburtshaus des Philosophen nach allen Regeln der Kunst renoviert und als Gedenkstätte zu einem Kleinod der Stuttgarter Museumslandschaft gemacht wurde. Als 1991 der bulgarische Staatspräsident Schelju Schelew nach Stuttgart kam, der die Berufsbezeichnung Philosoph führte, ließ Rommel ihn selbstredend auch ins Hegelhaus lotsen. Doch im Grunde seines Herzens wird der Pragmatiker Rommel mit dem Theoretiker Hegel nicht allzu viel anfangen können, zumal den Stuttgarter OB stets mehr der Mensch beschäftigte und nicht eine ins Reich des theoretischen Materialismus verweisende Lehre.

Rommel selbst gab diesem Verdacht Nahrung. Er gestand wiederholt, viel von Hegel gelesen, die Hälfte aber wieder vergessen und überhaupt nur ein Drittel verstanden zu haben. Deswegen habe er sich die Grundzüge des Hegel'schen Denkens durch Sekundärliteratur erschlossen. Das reichte immerhin aus, um mit Besuchern aus dem damaligen Ostblock über Hegel, den Vordenker von Karl Marx und Friedrich Engels, zu sprechen. Dass er selbst Hegel nur vage kannte, machte Rommel nichts aus. Leute, die mit Hegel umgingen, seien es ja gewohnt, dass sie sich gegenseitig nicht verstehen.

Das Stadtoberhaupt wusste den schnell-flüchtigen Stuttgarter Bürger Hegel immerhin zu instrumentalisieren, um der Stadt geistesgeschichtliche Aura zu verschaffen. Es gelang ihm mit einem einfachen Mittel. Er ließ Himbeergeist in Flaschen abfüllen und als „Stuttgarter Weltgeist" etikettieren, damit den Schnaps und den Denker verbindend, der den Gang der Geschichte als die ewige Entfaltung des Weltgeistes verstand. Darunter ließ Rommel das Hegel-Zitat schreiben: „Das Geistige allein ist das Wirkliche."

Dieser Kunstgriff ist eines der seltenen Beispiele, wie die populärste Werbefigur der Stadt selbst ein neues Werbemittel für den Stadttourismus schöpfte. Das Etikett, das man ihm verpasst hatte, er sei „der Philosoph im Rathaus", betrachtete Rommel sehr distanziert. Als Philosoph werde er nicht bezahlt. Man sei das, wofür man bezahlt werde. Also sei er Politiker.

UNBEQUEMES, ABER LOYALES CDU-MITGLIED

GROSSE LUST AN DER UNABHÄNGIGKEIT

Rommels Verhältnis zur eigenen Partei war kritisch, aber im Endeffekt solidarisch. Wie eine Präambel schwebte darüber, schon seit Rommels Anfängen als Oberbürgermeister, eine bezeichnende Erkenntnis: Die Partei hat nicht immer recht. Das Verständnis seiner Parteifreunde strapazierte Rommel durch seine liberalen Ansichten über Kunst und Kultur, mit seiner eisern um Vernunft bemühten Haltung in der Terrorismuszeit und mit seiner entschiedenen Position in der Frage der doppelten Staatsbürgerschaft.

Ein OB sei natürlich kein treuer, blind gehorsamer Parteisoldat, sagte Rommel in einem Interview. Dafür werde er nicht bezahlt. Er habe eine sachliche Aufgabe zu erfüllen im Interesse der Gesamtstadt. Er würde auch jedem anderen empfehlen, so zu denken, wenn er eine Funktion hat. Seine Erfahrung sei allerdings auch, dass die Partei seine Meinung respektiere, sagte Rommel bei vielen Gelegenheiten. Er habe nie erlebt, dass jemand versucht hätte, von ihm eine andere Meinung einzufordern. Die Partei habe recht daran getan. Denn Einigkeit mache vielleicht stark, aber sie mache auch dumm.

Rommel wusste aber sicherlich auch, dass er für die Partei so unantastbar war, weil er von den Bürgern direkt und mit hoher Zustimmung gewählt war. Und weil er nun mal der erste Christdemokrat an der Spitze einer Großstadt mit mehr als 500 000 Einwohnern war. Hätten seine Parteifreunde ausgerechnet diesen Mann aufs Korn genommen, der für die ganze Bundespartei Ehre einlegte, wäre der Schuss am Ende nach hinten losgegangen.

Weil er sich seine Unabhängigkeit erhalten wollte, stand Rommel den Verlockungen einer politischen Karriere, als er den Landesdienst verlassen hatte, recht skeptisch gegenüber. Denn als OB musste er nicht laufend seine Meinung ändern, um mit der CDU übereinzustimmen. Einen Oberbürgermeister zeichnet es ja aus, wenn er sich nicht zu sehr auf Parteikurs bewegt. Nur bei wenigen Gelegenheiten wurde Rommel schwankend und überlegte, ob er nicht doch mit Hilfe der Partei ein anderes Amt anstreben sollte.

Die CDU hielt er stets für die Partei, die seine Grundhaltung am besten ausdrückt: ein auf Werten beruhendes Politikverständnis, bei praktischen Fragen eine möglichst pragmatische Herangehensweise, fest verankert in der Marktwirtschaft als der momentan besten Wirtschaftsform und eine Politik auf der Grundlage eines Bündnisses mit den USA. Beim Grundsätzlichen, räumte Rommel ein, könnte auch die SPD diese Ansprüche erfüllen. Dort gab es aber zu viele, „die ein moralisches Unbehagen empfinden, sobald sie das Wort Ökonomie hören". » Die Parteien werden sich immer unterscheiden durch die Persönlichkeiten. «

Zeitweise gab es allerdings in der CDU noch mehr Mitglieder, die Unbehagen empfanden, wenn Rommel klar für die vielen Migranten in den Großstädten Partei ergriff. Auch Rommels Rolle als Präsident des Deutschen Städtetags, wozu er wiederholt gewählt wurde, wenn die Reihe an der CDU war, brachte ihn zusammen mit seiner Neigung zum unparteiischen Philosophieren in die linke Ecke. Dabei scheute er sich auch nicht, sich mit dem lange Zeit mächtigsten CDU-Politiker Deutschlands anzulegen: mit Helmut Kohl, der in seiner Zeit als Ministerpräsident von Rheinland-Pfalz Rommel mit dem Posten eines Ministerialdirektors in Mainz zu locken versucht hatte. Vergeblich, denn Rommel hatte intuitiv gespürt, dass die Zusammenarbeit mit Kohl schwierig sein könnte. Er schätzte Kohl zwar und sah in ihm einen neuen, interessanten und agilen Politiker-Typus, allerdings einen von der Sorte, die nicht mehr so sehr auf Beratung durch die Verwaltung setzt.

IN BONN UNTER DAUERVERDACHT

Rommels Forderung nach einer großen Steuerreform, mit der die Städte vor dem finanziellen Kollaps bewahrt werden sollten, legte in den 1980er-Jahren den Grundstein für einen ernstlichen Zwist mit Kohl, der sich noch in die 90er-Jahre hineinzog. Die deutsche Wiedervereinigung ließ Rommels Befürchtungen wieder aufleben. Mitte 1991 forderte er Steuererhöhungen und ein langfristiges Finanzkonzept, weil eine höhere Mehrwertsteuer allein den Finanzbedarf der aufbaubedürftigen östlichen Bundesländer nicht stillen könne.

Jahre später gestand er gegenüber der „Stuttgarter Zeitung“ allerdings ein: „Mein Kampf um die Steuerreform, davon hätte ich die Finger lassen können.“

Inzwischen hatte ihm Kohl damit imponiert, „mit welcher Souveränität und mit welcher Courage er die deutsche Einheit zustande gebracht hat“. Er habe gemerkt, dass er Kohl vielleicht doch falsch eingeschätzt habe. Rommel gab zu, Kohls größte Stärke sei, dass sich bei ihm „Realismus in der Einschätzung von Menschen mit dem Optimismus in der Sache“ verbinde. Wie Kohl auch an Gewandtheit und Gelassenheit gewonnen habe, nötigte Rommel dann doch Bewunderung ab.

Gleichwohl bewegten sich Kohl und Rommel auf dünnem Eis, wenn sie sich trafen. Und der scheidende Stuttgarter OB schien selbst Ende 1996 noch ein wenig unsicher, wie Kohl ihn im Stuttgarter Opernhaus nun wohl in den Ruhestand verabschieden würde. Allenfalls die Tatsache, dass der Kanzler ihn schon 1995 zum neuen deutschen Koordinator für die deutsch-französische Zusammenarbeit berufen hatte, konnte Rommel doch ein wenig zuversichtlich stimmen. Doch erst nach dem Abschied am Stuttgarter Eckensee war Rommel sich endlich sicher, dass Kohl ihm seine Sünden vergeben habe.

SPÄTHS RIVALE UM DIE FILBINGER-NACHFOLGE

Viel früher hatte Rommel es schon mit einem anderen Parteifreund zu tun bekommen, von dem er anfangs wenig hielt, den er später aber zu schätzen lernte: mit Lothar Späth. Man schrieb das Jahr

1978. Rommels früherer Chef und Mentor Hans Filbinger konnte sich wegen seiner NS-Vergangenheit nicht mehr länger im Amt des baden-württembergischen Ministerpräsidenten halten.

Der Schriftsteller Rolf Hochhuth hatte Filbingers Rolle als NS-Marinerichter im Nationalsozialismus enthüllt, hatte ihn einen „furchtbaren Juristen" genannt. Die Medien nahmen sich Filbinger vor – und verständlicherweise mit wachsendem Interesse. Filbinger beharrte nämlich auf der formaljuristischen Korrektheit seines todbringenden Richterspruchs über einen Fahnenflüchtigen, wo menschliche Einsicht gefragt gewesen wäre. Wo Nachdenklichkeit, wenn nicht Selbstkritik geboten gewesen wäre, weil es ein Unrechtsstaat war, dem er zu seinem Recht verholfen hatte.

Filbinger musste am 7. August abtreten. Aber wer sollte ihm nachfolgen? Und wie würde Rommel damit umgehen, der von Filbinger später mit der Bemerkung geadelt wurde, es habe zwischen ihnen eine Freundschaft unter Männern ohne Rangunterschiede bestanden?

Zehn Tage lang bestand die Möglichkeit, dass die Landeshauptstadt ihren Oberbürgermeister nach nicht einmal vier Jahren wieder an die Landespolitik verlieren würde. Zehn Tage lang konkurrierten Rommel und der Innenminister Lothar Späth. Zwei Rivalen, die zwei Jahre zuvor eine Art von Stillhalteabkommen im Ringen um Filbingers Nachfolge geschlossen hatten, weil es damals noch nach einer langen Regentschaft des Badeners ausgesehen hatte. Die politischen Beobachter verzeichneten einen schärfer werdenden Wettbewerb zwischen den beiden Bewerbern und beobachteten, dass Rommel in kurzen Abständen den Medien immer neue Interviews gab.

Der damals 49-jährige Rommel trete plötzlich in einem dunkelblauen Anzug auf, obwohl er sonst immer schwäbisch-salopp im Synthetik-Nicki erscheine, berichtete das Nachrichtenmagazin „Der Spiegel". Solchermaßen auf staatsmännisch getrimmt, mache er im Landtag Honneurs vor den CDU-Abgeordneten, die ihren Regierungschef gerade zur Abdankung gezwungen hätten.

Man hätte in Rommel hineinsehen müssen, um zu wissen, wie sehr er sich die Nachfolge Filbingers wünschte. Da dies nicht möglich war, konnte man nur spekulieren. Hatte er in die Kandidatur um das OB-Amt 1974 vielleicht nur eingewilligt, weil er sich für den

Ministerpräsident Filbinger gibt 1978 auf: Rommel (links) sowie Erwin Teufel und Lothar Späth (von rechts) sind an seiner Seite.

Griff nach der Macht im Land vorbereiten wollte? Hatte Filbinger womöglich versucht, sich so einen potenziellen Rivalen vom Hals zu schaffen? Immerhin hatte der Ministerpräsident und Parteichef damals gedroht, wenn sich Rommel nicht um den OB-Sessel bemühe, werde er beim Land als Beamter versauern.

Nach außen gab Rommel in der Filbinger-Krise plötzlich gemischte Signale. Einerseits sagte er, wie seit 1975 schon in anderen Fällen praktiziert, er ziehe die Aufgabe als OB in Stuttgart anderen Aufgaben im Land vor. Andererseits räumte er ein, er könne nicht ausschließen, dass außergewöhnliche Umstände eine Änderung seiner Pläne erforderlich machen könnten. Und mit dem Rücktritt Filbingers waren dann plötzlich ungewöhnliche Verhältnisse entstanden.

Manche Abgeordnete setzten auf den bei den Menschen populären Rommel, weil sie es ihm zutrauten, bei der nächsten Landtagswahl ein Ergebnis einzufahren, wie man es eigentlich nur aus Bayern von der CSU kannte. Das wäre für diejenigen Parlamentarier, die daheim im Wahlkreis um ihr Mandat fürchten mussten, eine beruhigende Perspektive gewesen, allerdings auch nicht in den Wahlkreisen mit sehr konservativer Wählerschaft. Andererseits hätte man für die CDU den OB-Sessel in Stuttgart, kaum dass er errungen war, wieder aufs Spiel gesetzt.

Bei Lothar Späth lagen die Dinge anders. Von ihm wusste man, dass er willens war und sich für fähig hielt, Filbinger zu beerben. Mit der Rastlosigkeit und dem hohen Tempo, mit denen er die Politik betrieb, hatte er längst den Eindruck vermittelt, dass es ihm nicht schnell genug gehen könnte mit der Übernahme der vollen Regierungsverantwortung.

Als den besseren Erben von Filbinger und als Mann, der die Politik des abgetretenen Regierungschefs würde fortsetzen können, mussten sich in der gegebenen Lage beide inszenieren. Als langjähriger Mitarbeiter mochte Rommel dem abgehalfterten Ministerpräsidenten näher gestanden sein, andererseits ergab sich daraus auch eine größere Gewissensnot als bei Späth. Rommel warf sich ins Zeug, um sich öffentlich für Filbinger zu verwenden und den Grund für dessen Scheitern in taktischen Fehlern zu suchen. Filbinger sei keineswegs so eiskalt, wie manche meinten, versuchte der frühere Chefdenker des Ministerpräsidenten darzulegen.

Der OB kritisierte zwar auch, wie Teile der Öffentlichkeit, die formaljuristische Verteidigungslinie, mit der Filbinger versucht hatte, in dem Streit um die von ihm mitverantworteten Todesurteile gegen Deserteure in der NS-Zeit den Kopf doch noch aus der Schlinge zu ziehen. Rommel äußerte aber die Meinung, dass Filbinger wegen seiner Beteiligung an den Urteilen keine moralischen Fehler vorzuwerfen seien. Man könne ihm weder nach früherem noch nach aktuellem Recht vorwerfen, mit der Beteiligung an den Todesurteilen ein Verbrechen begangen zu haben.

Dass Filbinger den verhängnisvollen Satz sagte, „was damals rechtens war, kann heute nicht Unrecht sein", mochte Rommel ihm auch nicht so auslegen, wie es große Teile der Öffentlichkeit taten. Rommel zeigte sich überzeugt davon, dass die Todesurteile Filbinger bedrückten und dass er das Nazi-Regime für ein Unrechtssystem hielt. Diese Selbstverständlichkeit habe für Filbinger sozusagen vor der Klammer gestanden – nur gesagt hatte der angegriffene Regierungschef das nicht. Filbinger habe eben taktische Fehler gemacht, urteilte Rommel, der seinem früheren Chef damit goldene Brücken bauen wollte.

Noch 2007, als Filbinger gerade im Alter von 93 Jahren in seinem Haus in Freiburg-Günterstal gestorben war, nannte Rommel den Rücktritt „nicht gerechtfertigt". Wie andere Menschen, die die Zeit des Nationalsozialismus erlebt hatten, sei Filbinger „schicksalhaft in Dinge hineingekommen, die den Menschen heute erspart bleiben". Dadurch werde man, unabhängig von Schuld oder Unschuld, belastet. Ihm jedenfalls seien nie Zweifel an Filbingers aufrechter Haltung gekommen. Dass er selbst in der Schlussphase des Krieges ein Deserteur war, Filbinger als Marinerichter noch in der späten Kriegsphase an Kriegsgerichtsurteilen gegen Deserteure maßgeblich mitgewirkt hatte, dass sie nach dem Krieg als ungleiches Paar so lang zusammenarbeiteten, könnte man als eine gewisse Ironie der Geschichte begreifen. Rommel aber ließ nach der von Hochhuth ausgelösten Filbinger-Affäre nicht erkennen, dass er sich Gedanken darüber gemacht hätte, was mit ihm hätte geschehen können, wäre er vor so einen Richter wie den Marinerichter Filbinger gezerrt worden.

„Ich hätte ihn besser beraten", sagte Rommel 1978 sogar in einem „Spiegel"-Interview. Insbesondere hätte er Filbinger davon abgeraten, beim Landgericht Stuttgart Hilfe gegen Hochhuths Äußerung zu suchen, er sei „ein furchtbarer Jurist". Man müsse einfach damit rechnen, dass derartige Werturteile nach Auffassung von Gerichten „in sehr weitem Umfange zulässig sind". Ihm selbst, sagte Rommel, sei klar gewesen, dass der Antrag gegen Hochhuth bei Gericht nicht in vollem Umfang durchgehen würde – „und dass dann natürlich eine Fülle bedenklicher Schlussfolgerungen gezogen wird".

Rommel versuchte also, Filbingers Kurs kritisch zu kommentieren, zugleich aber dem angeschlagenen Parteifreund zu helfen, das Gesicht zu wahren. Wie einer, der es nicht erwarten konnte, dass Filbinger gehen muss, stand Rommel, der bedächtiger Wirkende der beiden Aspiranten, also nicht da. Manche Parteifreunde, hieß es, verübelten ihm die unerträglich lang währende Loyalität zu Filbinger, der zur Belastung für die Partei geworden war. Der forsche Lothar Späth versuchte zwar ebenfalls, pflichtgemäß im notwendigen Maß die Mitarbeit an der Ehrenrettung für Filbinger zu demonstrieren. Glaubhaft wirkte das allerdings weniger, hatte das Verhältnis von Filbinger und Späth zuvor doch nicht als innig oder auch nur als vertrauensvoll gegolten.

Bei der CDU-Landtagsfraktion, die den Konkurrenzkampf am Ende entscheiden musste, hatte Späth als deren früherer Vorsitzender ohnehin Startvorteile. Zudem nahm er das Heft in die Hand und organisierte es, dass die Vorsitzenden und Geschäftsführer der CDU-Kreisverbände in Sindelfingen zusammenkamen und einen Vize der Landespartei erleben konnten, der die Partei weiterbringen könnte: Lothar Späth. Rommel dagegen konnte oder wollte keinen Landesparteitag erzwingen, um mit einem für ihn positiven Votum der kompletten Parteibasis die Landtagsfraktion unter Druck zu setzen.

So geriet Rommel mehr und mehr in die Defensive. Als es in der Landtagsfraktion nach rund fünfstündigem Ringen zur Entscheidung kam, setzte sich der erst 40 Jahre alte Späth mit 42 zu 27 Stimmen durch. Zwei Fraktionsmitglieder konnten sich weder zum einen, noch zum anderen bekennen. Vergeblich hatte Manfred Wörner, der frühere Weggefährte Rommels und nunmehrige Obmann der baden-württembergischen CDU-Landesgruppe im Bundestag, sich für den Oberbürgermeister eingesetzt. Im CDU-Landesvorstand, in dem Späth aufgrund seiner Parteifunktion eigentlich mehr Rückhalt hatte als Rommel, fand sich auch nur eine knappe Ein-Stimmen-Mehrheit für den Landespolitiker.

Was wohl den Ausschlag gab für die Entscheidung der Fraktion? Die politischen Beobachter glaubten eine ganze Reihe von möglichen Gründen auszumachen. Vorneweg die Furcht, dass der Stuttgarter OB-Sessel bei einem Wechsel von Rommel in die Villa Reitzenstein für die Partei verloren gehen könnte. Auch Rommel selbst soll damit gerechnet haben, dass in diesem Fall der Stuttgarter SPD-Bundestagsabgeordnete und Verkehrs-Staatssekretär Ernst Haar die Macht im Rathaus erobern könnte.

Ganz sicher hatte Rommel auch so manchen CDU-Abgeordneten mit seinen liberalen Ansichten vergrätzt, gerade auch mit seiner Haltung in der Kulturpolitik. Dass er sich weigerte, auf den Spielplan des Staatstheater-Schauspiels Einfluss zu nehmen und auch bei dem Streit, ob das Theaterstück „Bambule" der Terroristin Ulrike Meinhof aufgeführt werden darf, betont zurückhaltend agierte, erschien manchen als übertrieben liberal. Seine Kritik, der Radikalenerlass sei mit bürokratischer Tölpelhaftigkeit umgesetzt worden, stieß ebenfalls auf Kritik – zumindest bei denen, die um den Fortbestand der Demokratie fürchteten, falls der eine oder andere Extremist durchschlüpfen und Beamter des Landes werden könnte.

Außerdem schien Späth auch Abgeordnete für sich gewonnen zu haben, die zwar Sympathie für Rommel hegten, seinen Kontrahenten aber als geeigneter ansahen für die taktischen und strategischen Erfordernisse der CDU. Ihr Kalkül war, dass die Landespartei mit Späth berechenbar und in etwa auf Filbingers Kurs bleibe, zudem war der Mann aus Bietigheim als früherer Fraktionschef auch für sie selbst eine berechenbare Größe. Das Risiko schien also geringer – mochten Demoskopen auch der Meinung sein, dass Rommel mehr liberale Stammwähler von der FDP zur CDU ziehen könnte.

Am Ende gelang Späth so ein unerwarteter Sieg über Rommel, mit dem der Schnellredner aus der Provinz seine im Schnellzugtempo vorangekommene Karriere krönte. Erst im Alter von 30 Jahren war er 1967, in der Zeit der Studentenbewegung, zur CDU gekommen. Ein Jahr später gehörte er dem Landtag an. Nach fünf Jahren war er Fraktionschef, und seit 1974 hatte er schon als möglicher Nachfolger von Filbinger gegolten – und nun hatte er Rommel hinter sich gelassen.

Das Resultat, berichteten Augenzeugen aus dem Landtag, sei dem OB sichtlich an die Nieren gegangen, obwohl ein Abgeordneter bei der Verkündung es ihm noch mit der Formulierung erträglicher machte, mit dem Herzen habe man sich für Rommel entschieden, mit dem Verstand für Späth. Eine Äußerung von Rommel selbst deutete darauf hin, dass Filbinger sich, anders als erwartet, trotz all der gemeinsamen Arbeitsjahre nicht für Rommel ins Zeug gelegt hatte. „Der hat uns beide gelobt und gesagt, wir seien Mordskerle“, wurde Rommel zitiert. In seinem Erinnerungsband schrieb Rommel 1998 sogar, Filbinger habe für Späth plädiert.

Damals trat der gestürzte Ministerpräsident, dem Späth in seiner Zeit als Fraktionschef ungewöhnlich viel Mitsprache beim Entwurf der Regierungsinitiativen abgetrotzt hatte, unbewegten Gesichtes vor die Öffentlichkeit und erklärte: „Meine Zusammenarbeit mit dem Designatus ist ganz vorzüglich.“ Eine Formel, die in dieser

Situation wohl als Minimum an Lob für den Nachfolger betrachtet werden muss, zumal Filbinger noch Landesvorsitzender der CDU war und demonstrieren musste, dass er die Reihen geschlossen halten wollte. » ALS ICH GEGEN LOTHAR SPÄTH UM DAS AMT DES MINISTERPRÄSIDENTEN KANDIDIERTE, HABE ICH DAS MEHR ALS PRESTIGEFRAGE GESEHEN. ICH HABE IHM NIE ERNSTHAFT NACHGETRAUERT. «

Rommel redete die Ambitionen, mit denen er in diese Entscheidung gegangen war, herunter. Er konnte aber nicht den Eindruck verhindern, dass er noch längere Zeit an dieser Zurücksetzung zu knabbern hatte. Vielleicht gestand er selbst sich auch ein, was andere in zunehmendem Maße zu erkennen glaubten: Im Grunde krankte der Wettbewerb mit Späth vor allem daran, dass Rommel zwar wollte, es an der letzten Entschlossenheit aber fehlen ließ. So wie er manchmal den Nachdruck hatte vermissen lassen, den Aufstieg auf der politischen Karriereleiter zu erzwingen. Ellbogen einzusetzen, sein Glück zu zwingen, das war Rommels Sache nicht. Im Wettbewerb mit Späth hatte er außerdem zu sehr darauf vertraut, dass er zum Zuge kommen könnte, weil er im Land populär war, während Späth damals noch nicht sehr bekannt und beliebt war.

Beide, Rommel und Späth, stellten ihr Duell nachher aus diesem Blickwinkel dar. Als er gegen den Minister um das Amt des Ministerpräsidenten kandidierte, habe er das mehr als eine Prestigefrage angesehen, gab Rommel zu Protokoll. Dem Umstand, dass er nicht Regierungschef wurde, habe er nie ernsthaft nachgetrauert. Seine Bettkissen seien nicht feucht von Tränen gewesen. „Eigentlich war ich recht beruhigt, dass ich im Stuttgarter Rathaus bleiben konnte, denn inzwischen hatte ich dieses Amt des Oberbürgermeisters wirklich schätzen gelernt“, behauptete Rommel später.

Der Sieger Späth formulierte es so: „Der sagte: Wenn ihr mich wollt, könnt ihr mich haben. Ich bin aber auch nicht sauer, wenn ihr nicht wollt.“ Für einen wie Späth, der aus ganz anderem Holz geschnitzt ist, war ein solches Vorgehen vermutlich mehr als abwegig.

Aus den Konkurrenten von 1978 sind dann doch noch politische Freunde geworden. Um Späth größere Wertschätzung entgegenzubringen, brauchte Rommel freilich einen erheblichen Anlauf. Zu Beginn der Bekanntschaft, gab er zu, habe er Späth zunächst noch für einen „virtuosen Navigator in flachen Gewässern“ gehalten. Dass der neue Ministerpräsident den Anschein erweckt habe, als würde er neben dem Land auch noch den Daimler-Benz-Konzern managen, fand Rommels Beifall nicht.

Im Laufe der Zeit bescheinigte er Späth dann aber doch „Tiefgang“. Er lernte Späths Art zu schätzen, die Wirklichkeit zu beobachten und sich eine Theorie daraus zu machen, mit der Späth gestalten wollte. Aber natürlich musste einem wie Rommel etwas verdächtig bleiben, dass Späth „schneller redete, als ich denken, geschweige denn sprechen konnte“. Ganz abgesehen davon, dass ein Pragmatiker wie Rommel ein Übermaß von Theorien im politischen Geschäft nicht mochte.

Je besser er Späth kennenlernte, desto mehr Sympathie habe er für ihn empfunden, schrieb Rommel 1997 bei einer Würdigung von Späth zu dessen 60. Geburtstag. Nun bezeichnete er ihn als Dynamiker mit Charisma. Aber nie durfte sich Späth davor sicher fühlen, von Rommel mit leisem Spott oder zumindest mit feiner Ironie überzogen zu werden. In den Jahren, da der Ministerpräsident in Asien der Globalisierung der Wirtschaft nachspürte, um der Politik daheim neue Impulse zu verschaffen, gab Rommel besonders gern einen Vers zum Besten: „Der Wind, der über Asien weht, flüstert leise Lothar Späth.“ Mit großem Fingerspitzengefühl sezierte Rommel Späths persönliche Eigenheiten und kleine Schwächen. Selbst im Urlaub versuche Späth, seine beachtlichen Beziehungen in der deutschen Wirtschaft auszubauen und zu vertiefen, lästerte Rommel. Der Ministerpräsident sei eben immer im Dienst. „Er kann auch zuhören, wenn es nicht zu lange dauert“, stellte Rommel fest. Späth könne sogar den Eindruck erwecken, bei mehreren Sitzungen gleichzeitig anwesend zu sein. „Er kam, stellte seine Mappe ab, meldete sich zu Wort, so dass jeder wusste, dass er da ist, ging, und nach einiger Zeit kam sein Fahrer und holte die Mappe“, enthüllte Rommel einmal launig.

Vielleicht die bissigste, aber auch die treffendste Charakterisierung dürfte jene gewesen sein, mit der Rommel in seinem Erinnerungsband Späths Arbeitsstil beschrieb. Zunehmend habe der Ministerpräsident sich von seinem Kabinett und von seinen Beamten gelöst, sich zum Alleinregenten und Alleinunterhalter entwickelt. „Sein Regierungsstil ähnelte dem Kaiser Napoleons, der aus der fahrenden Kutsche seinen Husaren Zettel zuwarf, die seine Befehle enthielten."

HARTE LINIE GEGEN DIE BANKENFUSION

Acht Jahre nach dem ungleichen Duell um den Posten, den Filbinger geräumt hatte, brachte Rommel dem Sieger Späth 1986 dann doch noch eine schmerzliche Niederlage bei. Zusammen mit dem Bankchef Walther Zügel vereitelte Rommel, der die Gesellschafterin Stadt in der Landesgirokasse Stuttgart vertrat, Späths Pläne für eine Bankenfusion im Land. Sie waren geleitet von der Furcht, die ins Schlingern gekommene Badische Kommunale Landesbank könnte mit ihren Millionenverlusten die angepeilte Großbank in Schwierigkeiten bringen. In der entscheidenden Sitzung des Verwaltungsrats der Bank weigerte sich Rommel, einen Telefonanruf des Ministerpräsidenten anzunehmen, der gerade in Frankreich weilte, einen Appell zur Zustimmung loswerden wollte und ob der Stummschaltung geradezu geschäumt haben soll vor Wut. Späth ließ vorübergehend mächtig Dampf ab. Doch es half nichts. Für einige Jahre sollte das Thema auf Eis gelegt sein. Erst nach Späths Amtszeit kam es zu einer einschneidenden Neuordnung der Banken.

Rommel kostete den Erfolg aus. Er arbeitete das Ringen um die Bankenfusion als Westerngeschichte auf. Darin machen sich ein paar Kumpels auf, mit dem Zug durch die Wüste nach Banker Hill zu fahren, um dort mit einer gewagten Aktion einen Haufen Dollars zu machen. Unterwegs dämmert es einigen, dass die Schienen gar nicht nach Banker Hill reichen, sondern irgendwo in der Wüste enden. Ein Teil der Bande will dennoch weiterfahren und macht mächtig Dampf, die anderen wollen anhalten und ziehen tatsächlich auch die Notbremse. So endet die „Höllenfahrt nach Banker Hill" unvermittelt. Die Bande geht wieder auseinander. Ihre Mitglieder machen sich wieder auf zu ihren Claims, um Gold zu schürfen wie vor der Höllenfahrt.

Die Geschichte, in der Rommel zwei Sparkassenpräsidenten und den Chef der Landesgirokasse unter so schönen Namen wie Old Fiddler auftreten lässt, wurde im ganzen Land bekannt. Dafür hatte Rommel selbst gesorgt, indem er das Manuskript nicht nur einigen Freun-

den gegeben hatte, sondern auch dem „Schwarzwälder Boten“. Es spreche für Späth und seine Regierung, schrieb Rommel später, dass sie die Sache mit Humor aufgenommen hätten. Der Ministerpräsident stellte das auch trefflich unter Beweis. Am Faschingsdienstag 1987 kam Späth, der in Rommels Persiflage als „Cowboy Late“ eingeführt wurde, nach einem kleinen Umweg über die Requisitenabteilung der Staatstheater ins Stuttgarter Rathaus: als Westmann geschminkt und kostümiert. So drang er in Rommels Büro ein, wo ihn die Kinder des OB-Referenten mit Spielzeugpistolen niederstreckten.

Im richtigen Leben kam Späth auch nie mehr nach Banker Hill. Seine Segeltörn-Affäre brachte ihn in schwere See. Er stand als Politiker da, der sein Amt mit privaten Kontakten zu Wirtschaftskapitänen verquickt und persönliche Vorteile bei Urlaubsreisen angenommen hatte. Nachdem Späth unter dem Druck der Medien am 13. Januar 1991 zurückgetreten war, ärgerte sich Rommel „offen gestanden saumäßig über die Kampagne gegen ihn“.

ABNEIGUNG GEGEN POLITISCHE TREIBJAGDEN

Reaktionen wie diese waren für Rommel nicht untypisch. Der vermeintlich „letzte Liberale im Land“ leistete sich zwar stets eine vom Parteikurs abweichende Meinung, er praktizierte seine Liberalität aber auch so, dass er Parteifreunden mit Affären großzügig Absolution erteilen konnte – wie eben im Falle Filbingers, dem es nicht gelungen war, die richtige Einstellung zum Umgang mit seiner Rolle in Nazi-Deutschland zu finden. Sehr deutlich kritisierte Rommel aber auch die „Treibjagd“ gegen den Bundestagspräsidenten Philipp Jenninger, der bei einer Rede über die unselige deutsche Geschichte etwas unbedacht Anlass zu Missverständnissen gegeben hatte. Und zu Beginn des Jahres 2012, als Bundespräsident Christian Wulff über seine privaten geschäftlichen Kontakte in der Zeit als niedersächsischer Ministerpräsident ins Visier der Medien kam, beobachtete Rommel die Vorgänge ebenfalls mit Unbehagen.

Die Wahrheit ist freilich auch, dass Rommel von jeher nicht nur Parteifreunde gegen Kritik verteidigte, sondern auch Politiker anderer Couleur davor schützen wollte, dass man ihnen Verhaltensweisen wie die von Heiligen abverlangte.

Man solle es bitte schön mit der „political correctness", den Forderungen nach untadeligem Verhalten der Politiker, nicht übertreiben, forderte Rommel wiederholt. An die Politiker würden, so warnte Rommel immer wieder, was ihr allgemeines Verhalten betreffe, gelegentlich zu hohe Erwartungen gestellt. Lediglich Rechtsverstöße, schränkte er ein, seien unzulässig. Sie sollte ein Politiker mit allem Nachdruck vermeiden, äußerte der Alt-OB im Januar 2000 nach der Parteispendenaffäre um den Bundeskanzler und CDU-Chef Helmut Kohl.

Zu diesem Zeitpunkt lagen die Turbulenzen um die Parteispendenaffären in Baden-Württemberg schon zehn Jahre zurück. Kein Geringerer als der frühere Bosch-Chef Hans L. Merkle, genannt „Gottvater", war damals neben dem Esslinger Industriellen Helmut Eberspächer ob seiner Steuer sparenden Parteifinanzierung für die CDU in die Mühlen der Justiz geraten. Rommel soll als Staatssekretär im Finanzministerium daran beteiligt gewesen sein, die Richtlinien für Parteispenden großzügig auszulegen. Das habe, hieß es damals, die Rechtfertigung dafür geliefert, dass die Gesellschaft zur Förderung der Wirtschaft Baden-Württembergs bis zu 49 Prozent ihrer Einnahmen für direkte Parteispenden nutzen konnte, nicht nur 25 Prozent – darauf berief sich jedenfalls vor Gericht die Verteidigung.

Nun mag die Parteienfinanzierung ein diskussionswürdiges Thema sein. Vielleicht kann man auch wie Rommel im Jahr 2000 in einem Interview des Deutschlandfunks skeptisch sein, ob die Vorschriften in allen Punkten klug und schlau oder nicht doch aus dem Hang zu Perfektionismus heraus überzogen sind – Rommels Verhalten im März 1990 sorgte allerdings für Irritationen. Obwohl er als Zeuge zum Prozess gegen den damals 77 Jahre alten Merkle geladen war, spekuliere der Jurist ungeniert über die Qualität der Rechtsfindung, wunderte man sich beim Nachrichtenmagazin „Der Spiegel" damals. Er wolle ja dem Gericht nicht vorgreifen, habe Rommel gesagt, aber er habe nicht den Eindruck, dass die Vorwürfe gegen den Angeklagten eine Verurteilung tragen würden. Vornehme Zurückhaltung sieht anders aus.

Rommel täuschte sich auch noch. Die Industriellen, vor deren Reaktion vor Gericht sich die Politik fürchtete, wurden verurteilt.

Der Stuttgarter OB hatte zuvor über seine Zeit im Finanzministerium noch ausgesagt, „wir haben alle Wert darauf gelegt, von den Details der Spendenabwicklung möglichst wenig zu wissen". Er habe erkannt, „dass die Bestimmungen so ziemlich dunkel waren" und habe sie bewusst im Dunkeln gelassen. Das müsse er sich vorwerfen. Die Landesfinanzverwaltung habe sich insgesamt nicht berufen gefühlt, bundesweit für Klarheit in diesen Dingen zu sorgen – zumal man beim Ministerpräsidenten Filbinger sicher auf völliges Unverständnis gestoßen wäre. Es habe sich nämlich um eine heikle Geschichte gehandelt.

Merkle, der bei der Verteilung von Geldern an die Politik eine Schlüsselrolle gespielt hatte, erhielt wegen Steuerhinterziehung in Höhe von 1,4 Millionen Mark eine „Verwarnung mit Strafvorbehalt" und die Auflage, insgesamt 600 000 Mark an wohltätige Einrichtungen zu spenden. Er ging in Revision, zog den Antrag allerdings wieder zurück und wertete die Auflagen, die keine Vorstrafe bedeuteten, als „moralischen Freispruch". Über Monate hinweg hielt er der Politik vor, dass sie die Exponenten der Wirtschaft allein gelassen habe, als die Parteispenden zum Problem geworden waren.

Eberspächer wurde nach dem bis dahin längsten Parteispendenverfahren in der Bundesrepublik wegen Steuerhinterziehung zu einer Geldstrafe in Höhe von 140 000 Mark verurteilt. Auch er legte Revision beim Bundesgerichtshof ein, scheiterte aber damit.

In der CDU-Parteispendenaffäre auf Bundesebene um Helmut Kohl, die etwa zur gleichen Zeit für höchste Turbulenzen sorgte, zeigte Rommel die gleichen Reflexe: Man möge bitte nicht erwarten, dass Politiker Heilige seien. Man solle, bitte schön, nicht zu viel Moral von ihnen verlangen. Und im nächsten Atemzug wendete Rommel die Affäre ins Positive, zeige sie doch, dass die Demokratie „solche Geschichten" ans Tageslicht bringe. Schade nur, dass seine Partei betroffen sei. Sein Vertrauen in den neuen CDU-Vorsitzenden Wolfgang Schäuble sei aber groß. Der Badener habe die Autorität, diese Affäre zu bereinigen, sagte Rommel. Schäuble könne auch gar nichts anderes tun, als bei Kohl die Preisgabe des Wissens über die Parteispenden zu fordern, das der Ex-Kanzler nicht herausrücken wollte. Damit übte Rommel wieder einmal Loyalität mit denen, die jetzt die Parteispitze verkörperten.

Immerhin, der andere, der zuvor die Partei war, nämlich Helmut Kohl, bekam dann unter dem Druck der Medien-Anfragen doch noch ein tadelndes Wort von Rommel zu hören, der mit dem „großen Dicken“ 1996 eigentlich endgültig Frieden geschlossen hatte. Man dürfe eben keine Gesetze wie das Parteienfinanzierungsgesetz beschließen, wenn man nicht gesonnen sei, sie einzuhalten, sagte Rommel an die Adresse von Kohl und Konsorten. Wer mit seinem Ehrenwort verspreche, rechtswidrige Zustände beizubehalten, stecke eben aus eigener Schuld in einer schwierigen Lage. Sein Mandat im Bundestag müsse Kohl deswegen aber nicht zurückgeben.

Unterm Strich hinterließ Rommel in jenen Jahren einmal mehr den Eindruck, dass er ein großes Herz für Sünder hat. Der Name Eberspächer taucht in seinem Erinnerungsband gar nicht auf. Merkle wird einmal kurz erwähnt, und zwar als Beispiel für die großen Firmenchefs in der Stadt, mit denen er sich nur getroffen habe, wenn es wirklich wichtig gewesen sei.

Erwartet hätte das Publikum von einem Politiker mit ethischen, ja moralischen Grundsätzen wahrscheinlich etwas anderes als ein so großes Herz für die Irrungen und Wirrungen der Politiker, ist Rommel doch selbst das lebendige Beispiel dafür, dass ein Politiker ohne Affären, Allüren und Extratouren ein Leben in das Gemeinwesen investieren kann. Und ein Anwalt der Demokratie wie Rommel wäre eigentlich eher dort zu vermuten, wo die Einhaltung der Spielregeln dieser Demokratie gefordert und die Beschädigung ihrer Institutionen missbilligt wird.

Verurteilen aber wollte Rommel Parteifreunde zeitlebens im Zweifel lieber nicht. Weder Kohl noch Wulff, obwohl dessen Neigung, sich Annehmlichkeiten von Freunden bezahlen zu lassen, bei Rommel undenkbar gewesen wäre. Genauso wie der Fehler, durch einen Anruf bei einem Chefredakteur auf die Berichterstattung einer Boulevardzeitung einwirken zu wollen. Anrufe bei Intendanten oder Chefredakteuren sowie Beschwerden über Berichte waren Rommels Sache nicht, hat sein früherer Presseamtsleiter Klaus Dieterle einmal verraten. Um Gegendarstellungen bemühte er sich ebenfalls nicht, Gelassenheit war vielmehr seine Art der Reaktion. Wenn einem der Finger zucke, schrieb Rommel in seinen Erinnerungen, solle man allenfalls an den Autor des unliebsamen Berichtes schreiben, am besten aber auch dieses Schreiben gar nicht abschicken, sondern aufbewahren, bis man es im Ruhestand wieder herausziehen und zu seiner Unterhaltung wieder lesen könne.

Für das Verhältnis zu den Medien galt bei Rommel dasselbe Prinzip, nach dem er auch bei Kontakten mit aufgebrachten Bürgern handelte: der Entschluss, dass er im Amt nicht beleidigungsfähig sei. Rommels Stil hätte also dem CDU-Freund Wulff helfen können, der das Bundespräsidentenamt letztendlich niederlegen musste.

» Die Verhältnisse sind dort am besten, wo die Journalisten alles schreiben können, was sie wollen, und die Politiker nicht alles machen, was Journalisten schreiben. «

Bei einem immerhin konnte Rommel immer guten Mutes sein, dass er keiner Fürsprache bedürfen würde: bei Erwin Teufel. Dieser CDU-Politiker, der wie die personifizierte Rechtschaffenheit und die Unschuld vom Lande in Erscheinung trat, war sicherlich der Ministerpräsident, der Rommel in puncto persönliche Integrität am ähnlichsten war.

ENDE DER AMBITIONEN

Nach Späths Rücktritt kam Rommel zwar mit Teufel zusammen noch einmal als personelle Möglichkeit für die Besetzung des vakanten Postens beim Land ins Spiel. Doch diese Phase währte noch weniger lang als Rommels Konkurrenz mit Späth um Filbingers Amt. Teufel schuf mit Hilfe der CDU-Fraktion im Landtag schnell vollendete Tatsachen. Ohnehin hatte Rommel sich nach der Niederlage gegen Späth vorgenommen, im Stuttgarter Rathaus zu bleiben. Als vom Volk gewählter und bei den Bürgern beliebter OB genoss er größtmögliche Unabhängigkeit von der Partei.

Rommels Streben nach Höherem war auch zu gering ausgeprägt, als dass er außerhalb des Bundeslandes hätte reüssieren können. Als der SPD-Politiker Helmut Schmidt im Jahr 1980 Rommel öffentlich empfahl, er solle sich in der Union um die Kanzlerkandidatur bewerben, denn er könne ihn als Nachfolger akzeptieren, hat diesem das ohne Zweifel geschmeichelt. Mehr aber auch nicht. Er habe keinen weitergehenden Ehrgeiz, sagte Rommel damals.

Ein Mann mit Profil – ein Mann fürs Kanzleramt? 1980 wird Rommel vom SPD-Politiker Helmut Schmidt ins Spiel gebracht.

Ein Lob wie dieses von Helmut Schmidt ist ohnehin von der Art, die einem Christdemokraten innerparteilich gefährlich werden kann – zumal dann, wenn der Gelobte in den eigenen Reihen schon als parteipolitisches Sicherheitsrisiko gilt, wie beim CSU-Vorsitzenden und ehemaligen Finanz- und Verteidigungsminister Franz Josef Strauß.

Ihn hatte Rommel schon zum Zeitpunkt von Kiesingers Regierungsbildung in Bonn kennengelernt. Später beschrieb er ihn als gescheiten, temperamentvollen, fantasievollen und nie um eine Formulierung verlegenen Machtmenschen, auf den allerdings auch eine Erfahrung zutreffe, die er, Rommel, gemacht habe: Auch solche Politiker aus Leidenschaft wie Strauß, Schmidt oder Kiesinger würden zur Zügelung ihres Temperaments veranlasst, wenn man ihnen Widerspruch entgegensetze und im unausweichlichen Wortwechsel seinen Mann stehen könne. » Es gibt auch in der Politik ein gewisses Aussteigertum. Es ist schlecht, wenn jemand aus der Verantwortung aussteigt, aber im Amt bleibt. «

In der Anfangsphase des Kabinetts Kiesinger in Bonn nahm Strauß Rommel einmal direkt aufs Korn. Beamte wie er hätten in der Beratung mit den Ministerpräsidenten nichts zu suchen, in der es um die Neuordnung der Finanzen zwischen Bund, Ländern und Kommunen gehen sollte, sagte Strauß. Es bedurfte schon des Eingreifens von Kiesinger, dass Rommel als Begleiter des Ministerpräsidenten Filbinger teilnehmen durfte. Später gab es verschiedene weitere Wiedersehen mit Strauß, der Rommels Hinweis, dass sie im Krieg beide bei der Luftwaffe gewesen seien, sogleich einzuordnen pflegte und auf die Rangunterschiede hinwies.

Nachdrücklich in Erinnerung blieb Rommel ein Treffen im Jahr 1980, als Strauß Kanzlerkandidat der Union war und auf dem Stuttgarter Marktplatz sprach. Dabei flogen Eier, die zwar nicht Strauß trafen, aber Rommel und seinen Protokollchef. Bei der Suche nach seinen Gegnern im Publikum machte Strauß in der Masse ein Transparent mit der Aufschrift aus: „Fett ist er geworden, der Hitler". Der Kandidat verlangte vom OB, es umgehend durch Polizisten beseitigen zu lassen, was Rommel freilich verweigerte, weil er eine Schlägerei befürchtete. Wutschnaubend ließ sich Strauß zu Rednerpult und Mikrofon dirigieren, wo er sich umgehend mit den Demonstranten anlegte.

Glücklicherweise konnte man ihn auf ein ganz anderes Transparent in der ersten Reihe verweisen, das von der Jungunionistin Catherine Rommel hochgehalten wurde. Die Aufschrift: „Jugend für Strauß". Der große Bayer habe deswegen später Tränen der Rührung in den Augen gehabt, erinnert sich Catherine. Zu Manfred Rommel sagte er: „Ich hätte nie gedacht, dass einer von deiner Familie noch was für mich tut."

EWIG DER SOHN DES GENERALFELDMARSCHALLS

Selten hat ein Mann so gegensätzliche Reaktionen ausgelöst wie Erwin Rommel. Er polarisiert. Hier die plumpen Nationalisten und berechnenden Propagandisten, die den Namen Rommel gezielt einsetzten. Die Heldenverehrer, die den General als deutsches Vorbild retten und von jedem Verdacht der nationalsozialistischen Gesinnung befreien wollten. Dort die Pazifisten, Antifaschisten und Aufklärer, die sich an jeder Kaserne und jeder Straße störten, die nach dem Generalfeldmarschall benannt wurde. Die Anstoß nahmen an Gedenksteinen für den Offizier und die „Nazi-Sau" oder „Faschist" draufsprühten. Die darauf verwiesen, dass Rommel der Lieblingsoffizier des Diktators Adolf Hitler war.

Wer aber kann zuverlässig sagen, was richtig ist am Mythos Rommel, welche Kritik ihm Unrecht antut und wo die Familie wissentlich oder unwissentlich unser Bild von Erwin Rommel schönfärbt? Einvernehmliche Schiedsrichter wären hoch willkommen, doch selbst die Historiker geraten in Streit darüber, wie die Fakten und die häufig unter irregulären Bedingungen niedergeschriebenen Aussagen von Rommel-Zeitgenossen zu interpretieren seien.

Mittendrin steht der Sohn, Manfred Rommel, der zeitlebens mit dem Bild seines toten Vaters gelebt hat. Nicht nur an den Tagen, sondern auch in den Nächten, wenn er schlief. Regelmäßig, gestand der Alt-OB im Jahr 2002, träume er, wie ihm der Vater erscheine. Das sei einer der eindrücklichsten seiner regelmäßig wiederkehrenden Träume, zu denen auch ein Traum gehöre, in dem er wieder Luftwaffenhelfer sei und wegen falscher Munition sein Maschinengewehr nicht laden könne. In anderen Träumen musste er als gestandener Mann das zweite juristische Staatsexamen wiederholen oder jemand seinen Arbeitsplatz im Innenministerium überlassen und nach Hause gehen.

In dem Traum mit seinem Vater trägt Erwin Rommel einen Militärmantel und ist in etwa in dem Alter, in dem er starb, also knapp 53 Jahre. Manfred Rommel selbst ist auch erwachsen. Er wundere sich, berichtete Rommel einmal, dass der Vater noch lebe und so lange nichts von sich hören ließ. Man befinde sich im selben Raum und sei doch weit voneinander entfernt. Er gehe auf den Vater zu, doch dann sei der Traum auch schon vorbei – ohne dass es zu einem Gespräch gekommen wäre.

Die Sprachlosigkeit, die sich durch diesen Traum zieht, wunderte Manfred Rommel selbst. Er wünschte sich, dass ihm im Traum all die Fragen einfallen würden, die er tagsüber im wachen Zustand gern an den Vater richten würde, wenn es ginge. „Ich würde ihn nach Hitler fragen", schrieb Manfred Rommel dazu, „ich würde ihn fragen, wie das alles möglich war. Wie dieser Krieg geführt werden konnte gegen die Interessen des deutschen Volkes. Ich würde ihn fragen, was man damals wusste und was nicht." Denn bei der Betrachtung der Geschichte nehme man fälschlicherweise ja gern an, dass die Menschen früher all das hätten wissen können oder sogar müssen, was im Nachhinein als klar und vorhersehbar erscheine. Er sei davon überzeugt, resümierte Rommel, dass die Redensweisen und Verhaltensweisen nicht anders wären, wenn man die Menschen von damals und heute in die jeweils andere Zeit versetzen könnte.

Manchmal, wenn er von diesem Traum erzählte, tröstete Manfred Rommel sich und seine Gesprächspartner gleich wieder. Er habe mit seinem Vater, als der noch lebte, verhältnismäßig viel geredet. Damals, als er sich in Herrlingen von den in Frankreich erlittenen Verletzungen erholen wollte, bevor die beiden Generäle Burgdorf und Maisel ihm auf Hitlers Geheiß das Gift überbrachten. Trotzdem würde er gern mit seinem Vater über all die Fehler damals und die Lehren aus dieser Zeit sprechen.

Manfred Rommel – der ewige Sohn. Immer verehrte er den Vater. „In den späten Jahren mit noch größerer Einsicht als in den Jugendjahren." Nie würde er dem Vater irgendwelche Vorwürfe machen ob dessen Rolle, sagte der Sohn. Er hat ihn auch nicht in die Kritik eingeschlossen, die er 1978 aus Anlass des Gedenkens an die Reichspogromnacht vortrug: dass zu viele Menschen gemeint hätten, sie müssten die ihnen vom Staat zugewiesenen Pflichten in Beruf und Amt erfüllen.

Für den Mut und die Bereitschaft Erwin Rommels, sein Leben zu opfern, empfand sein Sohn immer Bewunderung. Daran änderte auch das Wissen um die Ereignisse im Nationalsozialismus und die Mitwirkung Erwin Rommels nichts, denn nicht die Aufopferungsbereitschaft seines Vaters habe dazu geführt, sondern der Missbrauch, der in niederträchtiger Art und Weise mit dem blinden Mut und der blinden Opferbereitschaft so vieler Menschen betrieben worden sei. Der schreckliche Künstler Adolf Hitler, der als letzten Akt den Untergang des eigenen Volkes inszeniert habe – „ohne jedes schlechte Gewissen, in dem ununterbrochenen Glauben, etwas Heroisches, noch nie Dagewesenes zu vollbringen". Gleichwohl war sich Manfred Rommel natürlich darüber im Klaren, dass es besonders schwierig ist, in diesem Kontext das Ansehen seines umstrittenen Vaters zu pflegen.

Jahrzehnte rätselte die Welt, wer und was Erwin Rommel war: Wie sehr er als Wehrmachtsoffizier mit den Nationalsozialisten und dem verbrecherischen Diktator verstrickt war? Wie weit er sich später dem Widerstand in Deutschland angenähert oder gar angeschlossen hat? Wo Manfred Rommel auch hinkam, oft wurden von ihm Antworten erwartet.

Unbestritten war Erwin Rommel zunächst ein Günstling Hitlers und verdankte ihm seine Karriere. Allein schon Rommels im Jahr 1937 erschienenes Buch „Infanterie greift an" mit den Erfahrungen aus dem Ersten Weltkrieg weckte Hitlers Interesse. Rommels Leistungen taten ein Übriges, so dass Hitler ihm 1940 sogar eine Panzertruppe anvertraute, was ein Novum war. Zuvor hatten stets Kavalleristen den Befehl über die Panzertruppe erhalten, keine Infanteristen. So stieg der unpolitische, aber karrierebewusste, ehrgeizige und wiederholt auf die ihm zustehenden Auszeichnungen insistierende Offizier immer weiter auf. 1942 wurde er von Hitler zum Generalfeldmarschall befördert und bewunderte seinerseits den Führer – bis bei Rommel schließlich ein Prozess der Loslösung von Hitler einsetzte, dessen Ursachen, Dauer, Geradlinigkeit und Konsequenz seit damals Gegenstand von Interpretationen und Meinungsverschiedenheiten sind.

Sein Vater, so lautete Manfred Rommels Formel, habe nicht zu den aktiven Widerständlern gehört. Was ihn bewegte und was er tat, sei eine andere Art des Widerstands gewesen. Erwin Rommel habe die Ermordung Hitlers nicht aus moralischen, sondern vor allem aus vernünftigen Gründen für falsch gehalten. Er habe befürchtet, dass ein Hitler-Mythos entstehen würde, dass viele Bürger und Soldaten den Attentätern die Gefolgschaft verweigern und Deutschland in einen Bürgerkrieg versinken würde. Erwin Rommel hätte aber 1944 den Krieg, der nicht mehr zu gewinnen war, beenden wollen, wäre er nicht in Frankreich durch feindliche Tiefflieger schwer verletzt worden.

Noch am selben Tag, an dem Erwin Rommel am 14. Oktober 1944 daheim in Herrlingen die Sendboten mit Hitlers Schicksalsspruch erwartete, habe der Vater darüber gesprochen, sagte Manfred Rommel 1999 in einem Interview. „Jeder Schuss, den wir im Westen abgeben, trifft uns selbst", zitiert der Sohn den Vater, der der Meinung gewesen sei, man müsse die Briten und die Amerikaner von Westen tief nach Deutschland hineinziehen lassen, damit die Rote Armee nicht so große Teile Deutschlands erobert. An der Westfront wolle er keine Aufgabe mehr übernehmen, auch wenn die erwarteten Generäle ihm eine anbieten sollten, soll Erwin Rommel am Tag seines Todes gesagt haben. Denn damit habe er auch noch gerechnet: dass Hitler ihm eine andere Aufgabe anbieten lässt – oder er noch am selben Abend tot sei. Es gab dann doch keine neue Aufgabe mehr für Erwin Rommel. Nur den Tod – einen Tod, der ihn unsterblich machen sollte. » NIEMAND VON UNS KANN ZUVERLÄSSIG SAGEN, WIE ER SICH UNTER DEN VERHÄLTNISSEN DES DRITTEN REICHES IN BESTIMMTEN SITUATIONEN BENOMMEN HÄTTE. UMSO MEHR VERDIENEN DIEJENIGEN RESPEKT, DIE SICH GEGEN HITLER AUFZULEHNEN VERSUCHT HABEN. «

Rummel um den toten Rommel, falscher Beifall für den Kriegshelden – das wollte Manfred Rommel in der Nachkriegszeit freilich verhindern, nachdem er erst einmal einige Veröffentlichungen aktiv unterstützt und den Wirbel erlebt hatte, den sie auslösten. Die Auseinandersetzung zu verweigern und im Elfenbeinturm die Familientradition zu pflegen, wäre vermutlich aber auch zum Misserfolg verurteilt gewesen. In diesem Spannungsfeld absolvierte Manfred Rommel seinen Balanceakt.

Wenn er je vergessen hätte, wie sehr sein Vater noch lange nach dem Zweiten Weltkrieg bewundert und verklärt wurde, dann wäre er an jedem 14. Oktober daran erinnert worden. An dem Tag, da sich der Todestag seines Vaters jährt und an dem man sich üblicherweise ans Grab begibt, um des Verstorbenen zu gedenken.

Für Manfred Rommel waren das nie völlig private, stille Momente. Es war ein Gedenken im Licht der Öffentlichkeit, mit dem Aufmarsch von Kriegsveteranen aus nah und fern, von Bundeswehr-Soldaten und Vertretern der einstmaligen Alliierten, also der deutschen Gegner im Zweiten Weltkrieg. Es war jedes Mal ein Riesenauftrieb, der natürlich auch jene nicht gleichgültig lassen konnte, die sich am Rommel-Rummel stören und den Kult um den Kriegshelden beanstanden.

GRENZENLOSE ROMMEL-VEREHRUNG

Das Phänomen der Verehrung von Adolf Hitler und Erwin Rommel im Ausland musste den Sohn des Generalfeldmarschalls auch sehr nachdenklich stimmen. Die weit verbreitete Hitler-Verehrung in Indien führte dazu, dass in Stuttgarts Partnerstadt Mumbai, dem früheren Bombay, ein Lokal nach Hitler benannt wurde. Und in Marsa Matruh, der letzten großen ägyptischen Provinzstadt vor der libyschen Grenze, gibt es seit dem Ende der 1970er-Jahre ein Rommel-Museum. In einer Höhle, die Erwin Rommel beim Afrika-Feldzug als Hauptquartier gedient haben soll, gleich neben dem Strand, an dem der Befehlshaber badete und an dem lang vor dieser Zeit die ägyptische Königin Kleopatra gebadet haben soll. 13 Schwarzweißbilder erinnern in dieser Höhle an Erwin Rommel, alte Feldkarten, eine Rommel-Büste, eine verstaubte Kiste, eine Hakenkreuzflagge und einer von Rommels berühmten Mänteln, den der Sohn den Ägyptern zur Verfügung gestellt hat.

Natürlich, das Rommel-Museum ist wie die „Rommel-Insel“ vor Marsa Matruh und wie der „Rommel-Strand“ zuallererst ein Hinweis darauf, wie ein ägyptisches Provinznest am Rand der Wüste eine Attraktion schaffen wollte – fernab des Nils, der Pyramiden und der Mumien im Abseits der modernen und auch der alten ägyptischen Welt. Weil die schönen Strände nicht ausreichen, um Marsa Matruh

Ein nachdenklicher Rommel: 1979 besuchte er El Alamein, wo sein Vater im Afrika-Feldzug 1942 geschlagen worden war.

zu einer touristischen Attraktion mit großer Anziehungskraft zu machen. Weil es eine gewisse Bedeutung im Moment nur daraus ableiten kann, dass einstmals ganz in der Nähe Legionen von Landminen vergraben wurden. Dass hier der Krieg zwischen Deutschen und Italienern sowie den Engländern tobte – und dass Erwin Rommel 184 Kilometer östlich, in El Alamein, vernichtend geschlagen wurde.

Marsa Matruh ist aber nur ein Phänomen der teils unbewussten, teils naiven, manchmal aber auch recht bewussten Verehrung Erwin Rommels in Ägypten. Sie speist sich nicht nur aus der Bewunderung für Rommels Kriegsführung, die dem ganzen Rommel-Kult zugrunde liegt, sondern auch aus der Ablehnung der Briten, die Rommel bekämpft hat. Auch aus dem Wissen, dass er der Offizier Adolf Hitlers war, der die Juden hasste und bekämpfte. Und in der Abneigung gegen die Juden, die in Palästina gegen ihre arabischen Brüder stehen, fühlen sich manche Ägypter mit den Vertretern von Nazi-Deutschland einig.

So wird im Umkehrschluss auch erst verständlich, warum Manfred Rommels Auftreten in Israel und seine Auszeichnung mit dem Ehrentitel des Guardian of Jerusalem viele Israelis erst einmal an den Rand der Fassungslosigkeit bringen musste. Weil sie den Vätern noch die Furcht davor nachempfinden konnten, was wahrscheinlich geschehen wäre, hätte Rommel in El Alamein gesiegt und den Suezkanal erreicht. Sein Sohn Manfred hat aber nicht nur die höchste Ehrung in Jerusalem erfahren, sondern ist auch in Kairo zum Ehrenbürger ernannt worden, wahrscheinlich zum ersten überhaupt und wahrscheinlich auf Geheiß von Staatspräsident Anwar El Sadat.

Diese Melange der Gefühle und Kalküle, das Zusammentreffen von Irrationalität und Berechnung will erst einmal gemeistert sein. Die Pflege des väterlichen Andenkens musste von Manfred Rommel zwangsläufig in diesem Zwiespalt zwischen privater Verehrung und privater Entzauberung des Vaters, zwischen gesellschaftlicher Verklärung des Generalfeldmarschalls und gesellschaftlicher Ablehnung als Hitlers Lieblingsoffizier stattfinden. Und immer bestand die Gefahr, dass Ewiggestrige Erwin Rommel wieder instrumentalisieren könnten wie weiland die Nationalsozialisten den deutschen Publikumsliebling.

Gegen sie versuchte Manfred Rommel sich demonstrativ abzugrenzen. „Der rechte Extremismus hat keine humanitären Ziele“, stellte er klar, „er ist nach der unheilvollen Geschichte des Nationalsozialismus ein geschmacklicher und gefährlicher Anachronismus.“

Ohne das feine Sensorium Manfred Rommels und ohne sein Fingerspitzengefühl, das die Spende des Offiziersmantels für Marsa Matruh fast schon wie einen seltenen Missgriff erscheinen lässt, hätte seine Mission leicht außer Kontrolle geraten können. Seine Mission, das Vaterbild angemessen zu interpretieren und die Pflege der Familientradition auszubalancieren nach bestem Wissen und Gewissen.

Manfred Rommel wählte den Grundton der Zurückhaltung. Er versagte sich nicht den Stolz auf seinen Vater. Aber er ging mit dem Vater in der Öffentlichkeit ohne Pathos um, wahrscheinlich auch im

Privatleben, denn Pathos war nie seine Art. Er vermied es umsichtig, die Rolle Erwin Rommels in grober Weise zu glorifizieren. Oder wie es seine Adoptivtochter Catherine Rommel sagt: „Man ging konservativ, passiv mit Erwin Rommel um."

Eine aktivere Traditionspflege hätte mit großer Wahrscheinlichkeit einen Rückschlag gebracht. Es gab schon Anlässe genug, die bei manchen Bürgern die Geduld aufs Äußerste strapazierten: dass die Bundesregierung Bundeswehrschiffe mit Beteiligung der Familie auf den Namen Rommel taufen ließ, dass eine Kaserne zum Beispiel in Dornstadt bei Ulm nach Rommel benannt wurde oder dass in Erwin Rommels Heimatstadt Heidenheim ein Gedenkstein für ihn errichtet wurde, auf dessen Rückseite die wesentlichen militärischen Etappen des Offiziers festgehalten sind.

Doch ganz sicher ist, dass Manfred Rommels Bangen um das richtige Andenken an seinen Vater ihn zu Lebzeiten nie verlassen wird. Dieses Bangen, das bei allem Zwang zur begrifflichen Klarheit und zur historischen Faktentreue doch stets von liebevoller Achtung für den Vater gezeichnet ist, wiewohl auch seine persönliche Auseinandersetzung mit Erwin Rommel ambivalent ist und Züge eines Kräftemessens mit dem toten Vater annimmt.

Darüber kann auch die spielerische, humorvolle Art nicht ganz hinwegtäuschen, in der Manfred Rommel sich mit Erwin Rommel verglichen hat. 1970 sagte er, gerade Ministerialdirigent geworden, scherzhaft zu seiner Mutter, sein Rang als Beamter entspreche jetzt dem eines Brigadegenerals in der Armee. Der Vater sei mit 41 Jahren noch Hauptmann gewesen. Als Beamter des Finanzministeriums schaute Manfred Rommel auch voller Interesse in die Finanzakte seines Vaters. Nach der Wahl zum Oberbürgermeister wurde ihm klar, dass er nun in der gleichen Besoldungsgruppe rangiere wie sein Vater als Generaloberst. In einem Rundfunkinterview ging er im Jahr 1999 erneut darauf ein und fügte launig hinzu: „Das hat dann auch mein Selbstwertgefühl erhöht."

Das Feld, auf dem der Stuttgarter Alt-OB die Familientradition pflegt, ist vermint. Er schulterte ein großes Erbe und eine noch größere Last. So große Komplexität, eine so große Herausforderung musste fast zwangsläufig einen Menschen erwachsen lassen, einen Politiker, der einfachen Antworten misstraut.

AUCH DIE BUNDESWEHR BRAUCHT DEN WÜSTENFUCHS

Erwin Rommels Rolle als Namenspate sorgte nach dem Krieg schnell für Zündstoff. Dahinter stand die grundsätzliche Frage, wie unbefangen die Deutschen eigentlich mit dieser Heldenfigur umgehen dürfen. Ob sie Rommels Ruhm pflegen dürfen wie Franzosen und Engländer den Ruhm ihrer eigenen Kriegshelden – oder wie Engländer und Amerikaner sogar Rommels Ansehen in Ehren halten. Eine Streitfrage, die zunächst ganz praktischer Natur war. Inzwischen sind die Reihen der alten Kämpfer zwar sehr gelichtet, jahrzehntelang haben ehemalige Angehörige des deutschen Afrikakorps oder anderer Verbände jedoch die Erinnerung mit regelmäßigen Veranstaltungen hochgehalten – so wie Erwin Rommel selbst in den 1930er-Jahren bei Treffen der ehemaligen württembergischen Gebirgsjäger die Erinnerung an die Kämpfe im Ersten Welt-

1961 wird die Bundeswehrkaserne in Augustdorf nach Erwin Rommel benannt. Witwe (links im Bild) und Sohn nehmen an der Feierstunde teil.

krieg hochgehalten hatte. Deswegen musste es zwangsläufig zu Konflikten kommen.

Hinter dem Streit um die Rommel-Namenspatenschaft stand letztlich die Frage, ob es eine Traditionslinie von der Wehrmacht unter Hitler zur Bundeswehr in der demokratischen Bundesrepublik Deutschland geben kann. Auch die Antworten darauf sind in den vergangenen Jahrzehnten sehr unterschiedlich ausgefallen.

Früheren Wehrmachtsoffizieren wie dem einstigen Rommel-Stabschef und späteren Bundeswehrgeneral Hans Speidel wird der Versuch zugerechnet, mit Hilfe der populären und mythisch verklärten Figur Erwin Rommel die fragwürdige Verbindung hergestellt zu haben. Rommel, zuerst von anderen und dann auch von Speidel in einer Veröffentlichung mit dem Widerstand in Verbindung gebracht, schien jahrelang als trefflicher Beleg durchzugehen, dass die Wehrmacht insgesamt in der Nazizeit sauber geblieben sei. Später stellte eine Ausstellung über die Wehrmacht diesen Glauben zur Empörung zahlreicher alter Kombattanten partiell in Frage. Der Beweis, dass auch Angehörige der Wehrmacht an Kriegsverbrechen und Verbrechen gegen die Menschlichkeit beteiligt waren, gilt inzwischen als erbracht.

Manche, die das Denkmal in Heidenheim mit Schmierereien besudelten und Rommel zum Faschisten abstempeln wollten, dehnten diesen Vorwurf gegen Teile der Wehrmacht auf den Generalfeldmarschall aus. Andere Kritiker kreideten ihm, wesentlich differenzierter, an, dass er den Verschwörern vom 20. Juli 1944 letztlich eben doch die aktive Mitwirkung verweigert hatte – was sich mit dem Stand der Forschungen deckte, wonach Rommel lediglich Mitwisser des Widerstands war und möglicherweise die Bereitschaft signalisiert hatte, in einer Zeit unmittelbar nach Hitler zur Übernahme von Aufgaben in Staat und Wehrmacht bereit zu sein.

Reicht das, um das Sinnbild braven deutschen Soldatentums und Vorbild für die Bundeswehr sein zu können, was Speidel seinem früheren Waffengefährten nach dem Krieg bescheinigt hatte? An dieser Frage, an der Frage, ob die Bundeswehr sich wieder trennen müsste vom Namen Rommel, schieden sich in Kultur und Politik bisweilen die Geister. Doch der Bruch ist bisher nicht vollzogen. Noch gilt, was die Ausstellungsmacher und Historiker des Hauses der Geschichte 2008 sehr eingängig postulierten: Der Mythos Rommel, von unterschiedlichen Urhebern aus sehr unterschiedlichen Motiven begründet und gefestigt, hat den politischen Systemwechsel von der Diktatur zum demokratischen Staat geschafft – und er hat ihn bisher durchgehalten.

NACHLASSSPENDE FÜR DAS HAUS DER GESCHICHTE

Am 12. Oktober 2001, kurz bevor sich Erwin Rommels Todestag zum 57. Mal jährte, gab Manfred Rommel eine Reihe von „wertvollen Erinnerungsstücken" an seinen Vater vertrauensvoll in andere Hände: die Totenmaske, den Marschallsstab, ein bei den Feldzügen zum Einsatz gekommenes Fernglas, Orden und Ehrenzeichen aus zwei Weltkriegen und die Denkschrift „Bericht zur Lage", die Rommel Anfang Juli 1944 für Hitler verfasst hatte, um ihn zu Konsequenzen aus der aussichtslosen militärischen Entwicklung zu veranlassen. „Der ungleiche Kampf geht dem Ende entgegen", steht darin geschrieben.

Anders als der gerade im OB-Amt angekommene Manfred Rommel spendete der Altoberbürgermeister jetzt keine Erinnerungsstücke für bedenkenlose Verehrer Erwin Rommels am Rand der afrikanischen Wüste. Diesmal nahm sie kein Geringerer entgegen als der Ministerpräsident Erwin Teufel. Und die vorgesehene Aufbewahrung und die Präsentation im Haus der Geschichte Baden-Württemberg boten ausreichend Gewähr dafür, dass verantwortungsvoll mit den Requisiten des Top-Generals umgegangen würde. Der Kreis der Teilnehmer, die zur Übergabe im Staatsministerium eingeladen worden waren, sollte wohl zusätzlich ein Zeichen setzen. Neben Vertretern der US-Streitkräfte in Stuttgart und der Bundeswehr hatte sich auch der Sohn des Hitler-Attentäters Claus Schenk Graf von Stauffenberg, der Generalmajor a. D. Berthold Schenk Graf von Stauffenberg, in der Villa Reitzenstein eingefunden.

Gleichwohl war Rommel, der ungewohnt ernst wirkte, sehr gewärtig, wie ambivalent die Konservierung dieser Erinnerungsstücke für die Nachwelt verstanden werden könnte. Er vertraue sie einem Staat an, rechtfertigte Rommel sich, der sich als demokratisches

Am 12. Oktober 2001 gibt Manfred Rommel den Nachlass des Vaters in die Obhut des Landes, auch die Totenmaske von Erwin Rommel.

Gemeinwesen bewährt habe. Es gehe hier nicht um Symbole für rechtsradikale Vorstellungen. Die Erinnerungsstücke sollten so verwendet werden, „dass niemals wieder der Gedanke an eine Diktatur aufkommen kann". Die künftigen Generationen sollten daraus lernen. Dann gingen sie in den Besitz des Museums über, das damals im Aufbau begriffen war.

Hier der Orden *Pour le Mérite,* das Ritterkreuz mit Eichenlaub, Schwertern und Brillanten sowie der Stander der „Horch"-Limousine, in der Erwin Rommel während eines Fliegerangriffs in der Normandie unterwegs war – dort die Mahnschrift für den Führer: Da waren sie wieder, die beiden Seiten des Offiziers, die der Welt das Urteil über ihn so schwer machen und bis heute für emotionale Auseinandersetzung sorgen, zusammen mit den zunächst mysteriösen Hintergründen des erzwungenen Selbstmordes aber auch die Erinnerung an Erwin Rommel wachhalten.

Ministerpräsident Teufel nannte diesen scheinbar widersprüchlichen Erwin Rommel, der in eine Zeit größter Veränderungen in einer kurzen Phase der Geschichte gestellt war und sich mit ihnen verändern musste, „eine große Persönlichkeit, die dem Land Württemberg zeitlebens eng verbunden war". Aus den persönlichen Verstrickungen ins Dritte Reich habe Rommel den Weg zum Widerstand gegen Hitler gefunden. Er habe, sagte Teufel, größte Hochachtung vor diesem Ringen mit dem eigenen Gewissen.

GUT FREUND MIT EINEM ANDEREN MARSCHALLSSOHN

Der Stuttgarter OB suchte bei seiner Auseinandersetzung mit der väterlichen Geschichte mehr als einmal das Treffen mit einem anderen Sohn eines Feldmarschalls, eines Offiziers von der anderen Seite der ehemaligen Kriegsfront: mit David Bernard Montgomery, Sohn von Bernard Law Montgomery. Die berühmten Väter bekriegten sich als Panzergeneräle. In Afrika führte dies Ende Oktober 1942 zu der verbissenen militärischen Schlacht um El Alamein. Die Söhne wurden Freunde. Sie trafen sich in London und in Stuttgart, und gemeinsam besuchten sie fast 70 Jahre nach der Schlacht von El Alamein die Erwin-Rommel-Ausstellung im Haus der Geschichte Baden-Würt-

Zwei Söhne von gegnerischen Generalfeldmarschällen im Reich der Erinnerung: Manfred Rommel und David Bernard Montgomery.

temberg. Ihr Treffen hatte keinen Sieger und keinen Verlierer. Nur Gewinner. Denn es unterstrich, dass aus Feinden von einst Freunde wurden. Im Kleinen, bei den Söhnen der Generäle, und auch auf höherer Ebene, zwischen den einst verfeindeten Staaten.

Er fühle sich sehr geehrt, dass Montgomery zum dritten Mal nach Stuttgart gekommen sei und sich die Ausstellung ansehe, sagte Manfred Rommel. Und auch er erwies dem anderen Ehre, indem er ausschließlich auf Englisch das Wort an Montgomery richtete und auch an die Journalisten, die Zeugen des Treffens sein wollten. Ab und zu machte sich Rommel Notizen. Dann wieder ergriff er das Mikrofon und sprach hinein. Ganz leise.

Mit Montgomery junior, auch Jahrgang 1928, hat es das Schicksal zumindest in einer Hinsicht besser gemeint als mit Rommel junior, dessen Parkinson-Krankheit sich kurz zuvor verschärft und ihn in den Rollstuhl gezwungen hatte. Diese Krankheit, die ihm mal größere Anstrengungen abverlangt, dann wieder auch einmal geringere. Diese Geißel, gegen die Rommel tapfer ankämpft.

Der Montag mit Montgomery im Haus der Geschichte war einer jener Tage, die Rommel besonders wichtig sind. Diesen Termin wollte er unbedingt wahrnehmen. Kaum war sein Rollstuhl ins Foyer des Ausstellungssaals gefahren, da zeigte er sich, den äußeren Widrigkeiten zum Trotz, ganz präsent. Zwei Stunden lang. Gemeinsam besichtigten er und Montgomery die Ausstellungsstücke wie den Marschallstab, beugten sich über Schriftstücke wie den Brief Erwin Rommels an seine Frau, in dem er ein Englisch-Wörterbuch nach Afrika bestellte, um für die Kriegsereignisse gewappnet zu sein.

Zusammen standen die berühmten Söhne auch sechs Gymnasiasten aus Albstadt-Ebingen Rede und Antwort. Geduldig und bereitwillig gewährten sie Einblick in zwei Familiengeschichten, die sich für ein paar Jahre mit der Weltgeschichte überschnitten.

Sein Vater habe den brillanten General Rommel verehrt, gestand Montgomery. Ja, der 1976 verstorbene britische Feldmarschall habe sogar zeitlebens bedauert, dass er Erwin Rommel nach dem Krieg nicht mehr treffen konnte.

Lang nachdem Hitler seinen General heimlich zum Selbstmord gezwungen und seine Beliebtheit mit einem inszenierten Staatsbegräbnis in Ulm ein letztes Mal für seine Zwecke ausgebeutet hatte, wurde Erwin Rommel in der Familie Montgomery noch oft erwähnt – nicht nur, weil einer der beiden Hunde der Familie „Rommel" hieß, der andere „Hitler". Die Generäle schätzten sich eben und verstanden sich als „professionelle Soldaten", wie Montgomery jr. sagte, nicht als Ideologen. Der Mythos Rommel sei aber viel größer als der Mythos Montgomery, sagte der Brite mit Blick auf die seiner Meinung nach „brillante Ausstellung", die schon bald Zehntausende von Besuchern anlockte.

Die Söhne, die sich Ende der 1970er-Jahre in London kennengelernt hatten, ähnelten sich im Denken ebenfalls. Montgomery zeigte sich besorgt, weil für die meisten jungen Menschen heute Fußballmannschaften augenscheinlich wichtiger seien als die gemeinsame Vergangenheit und die Gegenwart der beiden Staaten. Eine Sorge, wie sie auch bei Rommel früher schon aufgeblitzt war.

So redeten sie noch einmal miteinander, die beiden Nachfahren der Feldmarschälle, ehe sie sich verabschiedeten. Beide im Bewusstsein, dass sie sich vielleicht das letzte Mal gesehen haben.

DER WANDEL DES ERWIN-ROMMEL-BILDES

Die Öffentlichkeitsarbeit für die Aussöhnung und seine Strategie der zurückhaltenden Imagepflege, der sparsamen Pinselstriche für das Porträt des Vaters, pflegte Rommel über die Jahrzehnte hinweg. Seiner Pflicht, als Zeitzeuge und als Sohn des Kriegshelden Antworten zu geben, kam er getreulich nach. Dann und wann, aber eher selten, äußerte er sich auch zu gegebenen Anlässen, etwa zum Jahrestag der alliierten Invasion in der Normandie. Aber ständig lebte er mit der Furcht, dass die großen Gazetten Interviews begehren würden, wenn er in Stuttgart zu üppig aus seinen Erinnerungen und Dokumentensammlungen schöpfe. Dass neben einem falschen Personenkult dann auch der Rummel um Erwin Rommel wieder auflodern und unliebsame Folgewirkungen im rechten Spektrum haben könnte.

Aber so sensibel Manfred Rommel vor allem in späteren Jahren das Andenken an seinen Vater gepflegt haben mag, wie sehr er auch darauf bedacht gewesen sein mag, keinen Beifall von der falschen Seite zu bekommen: Der Sohn war natürlich nicht neutral, nicht objektiv. Andere, die nicht mit Erwin Rommel verwandt waren, bemühten sich freilich auch nicht immer um distanzierte Betrachtung aller Eigenschaften und Verhaltensweisen dieser außergewöhnlichen deutschen Legende.

Schon bald nach dem Krieg kamen Bücher auf den Markt, die Antworten liefern wollten, wer und wie Erwin Rommel war. Seine Ehefrau und der ehemalige Offizier Fritz Bayerlein gaben 1950 Rommels Erinnerungen, die während der Heimaturlaube in den Jahren 1942 bis 1944 aufgezeichnet worden waren, unter dem Titel „Krieg ohne Hass“ heraus.

Danach nahmen vor allem englische Autoren den deutschen Generalfeldmarschall ins Visier – allerdings mit recht viel Sympathie, was insofern nicht verwunderte, als sich hier Militärexperten vor allem mit dem Feldherrn Erwin Rommel auseinandersetzen, über dessen unkonventionelles Handeln, über dessen erstaunliche Erfolge im Ersten Weltkrieg und in der ersten Hälfte des Zweiten Weltkriegs ja schon früher Freund und Feind gestaunt hatten. Außerdem hatte sich bereits im Krieg erwiesen, dass durch das Lob oder gar die Verklärung des Gegners zeitweilige eigene Misserfolge entschärft, spätere Siege umso mehr bejubelt werden können.

In Rommels Erinnerungen konnte eine Selbstanklage natürlich nicht erwartet werden. Nicht ganz so selbstverständlich war, dass der ehemalige englische Offizier Desmond Young, der selbst in Afrika gekämpft hatte und als Kriegsgefangener Rommel einmal begegnet war, diese Linie fortsetzte. Am 3. Februar 1950 übergab Young persönlich in Herrlingen der Familie Rommel, die zuvor mit ihm zusammengearbeitet hatte, ein Exemplar der neuen Biografie. Sein Anspruch war es, einen objektiven Geschichtsbeitrag zu liefern, notierten die „Ulmer Nachrichten“.

Er verfasste eine Biografie, von der weltweit schon im ersten Jahr 200 000 Exemplare verbreitet wurden und die sicherlich nicht dazu angetan war, die Popularität Erwin Rommels zu dämpfen oder gar zu brechen. Im Gegenteil. Hitlers Lieblingsoffizier wird darin weniger auf seine Haltung zum Nationalsozialismus überprüft, vielmehr in seiner militärischen Bedeutung dargestellt.

Youngs Interpretation und das Vorwort des früheren englischen Afrika-Befehlshabers Sir Claude Auchinleck zeichneten nach dem

Verständnis der Zeitgenossen das Bild eines ritterlichen, tapferen und listigen Offiziers, des Vertreters einer sauberen Wehrmacht, der sich in den letzten Kriegsjahren von Hitler abwandte, dem konservativen Widerstand der Offiziere um Claus Schenk Graf von Stauffenberg gedanklich näherte und zum Selbstmord gezwungen wurde.

War es in den Rommel-Erinnerungen „Krieg ohne Hass" noch hauptsächlich um den Afrika-Feldzug gegangen, mit dem anders als mit den Feldzügen in Polen und Russland weniger Verbrechen an Zivilisten einhergingen, so erweiterte der englische Militärhistoriker, Korrespondent und Politikberater Basil Liddell Hart dieses Material später um Rommels Erlebnisse beim Westfeldzug und vor der Invasion in der Normandie. Für das 1953 erschienene Buch „The Rommel Papers" (Die Rommel-Papiere) stützte er sich auf die Mithilfe von Bayerlein sowie Lucie und Manfred Rommel. Erneut ging es um den Offizier Rommel, weniger um Rommels Haltung zu Hitler und zum Widerstand. Aber wieder, so die Interpretation der Mitarbeiter des Hauses der Geschichte Baden-Württemberg, sei da ein Erwin Rommel skizziert worden, der als Soldat anständig blieb und zum Schluss in einem Gegensatz zum NS-Regime stand.

Mit filmischen und damit für die breite Masse noch eingängigeren Mitteln wurde dieser Kurs aufgenommen und fortgesetzt. Der US-Regisseur Henry Hathaway ließ James Mason in dem Film „Rommel, der Wüstenfuchs" auf der Grundlage des Buches von Desmond Young ebenso ritterlich agieren und sich am Ende von Hitler lossagen. Manchen Kritikern von Buch und Film sowie Teilen der englischen Presse erschien allerdings, wie das Haus der Geschichte aus Anlass der Ausstellung „Mythos Rommel" aufzeigte, die Abkehr Rommels von Adolf Hitler zu positiv gezeichnet. Der einstige Lieblingsoffizier Hitlers sei vom Diktator ja nicht aus moralischen Gründen abgerückt. Rommel habe den Krieg kurz vor der Invasion in der Normandie nicht deshalb beenden wollen, weil dieser verbrecherisch gewesen wäre, sondern weil er ihn nicht unnötig habe verlängern wollen.

Die Familie Rommel jedoch stand hinter den englischen Buchautoren und den Filmen. Lucie Rommel bescheinigte nicht nur Hathaways „Wüstenfuchs", er zeige ein historisch richtiges Bild von Rommel. Sie billigte auch den deutschen Film „Das war unser Rommel", wie das Haus der Geschichte dokumentierte. In diesem Streifen des Regisseurs Horst Wigankow, der 1953 in die Kinos kam, sah Lucie Rommel ein würdiges Denkmal für alle Kämpfer in Afrika und für ihren Mann.

1954 nahm sie in Kairo anlässlich der Vorführung des Filmes an einer Benefizveranstaltung teil und ward dort, so das Team vom Haus der Geschichte, im Silberfuchs gesehen und wie ein Staatsgast empfangen. Lucie Rommel war aber nicht nur hier gefragt als die Ehefrau des legendären toten Offiziers, von der man sich Einblicke in das Leben und Sterben Rommels erhoffte. In der Auseinandersetzung damit spielte sie überhaupt noch einmal eine gesellschaftliche Rolle. Die Jahre vor ihrem Tod, als sie auch ihrem Sohn zunehmend verbittert erschien, und in denen das Zusammenleben unter einem Dach manchmal schwierig gewesen sein mag, waren noch weit weg.

Manfred Rommel selbst vertiefte sich in den Jahren nach dem Krieg ebenfalls so sehr in diese Materie, dass er mit dem Gedanken spielte, Militärhistoriker zu werden. Er hat es dann aber doch noch vermieden, aus der privaten Betroffenheit eine berufliche Aufgabe zu machen.

In jenen Jahren aber hatten Lucie und Manfred Rommel häufig Besuch von Biografen und Filmemachern. Wenn sie sich trafen, tauschten sie Informationen. Manchmal vielleicht auch ganz persönliche Bilder von Erwin Rommel aus der Perspektive von Ehefrau und Sohn. Damals war ihre Deutungshoheit, zumindest ihr Recht des ersten und wichtigsten Urteils, nicht bestritten. Mit ihrer Hilfe entstanden neue Werke. Mit ihrem Lob konnten Autoren und Filmemacher trefflich werben. Dissens gab es selten. Doch das sollte sich in den späteren Jahrzehnten ändern. Die Aufarbeitung des Rommel-Rätsels hatte ja erst begonnen. Über die Jahre kamen neue Aspekte ins Blickfeld. Erwin Rommel, dieser tote deutsche Held, blieb nicht derselbe.

DAVID IRVINGS THESEN

1978 wartete der britische Historiker David Irving mit einem spektakulären Buch auf, das nicht mehr in die Reihe jener Werke passte, die sich zwar mit der Legende Rommel befassen, das herrschende

Rommel-Bild aber nicht erschüttern wollten. Irvings Buch kam nach „Spiegel“ Auffassung einer Zerstörung der Legende Erwin Rommel gleich: Niemals zuvor habe ein ausländischer Autor eine von der bundesdeutschen Öffentlichkeit jahrzehntelang gehegte Legende und Lebenslüge drastischer zerstört als der Revisionist aus England.

Irving, der wegen der Leugnung des Holocaust in einer anderen Veröffentlichung juristisch belangt wurde, wollte in dem Rommel-Buch nachweisen, dass der Generalfeldmarschall nie dem Widerstand angehörte, urteilte der „Spiegel“. Dass er im Juli 1944, dem Monat des fehlgeschlagenen Attentats auf Hitler, immer noch eine politische Wende durch Hitler erwartete und dem Diktator nach wie vor ergeben war. Es war wie ein Stich in ein Wespennest.

Aber warum? Der „Spiegel“, der Irving auch Platz für einen Vorabdruck von Teilen seines Textes gab, sah durch das Buch Interessen im In- und Ausland durchkreuzt, Erwin Rommel zum Widerstandskämpfer zu verklären, eine Heldenfigur zu erschaffen und zu pflegen, den Generalfeldmarschall und früheren Lieblingsoffizier Hitlers als Hitler-Gegner zu glorifizieren. Prominenten deutschen Historikern wurde vorgeworfen, den Mythos nicht gründlich genug hinterfragt, die Quellen für die bisherigen Rommel-Thesen nicht kritisch überprüft und keine neuen Quellen erschlossen zu haben.

Irving, dem man in Historikerkreisen durchaus Geschick in der Erschließung neuer Quellen und neue Anstöße für die Historiker bescheinigte, zeichnete in Teilen ein völlig anderes Bild von Erwin Rommel. Auch für ihn war der Generalfeldmarschall zwar ein bedeutender Offizier und ein herausragender Spezialist für den Wüstenkrieg. Doch gestützt auf Kriegsteilnehmer führte Irving auch ganz andere Aspekte ein. Für Niederlagen habe Erwin Rommel andere verantwortlich gemacht, die Leistungen anderer Offiziere kleingeredet, mitunter auch schwache Nerven gezeigt. Irvings Rommel, schrieb der „Spiegel“, sei ein politisch Naiver, der glücklich sei, sich immer wieder für Führer und Volk verwenden zu können. Eine Entfremdung zwischen Offizier und Diktator habe Irving nicht einmal nach dem Ende des letztlich gescheiterten Afrika-Feldzugs ausmachen können. Noch im Herbst 1943 seien sich Rommel und Hitler näher gestanden denn je.

Warum wurde Rommel dann aber der Beteiligung am Widerstand verdächtigt? Das erklärte Irving so, dass die tatsächlichen Widerständler solche Namen ins Spiel gebracht hätten, um sich und ihresgleichen zu tarnen. Tatsächlich habe Rommel sich dem Widerstand nie angeschlossen, ein Attentat auf Hitler abgelehnt. Er sei an die Westfront gegangen, um die Invasion zurückzuschlagen, und habe gehofft, dass Hitler den Krieg dann beende. Er selbst habe den Krieg im Westen nicht auf eigene Faust beenden wollen.

Nach Einschätzung des „Spiegel" lief diese Bewertung vor allem den Interessen von Rommel-Freunden zuwider, den Feldmarschall zum prominenten Widerstandskämpfer zu stilisieren. Der Familie Rommel allerdings konnte man diesen Vorwurf schwerlich machen. Im Gegenteil. Die Witwe Lucie soll Irving gegenüber – wie auch schon im September 1945 gegenüber der Öffentlichkeit – erklärt haben, dass ihr Mann nie an den Vorbereitungen oder der Ausführung des Attentats vom 20. Juli beteiligt war. Er sei immer Soldat gewesen und nie Politiker.

Lucie Rommel, schrieb der „Spiegel", habe Irving auch Zugang zu etwa 1000 Briefen verschafft, die sich die Eheleute geschrieben hätten. Dieses Quellenmaterial war es sogar, mit dem Irving zu belegen versuchte, wie sehr Rommel ein Jahr vor seinem von Hitler erzwungenen Selbstmord, also im Herbst 1943, noch auf den Diktator fixiert war.

Das Buch schrie förmlich nach einer Reaktion der Familie. Lucie Rommel lebte inzwischen nicht mehr, daher war es an Manfred Rommel, zu reagieren. Er lieferte dem „Spiegel" einen Text, den er, angesichts der komplexen Materie, vergleichsweise kurz gehalten hatte – und zumeist sehr sachlich. Trotzdem ist es ein Dokument der Verehrung für den Vater und ein Dokument des Versuchs, ihm Gerechtigkeit vor der Geschichte zu verschaffen.

Von Stauffenbergs Anschlag auf Hitler habe sein Vater tatsächlich nichts gewusst, schrieb Rommel, doch das sei keinerlei Neuigkeit. Es stehe andererseits fest, dass Erwin Rommel ab Anfang 1944 mit verschiedenen Angehörigen des Widerstands gesprochen habe. Dass er im Sommer 1944 nach der Invasion der Alliierten den Krieg in Frankreich habe beenden wollen, um die englischen, amerikanischen und französischen Truppen so weit wie möglich nach Osten vorstoßen zu lassen. Dafür hätte er sogar riskiert, nicht nur sein Leben opfern zu müssen, sondern auch seine Familie.

»Ich bin nicht der Meinung, dass es die Aufgabe der Söhne ist, die vorausgegangene Generation anzuklagen, und ich glaube auch nicht, dass sich darin eine besonders fortschrittliche Gesinnung ausdrückt.«

Wäre es tatsächlich gelungen, Schluss zu machen, schrieb Manfred Rommel, hätte die Vertreibung der Menschen aus Deutschlands Osten „jedenfalls unter weniger unmenschlichen Bedingungen stattgefunden". Das unter dem Bombardement zerstörte alte Dresden würde noch stehen, andere deutsche Städte auch. Das Morden in den Konzentrationslagern wäre früher beendet worden, weil die Befreier schneller gekommen wären – womit Manfred Rommel den Vorwurf zurechtrückte, sein Vater habe den Krieg nicht wegen des verbrecherischen Charakters beenden wollen.

Nach der Überzeugung des Sohnes wäre es Erwin Rommel „sehr recht gewesen", wenn die Reichsregierung die Entscheidung für das Kriegsende im Westen getroffen hätte. Hitler habe er nach der verlorenen Invasionsschlacht in seiner Denkschrift aufgefordert, Konsequenzen zu ziehen (gemeint war die Denkschrift vom 15. Juli 1944, die mit Verzögerung und mit einem Zusatz des Generals von Kluge vermutlich erst nach dem Attentat vom 20. Juli bei Hitler einging). Zudem habe sich Erwin Rommel entschlossen gehabt, in Frankreich notfalls auf eigene Faust Schluss zu machen, damit nicht in der Zeit von weiteren Kämpfen die Rote Armee in Berlin einmarschieren könne.

Über diesen Plan habe er mit verschiedenen Generälen gesprochen. Den Zeitpunkt des alliierten Durchbruchs hielt er für geeignet, im Westen Schluss zu machen. Zur Ausführung kam der Plan nicht, weil Erwin Rommel am 17. Juli 1944 in Frankreich schwer verletzt wurde.

Manfred Rommel reklamierte in seiner Stellungnahme nicht die Gültigkeit einer völlig anderen Version des Geschehens, aber er reklamierte, dass in der Realität ein anderer Erwin Rommel agierte als in den vom „Spiegel" präsentierten Irving-Materialien. Ein Erwin Rommel, der sich weiter von Hitler entfernt hatte.

Es treffe zu, dass sein Vater ab 1938 der Faszination Hitlers erlegen sei, was aber noch nie anders behauptet worden wäre. Sonst wäre sein rückhaltloser Einsatz im Frankreichfeldzug 1940 und im afrikanischen Krieg gar nicht zu verstehen. Erwin Rommel habe sich über Hitler eben völlig falsche Vorstellungen gemacht, die Wahrheit erst verhältnismäßig spät erkannt. Irving beschreibe ihn richtig als loyalen Menschen, Erwin Rommel sei jedoch angesichts der Verbrechen, die Hitler begehen ließ, in Verzweiflung geraten – „sonst hätte er sich niemals an Aktionen gegen Hitler beteiligt".

Dass Erwin Rommel unter den Bedingungen des Krieges um Menschlichkeit und Fairness bemüht gewesen sei, hätten ihm auch seine Kriegsgegner stets zugestanden, entgegnete der Sohn als Replik auf kritische Äußerungen, die Irving bei früheren Angehörigen der Wehrmacht aufgespürt hatte. Auch Erwin Rommel sei gewiss ein Mensch voller Widersprüche gewesen, habe zwischen Sorge und Hoffnung geschwankt und über eigene Schuld nachgedacht. „Aber er hatte im Kern einen lauteren, guten Charakter."

1990 erweiterte Rommel diese Charakterisierung in einem anderen Zusammenhang noch. In einem Interview für den Bayerischen Rundfunk sagte er: „Mein Vater hat diesen Judenhass als Herz- und Kernstück des Nationalsozialismus ganz sicher als etwas höchst Irrationales angesehen. Daran habe ich keinen Zweifel. Aber er war eben doch ein praktischer Württemberger."

Weil Hitler die Macht in der Wehrmacht verteilt habe, der Diktator selbst Oberbefehlshaber war und ein kollektives Gremium von Oberbefehlshabern nie zusammentreten konnte, hätte die Armee vor 1944 wahrscheinlich gar keine Chance gehabt, Hitler abzusetzen. Die nachgeborene Generation mache sicherlich einen Fehler, wenn sie glaube, „dass man das, was sie selbst hinterher erkannte, von vornherein hätte erkennen können".

Dem umstrittenen Historiker Irving bescheinigte Manfred Rommel 1978, er habe ein interessantes Buch geschrieben, allerdings zu sehr den aufgespürten Dokumenten geglaubt. Vielleicht sei es doch etwas voreilig gewesen, dass seine Mutter Lucie auf seinen Rat hin Irving erlaubte, die Briefe der Eheleute in den Archiven einzusehen.

Freilich habe er die Zeit für reif gehalten, dass solche Dokumente unvoreingenommen gewürdigt werden, in denen sich der Vater im Übrigen sehr selten mit Politik beschäftigt habe.

Manfred Rommel zog die Aussagekraft nicht nur der Briefe, sondern auch anderer Dokumente in Zweifel. Schon unter den Verhältnissen der Demokratie ließen sich politische Vorgänge und die ihnen zugrunde liegenden Überlegungen kaum aus schriftlichen Unterlagen rekonstruieren. Noch viel schwieriger sei es bei dem, was im Jahr 1944 im Hauptquartier seines Vaters in La Roche-Guyon vor sich ging. Manche Unterlagen, die für andere hätten belastend sein können, habe sein Vater im August oder September 1944 im Garten in Herrlingen verbrennen lassen. Und außerdem: Beim Verfassen von Briefen habe er stets damit rechnen müssen, dass sie Überwachern vorgelegt werden, auch bei Schreiben an seine Frau.

Damit brachte er auf den Punkt, was auch viele Historiker in den Jahrzehnten seit dem Kriegsende in einen Zwiespalt bringt. Sie sind hin- und hergerissen zwischen der Notwendigkeit, ihres Amtes zu walten und Dokumente der Zeit auszuwerten, und der Gefahr, durch den bloßen Wortlaut auf eine falsche Spur zu geraten.

RINGEN UM DIE RICHTIGE DEUTUNG DES VATERS

Die Kontroverse um Erwin Rommel und David Irving warf also schon früh ein Schlaglicht auf die besonderen Schwierigkeiten der Spurensuche und Spurenlese. Wie kann man aus Schilderungen von ehemaligen Wehrmachtsangehörigen und aus Dokumenten mit zum Teil vagem Kontext den wahren Generalfeldmarschall mit seinen tatsächlichen Äußerungen und geheimen Gedanken herausschälen? Zu welchem Zeitpunkt und wie sehr hat sich Hitlers Lieblingsoffizier wirklich von dem Diktator gelöst? Oder blieb er doch bis zum Ende der loyale Gehilfe Hitlers?

Viele Jahre später wurden diese Fragen noch dringlicher, als der deutsche Historiker Sönke Neitzel Abhörprotokolle öffentlich machte, die von den Engländern nach belauschten Gesprächen von gefangenen deutschen Offizieren angefertigt worden waren. Das Ringen um die richtige Interpretation von Rommels Rolle, das schon mit der Endphase des Dritten Reichs begonnen hatte, setzte sich fort.

Für ein Intermezzo sorgte dieses Ringen 1983 ausgerechnet dort, wo eigentlich Manfred Rommels Sympathien lagen: bei den Württembergischen Staatstheatern. Als Schauspieldirektor Hansgünther Heyme den Mitgliedern des Verwaltungsrats den geplanten Spielplan präsentierte, fand sich darin auch ein Theaterstück mit dem Titel „Der Lieblingsnazi". Den Namen des Autors wollte Heyme damals nicht nennen, nur ein Pseudonym. Im Verwaltungsrat hagelte es Kritik. Manfred Rommel, der dem Gremium angehörte, soll nach der Sitzung einem Journalisten eine wütende Reaktion geliefert haben, die der Gegenstand heftiger Diskussion wurde: „Es gibt Faschisten ohne Hakenkreuz, die rücksichtslos über die Würde anderer Menschen hinwegtrampeln."

Plötzlich griff im Verhältnis zwischen Manfred Rommel und dem Stuttgarter Schauspiel eine neue Dramaturgie. Diesmal zeigte Rommel Emotion. Diesmal standen der OB und der Theaterchef gegeneinander, nicht mehr wie sechs Jahre zuvor Rommel und Peymann zusammen gegen prasselnde Vorwürfe der Politik. Heyme kritisierte mit beredten Worten, dass man dem Theater die Auseinandersetzung mit Zeitfragen und die Untersuchung eines Tabus verwehren wolle. Dabei stand weniger die Aufführung selbst auf der Kippe, als vielmehr der Titel. Statt „Der Lieblingsnazi" kam schließlich der Titel „Der Wüstenfuchs oder: Das Gift des Führers" ins Spiel.

Was das Zeug zu haben schien, Manfred Rommels Rolle als Erbe eines mythischen Namens und die Gängelung des Theaters zu problematisieren, wandte sich in Teilen der Öffentlichkeit schließlich gegen Heyme, dessen künstlerische Bedeutung nicht nur im Urteil des Stuttgarter Oberbürgermeisters hinter der Peymanns zurückblieb.

Der „Spiegel" kam zum Fazit, die Aufregung erhelle zuallererst, auf welchem politischen Niveau sich das Staatsschauspiel unter Heyme bewege. Dieser habe sein Haus bereitwillig zur Aufführung eines Erstlingswerks geöffnet, das vom Besitzer eines kleineren Verlages stamme, der ansonsten Bücher über Land und Leute, den VfB Stuttgart und Personen aus der CDU gemacht habe. Rommel notierte 13 Jahre später in seinen „Erinnerungen" nur kühl, Heyme habe wegen seiner etwas theoretischen Inszenierungen nicht den gleichen Erfolg gehabt wie Peymann. Größere Aufmerksamkeit schenkte er ihm nicht.

Die Mühe für den Hüter der Rommel'schen Familiengeschichte sollte im Lauf der Jahre aber noch größer werden als im Streit um das Theaterstück. Das lag daran, dass sich 2008 die Parkinson-Krankheit bei Rommel plötzlich verstärkte. Nun konnte er zeitweilig nur noch mit Mühe sprechen. Nun war seine körperliche Bewegungsfreiheit stark eingeschränkt. Nun war an manchen Tagen die Bewältigung des Alltags in den eigenen vier Wänden schon Herausforderung genug. Da kam für den Altoberbürgermeister der neueste Streitfall zur völligen Unzeit. So markiert er eine Wende im Umgang der Rommels mit den Erwin-Rommel-Interpretationen. Einmal habe auf seine Bitte hin der Freund Ernst Ludwig mit den Filmemachern gesprochen, sagte Manfred Rommel einmal. Mehr und mehr kümmerte sich dann aber Catherine Rommel um die Angelegenheit.

AUFREGUNG UM EINEN SPIELFILM

Der Südwestrundfunk (SWR) ließ 2011 einen Spielfilm über Erwin Rommel drehen, dessen Drehbuch bei der Familie auf massive Bedenken stieß. Im Herbst protestierte Liselotte Rommel im Namen ihres Mannes beim SWR gegen die Darstellung Erwin Rommels. Der Brief ging an den Intendanten Peter Boudgoust. Der Hauptkritikpunkt: Die persönliche Entwicklung Erwin Rommels werde im Drehbuch nicht genügend herausgearbeitet.

Ursprünglich stammte das Drehbuch von Maurice Philip Remy, der sich schon mehrfach mit der Figur Erwin Rommels auseinandergesetzt hatte, unter anderem für eine Fernsehdokumentation über den Wüstenfuchs und für seine im Jahr 2002 erschienene Biografie „Mythos Rommel“. Darin schildert er es nicht nur als wahrscheinlich, dass der Stuttgarter OB Karl Strölin Rommel Ende Februar 1944 in die Umsturzpläne von Carl Friedrich Goerdeler eingeweiht hat. Remy brachte sogar den Anschluss Rommels an den Widerstand ins Gespräch.

Der Rommel-Interpretator Remy und die am Filmprojekt beteiligte Gabriela Sperl sahen sich aber bald abgelöst. Das Spielfilmprojekt hatte nicht die erhofften Förderzusagen erhalten. Der Regisseur Niki Stein schrieb selbst ein neues Drehbuch – und die Familie störte sich daran. Der Prozess der Ablösung Erwin Rommels von Hitler und seine Gewissensnöte schienen der Familie nicht ausreichend gewürdigt zu sein, obwohl Lucie und Manfred Rommel früher ja selbst eine Beteiligung des Generalfeldmarschalls am Attentat vom 20. Juli verneint hatten.

In der Ablehnung des Filmprojekts deutete sich einmal mehr die Linie der Familie beim Umgang mit Erwin Rommels Geschichte an: Zum Widerständler wollte man ihn nicht erheben, als unverbesserlichen und aktiven Hitler-Gefolgsmann bis zur bitteren Neige und als Nationalsozialisten will man ihn aber auch nicht dargestellt wissen.

Es könne dem Intendanten doch nicht recht sein, wenn bei jeder Ankündigung des Films der Filmheld als Günstling, Emporkömmling und Nazi-Verbrecher tituliert werde, wandte die Familie ein. Es stimme einfach nicht. Es handle sich um Lügen. Sein Vater, ließ Manfred Rommel übermitteln, habe Hitler zu Beginn zwar als Freund der Armee geschätzt. Die gegenseitige Wertschätzung habe aber ein jähes Ende gefunden, als Erwin Rommel vor El Alamein in Afrika Hitlers „Sieg oder Tod"-Befehl verweigert, eigenmächtig den Rückzug angetreten und dadurch vielen das Leben gerettet habe.

„Da wurde ein intensiver Entwicklungsprozess, der mindestens zwei Jahre dauerte, auf sieben Monate vor Erwin Rommels Tod verkürzt", sagte auch Catherine Rommel. Außerdem tauche in dem Film die Tochter von Adeligen auf, deren Schloss in Frankreich zu Rommels Befehlszentrale wurde. „Diese Comtesse, die einen Anschlag auf Rommel plant, gab es nie."

Die Todesszene, als der Kriegsheld Besuch von zwei Generälen hat, die ihn der Verschwörung gegen Hitler beschuldigen und zum Selbstmord auffordern, störte Catherine Rommel auch: „Da werden den Beteiligten Worte in den Mund gelegt, die nach unserer Auffassung so nicht gefallen sein können." Erwin Rommel werde als Spielball zunächst von Hitler, dann der Verschwörer dargestellt. In der von Niki Stein zu verantwortenden Fassung werde ein Erwin Rommel ohne Erkenntnis vorgeführt, da werde er der Integrität seiner Haltung zu Hitler und zum Krieg beraubt, die er doch mit seinem

Leben habe bezahlen müssen. Hier sieht Catherine Rommel eine Parallele zu David Irvings Buch. Dort habe der Drehbuchautor Anleihen genommen, meint sie.

Darum sagte sie auf dem Höhepunkt der Auseinandersetzung um das Drehbuch gegenüber einem Journalisten einen bemerkenswerten Satz: Die braune Soße von David Irving dürfe man nicht verarbeiten. Der Satz über den Mann, der zuerst Erwin Rommel auf Distanz zum Widerstand brachte und später den Holocaust leugnete, verhallte nicht ungehört. Er wurde da und dort zitiert.

Später hätte Catherine Rommel ihn wohl nicht mehr gesagt. Sie habe ihn spontan ausgesprochen, als die Presse sich gemeldet habe. Catherine Rommel ist aber zutiefst davon überzeugt, dass das Drehbuch Erwin Rommels Persönlichkeit nicht gerecht wird. Das, was sie als Ungereimtheiten betrachtet, findet sie umso fragwürdiger, als die Filmemacher sich in Presseerklärungen historische Genauigkeit bescheinigt hätten. Leider habe man die letzte Fassung des Drehbuchs erst zwei Wochen vor Drehstart zu Gesicht bekommen, klagte Catherine Rommel. Wenige kleinere Korrekturen hätten ausgereicht, um die größten Bedenken auszuräumen, kritisierte sie.

Der zuständige Produzent der vom SWR und seinen Kooperationspartnern beauftragten Firma Teamworx, Nico Hofmann, verstand die Aufregung nicht. Das Drehbuch sei nicht reißerisch. Auch der SWR zeigte sich überrascht über die Öffentlichkeit, zumal man nach dem Eingang des Briefes „sehr intensiv und konsensual miteinander geredet“ habe. Beide Seiten warfen sich vor, die Kontroverse überörtlichen Medien zugespielt zu haben.

KRIEGSSZENEN AUF DER SCHWÄBISCHEN ALB

Während diese Auseinandersetzung lief, ging der Krieg für den neuen Film weiter. Für ein paar Tage wurde die Schwäbische Alb zur Normandie. Wieder und wieder ließen sich dort Erwin Rommel, sein eigener Adjutant sowie der Adjutant des Führers Adolf Hitler in einem offenen Horch-Cabriolet eine schmale Asphaltstraße hinaufchauffieren. Ihr Ziel: eine Anhöhe beim Alb-Flecken Römerstein-Böhringen (Landkreis Reutlingen). Oben angekommen, sollten die deutschen Offiziere von britischen Tieffliegern angegriffen werden, die allerdings erst nachträglich mit Hilfe des Computers in Aktion treten würden.

Zwischen diesen Dreharbeiten betonte Hauptdarsteller Ulrich Tukur vor Journalisten, er wolle alles geben, um der Persönlichkeit Rommels trefflich gerecht zu werden. Er habe sich gewundert, sagte Tukur. Er halte das Drehbuch für profund und respektvoll gegenüber Erwin Rommel. Er sehe diesen als geradlinigen und noblen Menschen, der an den Verwerfungen in seiner Zeit gescheitert sei. Als hervorragenden Soldaten, aber auch als tragische Figur, die den Schritt zum Politiker nicht gehen konnte und die Chance vergab, Hitlers Treiben zu beenden.

Der Drehbuchautor und Regisseur Niki Stein zog einen Trennungsstrich zwischen den Ansprüchen der Öffentlichkeit und der Familie. Die Darstellung der letzten sieben Monate in Rommels Leben und seines inneren Zwiespalts zwischen Treue zu Hitler und dem Wunsch nach Beendigung des Kriegs könne im Film nicht aussehen wie in der Erinnerung der Familie.

Der Produzent Nico Hofmann wurde noch deutlicher. Der Film müsse nicht nur vor der Familie Rommel bestehen, sondern vor einer „Weltöffentlichkeit“. Es müssten alle Ergebnisse der Rommel-Forschung einfließen. Daher habe er sich mit komplett neuen, hochkarätigen Historikern umgeben – „auf ihre Quellen verlasse ich mich“. Wenn im Haus der Geschichte in Stuttgart sich jemand gräme, dass seine Bewertungen außen vor geblieben seien, ändere das nichts, sagte Hofmann.

Das war eine Replik auf die Historikerin Cornelia Hecht, die die angekündigte historische Quellentreue im Drehbuch nicht eingelöst glaubte. Sie berief sich darauf, dass Rommel durch Erkenntnisse aus den letzten Jahren weiter in Richtung Widerstand gerückt sei. Damit spielte sie auf Protokolle von Gesprächen an, die deutsche Offiziere in der Kriegsgefangenschaft geführt hatten und die von den Briten abgehört worden waren. Sie meinte die Protokolle, die ausgerechnet der Teamworx-Berater Sönke Neitzel in einem Buch veröffentlicht hatte.

Neitzel selbst verteidigte das Drehbuch, das den Möglichkeiten des Spielfilms gerecht werde. Der Ansatz, den Hecht eingefordert habe, sei nicht einmal in der von ihr mitverantworteten Ausstellung im Haus der Geschichte umgesetzt worden.

So kamen die Argumente von Hecht wie ein Bumerang zu ihr zurück. Und im Historikerstreit um den neuesten Rommel-Film stand plötzlich das Haus der Geschichte selbst im Verdacht, mit der Parteinahme für die Familie dem Rommel-Clan ein Gegengeschenk gemacht zu haben: für die Erinnerungsstücke, die Manfred Rommel Jahre zuvor dem Haus der Geschichte überlassen hatte, und für die Unterstützung der Familie bei der Vorbereitung der Ausstellung.

Professor Peter Steinbach von der Uni Mannheim, wie Neitzel von Teamworx als Berater hinzuzugezogen, zeigte sich „glücklich" über dieses Drehbuch: „Es ist historisch akzeptabel, dafür stehe ich ein." Der Film zeige mit seinen Mitteln, wie Rommel in eine schwierige Situation gestellt wurde, wie er „hin und her oszillierte" und der Situation „nicht genügte – während Hitler-Attentäter Stauffenberg sich zum Handeln überwand". Er halte nichts davon, sagte Steinbach, nachträgliche Überlieferungen zu Rommels Rolle, etwa über die angebliche Absicht zur Tötung Hitlers, einzubauen. An ihrer Zuverlässigkeit müsse man zweifeln.

All das zeigt: Egal, ob man sich wissenschaftlich mit dem berühmten deutschen Kriegshelden befasst oder wie Manfred Rommel das Ansehen des verehrten Vaters pflegen will, diese Materie birgt eben immer noch viele Tücken. Und sie verführt zu einem Ringen um die Interpretation der innersten Gewissenslage von Erwin Rommel, bei dem es kein objektives, kein finales Ergebnis geben kann. Zu einem Auslegungsstreit, der sich vielen nicht mehr erschließt, aber den Rommel-Mythos am Leben erhält – und in jeder Generation Menschen veranlasst, die Ereignisse zu interpretieren und zu bewerten. Darin, so Cornelia Hecht vom Haus der Geschichte, könne man etwas ableiten vom immer wieder veränderten Umgang der Deutschen mit ihrer Geschichte.

Manfred Rommel selbst sah nach dem Streit um den Film offensichtlich auch die Notwendigkeit zur Mäßigung. Der ehemalige Oberbürgermeister versuchte die Wogen, die außer Kontrolle geraten waren, wieder zu glätten: „Jetzt beten wir einfach, dass der Film was wird."

DIE NÄCHSTE GENERATION ÜBERNIMMT

Der Streit um den Film machte klar, dass Manfred Rommel die Last der Vaterdeutung künftig nicht mehr allein würde stemmen können. Der Wachwechsel auf der Brücke war schon eingeläutet. Es war nur eine Frage der Zeit, bis das in der Öffentlichkeit breiter thematisiert werden würde, nicht nur mit ein paar zitierenden Zeilen über Catherine Rommels Haltung zu dem neuen Spielfilm. Am 25. April 2012 ging die „Süddeutsche Zeitung" mit einer kompletten Seite 3 darauf ein, dass jetzt „Frau Rommel", nämlich die Enkelin des Generalfeldmarschalls, für die Familie Rommel spreche. Es seien die Kinder der Bundesrepublik, die den Krieg und seine Folgen nicht erlebt hätten und die nun die Nazi-Zeit zu bewältigen hätten, heißt es da.

Jetzt hatte Catherine Rommel das Wort, als beispielhafte Vertreterin der Generation, die die Aufarbeitung übernommen hat. Was sie sagte, kann als Fortsetzung des Kurses von Manfred Rommel verstanden werden, wenn auch mit dem Jargon der heutigen Zeit: „Er hielt Hitler für einen tollen Hecht, und er hat lang mitgemacht", sagte sie über Erwin Rommel, „mir ist bewusst, was er zu Hitlers Maschinerie beigetragen hat." Aber auch das Bild von einem Krieg ohne Hass, von einem Erwin Rommel, der seine Feinde als Menschen behandelt hat, griff sie auf. Und wie eine Ohrfeige für David Irving kam der Hinweis darauf, dass Erwin Rommels Soldaten der Familie später gedankt hätten, weil er in Afrika Hitlers Befehl ignorierte, zu siegen oder bis zum Tod zu kämpfen – für die Familie eine ganz wesentliche Station auf Erwin Rommels Entwicklung weg vom Führer Adolf Hitler.

Dass Erwin Rommel seine Feinde gut behandelt habe, dass er einen inneren Kompass gehabt habe, weckte Catherine Rommels Sympathie für ihn. Sie fühle Verantwortung, die Stimme für ihn zu erheben, sagte sie. Dabei gehe es ihr nicht um die Familienehre, sondern um Gerechtigkeit.

Gekannt hat sie ihn nicht. Sie wurde zwei Jahrzehnte nach seinem Tod geboren. Seit sie denken kann, hat sie aber viel von ihm gehört: von der Familie, von Verehrern des Offiziers und von den Kritikern. Von denen, die Erwin Rommel für einen ritterlichen Helden halten, und von denen, die einen Nazigeneral in ihm sehen. „Ich bin die Essenz von 40 Jahren Geschichten über ihn“, zitierte die „Süddeutsche Zeitung“ sie, „ich möchte weder die Verweserin meines Großvaters sein, noch das Pin-up-Girl von Neonazis und Ewiggestrigen, die ihn verehren.“

Aber ist es statthaft, Catherine Rommel auf diese Weise ganzseitig als die Enkeltochter von Erwin Rommel zu vermarkten? Die direkte Enkelin des Generalfeldmarschalls ist sie nicht. Weder ihre leibliche Mutter noch ihr leiblicher Vater waren verwandt mit Erwin Rommel. Catherine Rommel hat den Generalfeldmarschall sozusagen posthum als Großvater adoptiert. Sie spricht für die Familie, um ihrem Adoptivvater Manfred Rommel wieder die Stimme zu geben, die ihm die Parkinsonkrankheit und das Alter genommen haben. Sie hat die Familiengeschichte adoptiert.

ROMMEL IM ORIGINAL: DIE TRAGÖDIE MEINES VATERS

Wer war Erwin Rommel? Wie dachte er? Wie verhielt er sich? Um solche Fragen beantworten zu können, sind die Dokumente von größter Bedeutung, die aus dem nationalsozialistischen Deutschland vorhanden sind und von den Historikern ausgewertet und gedeutet werden. Aber gerade unter den Bedingungen einer Diktatur, die abhörte und folterte, dürfte manches davon nur bedingt aussagekräftig sein. Darum war immer auch wichtig, was Manfred Rommel von seinem Vater erfahren hatte und was er noch weitergeben konnte. Darum musste er so oft in den Zeugenstand. Zu den Ereignissen, die zum Tod von Erwin Rommel führten, hat der Sohn sich 1994 in einem Beitrag für die „Stuttgarter Nachrichten" geäußert, dessen Anlass der 50. Todestag des Vaters war. Hier die leicht gekürzte Fassung des Textes:

»*Mein Vater wurde am 14. Oktober 1944 in Herrlingen bei Ulm, wo wir damals wohnten, getötet. Er starb an Gift, das ihm auf Befehl Hitlers beigebracht wurde. Hitler beschuldigte ihn des Verrats und stellte ihn vor die Wahl: Volksgerichtshof oder Gift. Wähle er das Gift, würde die Sache nicht weiterverfolgt, die üblichen Maßnahmen gegen die Familien der Verschwörer würden nicht ergriffen, er erhalte ein Staatsbegräbnis.*

Für meinen Vater kam der Tod nicht überraschend. Er war bereits in den Wochen zuvor zu der Überzeugung gelangt, Hitler werde es nicht riskieren, ihn öffentlich wegen einer Beteiligung an einer Verschwörung aburteilen zu lassen. Es hätte keinen guten Eindruck gemacht, einen Schwerverwundeten dem Volksgerichtshof zu präsentieren: auch war sein Ansehen im In- und Ausland noch beachtlich. Deshalb ging er davon aus, dass Hitler ihn insgeheim beseitigen lassen würde. Eine Aufforderung Feldmarschall Keitels, nach Berlin zu kommen, um seine weitere Verwendung zu besprechen, hatte er wegen seiner schweren Verwundung abgelehnt. Er bemerkte: ‚Von dieser Reise wäre ich nie zurückgekehrt.‘

Die militärische Vertrauenskrise zwischen Hitler und meinem Vater hatte ihren Ausgangspunkt in der Schlacht von El Alamein, als kurz vor dem britischen Durchbruch Hitler meinem Vater den Befehl erteilte, in Alamein zu siegen oder zu sterben: sozusagen ein Stalingrad in der Wüste.

Mein Vater hielt zunächst die Rückzugsbewegung an und versuchte, eine Rücknahme dieses unsinnigen Befehls zu erwirken. Die Lage verschlechterte sich aber weiter, so dass schließlich mein Vater trotz des Führerbefehls den Rückmarsch befahl. Ende November 1942 kam es im Führerhauptquartier zu einer Auseinandersetzung zwischen Hitler und ihm, bei der Hitler die Nerven verlor, zu toben begann, sich aber schließlich wieder fasste. Mein Vater wurde im März 1943 seines Kommandos enthoben. Im Mai kapitulierten die Achsenstreitmächte.

Ab der Jahreswende 1943 bis 1944 war mein Vater mit der Vorbereitung der Abwehr der alliierten Landung in Frankreich befasst, zuletzt als Oberbefehlshaber der Heeresgruppe B in Nordfrankreich, Belgien und Holland. Er hoffte, dass ein deutscher militärischer Erfolg in der Normandie die Westmächte veranlassen könnte, Deutschland einen Frieden mit Bedingungen anzubieten, statt die bedingungslose Kapitulation zu fordern. Je mehr Nachrichten über die grauenhaften Untaten durchsickerten, die in deutschem Namen an Millionen von Menschen verübt wurden, desto dringender erschien es meinem Vater, zu einem Frieden mit Bedingungen zu kommen, wobei klar war, dass Hitler abtreten musste.

Nach der Landung der Alliierten am 6. Juni 1944 wurde von Tag zu Tag deutlicher, dass die Invasionsschlacht verloren war. Mein Vater hielt es nun für zwingend geboten, den Krieg zu beenden und die westlichen Alliierten nach Mitteleuropa einströmen zu lassen. Er wollte möglichst eine Besetzung, auf jeden Fall aber eine Eroberung von Teilen des Reiches durch sowjetische Truppen vermeiden. Er war wohl entschlossen, notfalls aus eigener Verantwortung im Westen zu kapitulieren. Er unternahm aber auch mindestens zweimal den Versuch,

Hitler zur Einsicht zu bringen, der aber schon auf die Andeutung dieses Themas abweisend reagierte.

Den Zeitpunkt des alliierten Durchbruchs hielt mein Vater für den psychologisch geeigneten Augenblick für eine Kapitulation aus eigener Verantwortung. Dazu kam es schließlich bei St. Lô. Mein Vater hatte bereits am 3. Juli einen sehr realistischen Bericht über die Kriegslage verfasst und diesen Hitler übersandt. Am 15. Juli verfasste er einen weiteren Bericht, der mit den Worten schloss: ‚Der ungleiche Kampf neigt sich dem Ende entgegen. Es ist meines Erachtens nötig, die Folgerungen aus dieser Lage zu ziehen. Ich fühle mich verpflichtet, als Oberbefehlshaber der Heeresgruppe dies klar auszusprechen.'

Dann überstürzten sich die Ereignisse. Am 17. Juli griffen zwei britische Jagdbomber bei Livarot das Fahrzeug meines Vaters an. Sein Fahrer starb. Sein Adjutant wurde verletzt. Er selbst wurde schwer verwundet. Franzosen leisteten ihm Erste Hilfe.

Am 20. Juli misslang das Attentat des Grafen Stauffenberg. Mein Vater ließ sich im August 1944 nach Herrlingen transportieren. Seitdem stand die Gestapo vor unserem Haus. Am 7. September wurde sein Generalstabschef, General Speidel, von der Gestapo verhaftet.

Hatte mein Vater mit dem Attentat am 20. Juli etwas zu tun? Den Berliner Verschwörerkreisen gehörte er schon deshalb nicht an, weil er nicht in Berlin war. Er hatte aber seit Ende 1943 Verbindung zu Widerstandskreisen. Er teilte uns wohl nur mit, was er meinte, dass es für uns gut war zu wissen. Er habe den Krieg im Westen beenden wollen, er sei aber nicht für ein Attentat gewesen, schon deshalb, weil der tote Hitler noch gefährlicher hätte werden können als der lebendige.

Am 14. Oktober übermittelten zwei Generäle des Heeres meinem Vater die Botschaft Hitlers. Sie gestanden ihm zehn Minuten zu, sich zu verabschieden. So erfuhren meine Mutter, sein Ordonnanzoffizier, Hauptmann Aldinger, und ich, was gesprochen worden war. Uns würde telefonisch mitgeteilt, dass mein Vater einem Hirnschlag erlegen sei, dass ein Staatsbegräbnis stattfinden würde, und zwar auf seinen Vorschlag hin der Einfachheit halber in Ulm und nicht in Berlin, und dass wir schweigen müssten, wenn wir nicht als für das Regime gefährliche Zeugen beseitigt werden wollten.

Hauptmann Aldinger und ich begleiteten meinen Vater bis zu dem Wagen, in dem er sterben sollte. Wir beide waren wohl die letzten ihm freundlich Gesinnten, die er gesehen hat. Das übrige verlief nach Plan einschließlich Tagesbefehl, Beileidstelegramm von Hitler an meine Mutter und Leichenrede von Rundstedts beim Staatsbegräbnis in Ulm.

Gewiss war dies eine Tragödie. Aber sie fand statt in einer Zeit, in der die Tragödie nicht die Ausnahme, sondern die Regel war, und in der Millionen Familien ähnliches oder noch schlimmeres Unheil heimsuchte.

In einer Demokratie fällt es verhältnismäßig schwer, durch Schweigen schuldig zu werden, in einer Diktatur lässt sich das fast nicht vermeiden, wenn man überleben will. Die Ereignisse des Jahres 1944, die Erfahrungen der nationalsozialistischen Diktatur seien uns Warnung vor jeglicher Versuchung, die Demokratie preiszugeben. «

ROMMEL, GOTT UND DIE WELT

Die freundliche, gelassene und zurückhaltende Art Manfred Rommels ließ in der Öffentlichkeit manches zu Unrecht in den Hintergrund treten. Auch die Meisterschaft des hochrangigen Beamten und später des Oberbürgermeisters, den Mitteilungsfluss mal anschwellen zu lassen, ein anderes Mal aber auch zu drosseln. Wie es der Komponist von Botschaften, der treffsichere Redner, der versierte Verfasser von politischen Schriften, der populäre Erzähler von pointenreichen Anekdoten und Witzen sowie der Mahner in emotionalen Stimmungslagen der Bevölkerung immer wieder vorexerzierte.

So spricht es für sich, dass Rommel eher selten, eher reserviert und zwar mit humorvollen, aber auf Spott verzichtenden Anekdoten darüber Auskunft gab, wie er es persönlich mit dem Glauben hielt. Gewiss: Das persönliche Verhältnis zur Religion gilt mit gutem Recht als eine Frage, die jeder mit sich und seinem Gewissen, die jeder mit Gott ausmachen muss – oder auch nicht. Andererseits hat Rommel in den 22 Jahren im Stuttgarter Rathaus und noch danach im Ruhestand über andere persönliche Angelegenheiten und Eigenheiten freimütiger gesprochen. Über seine Erkrankungen, über sein Fitnessprogramm mit Hilfe der Gymnastik und mittels Standfahrrad, auch Hometrainer genannt, und anderes mehr. Die Annahme, dass er aus Kalkül einsilbig wurde, wenn es um seinen Glauben ging, tut ihm daher wohl nicht Unrecht.

Rommel habe, so berichteten frühere Biografen, als reifer Mann „beschlossen", wieder an Gott zu glauben. Er selbst schrieb, von seinem 13. Lebensjahr an habe es eine Zeit gegeben, in der er sich als Atheist gefiel und Religion zu Humbug und Aberglauben erklärte. Stattdessen habe er einer schwärmerischen Germanenverehrung gehuldigt, die von seiner von ihm überaus geliebten Tante Helene, der älteren Schwester Erwin Rommels, gar nicht gern gesehen und mit den verqueren Ansichten bei der Hitlerjugend in Zusammenhang gebracht wurde.

Den Wunsch des protestantischen Vaters, sich konfirmieren zu lassen, den ihm die vormals katholische, wegen ihrer Heirat mit einem Evangelischen aber exkommunizierte Mutter überbrachte, schlug Manfred Rommel aus. Das Unterfangen der antroposophischen Tante Helene, ihm die Religion näher zu bringen, scheint auch wenig erfolgreich geblieben zu sein. Er habe, gestand Manfred Rommel, noch lange Schwierigkeiten mit dem Christentum gehabt.

Zu den ethischen Normen des Christentums konnte er sich zwar bekennen. Er sei irrigerweise aber der Meinung gewesen, man sollte nur das glauben, was bewiesen ist. Später akzeptierte er, dass die Existenz Gottes und die fundamentalen Werte sich weder beweisen noch widerlegen ließen – dass aber „offensichtlich ist, dass etwas Unverzichtbares fehlte, wenn wir sie missen müssten".

Das war nachzulesen in dem Erinnerungsband „Trotz allem heiter". Und in einer kirchlichen Schriftenreihe des Herder-Verlags spann Rommel diese Gedanken weiter. Die Existenz Gottes und die Gültigkeit seiner Ethik könne zwar niemand beweisen, aber auch nicht widerlegen. Entweder man glaube, dass es Gott gibt, oder man glaube es nicht. In diesem Fall müsse man den Gedanken unterschreiben, dass der Mensch durch Zufall entstanden sei und dass keine über den Menschen stehende Ethik existiere. Was ethisch verbindlich sei, wäre dann letztlich eine Machtfrage.

Dass die Welt durch Zufall entstanden ist und dass der Mensch aus Zufall so trefflich aus sieben mal zehn hoch 27 Atomen gebildet wurde, die alle am rechten Platz angeordnet sind, will Manfred Rommel jedenfalls nicht akzeptieren.

Das waren freilich eher späte Erkenntnisse und Bekenntnisse, auch eher nüchtern und nicht eben frömmlerisch formuliert. Vielleicht hatte Rommel daher gut daran getan, dass er vor allem zu Beginn seiner OB-Zeit vergleichsweise zurückhaltend damit umging. Denn im Stuttgarter Talkessel, wo selten ein frischer Wind weht, war 1975 noch stark der Geist des Pietismus daheim. Mit seinem großen Arbeitspensum und seiner geringen Neigung zu Freizeitvergnügen und Konsum lag Rommel da zwar gar nicht schlecht, doch die Inbrunst des Glaubens hätte wohl eher Wünsche offen gelassen. Als „schwacher Kirchgänger" sei er meist „aus Konvention" ins Gotteshaus gegangen, räumte er ein.

Dass er sich auch über die Religionen viele Gedanken machte, wurde 1985 kurz vor der Auszeichnung des Jerusalemer Bürgermeisters Teddy Kollek mit dem Friedenspreis des deutschen Buchhandels deutlich. Laudator Rommel gewährte der „Tribüne", einer Frankfurter Zeitung zum Verständnis des Judentums, ein Interview. Darin sagte Rommel, die Toleranz entspreche dem jüdischen Wesen in besonderem Maße. Dagegen hätten die Christen, die sich spät der Aufklärung geöffnet hätten, in der Geschichte dieser Religionen eigentlich immer ganz sicher gewusst, dass sie „recht" haben – allerdings nicht, warum sie recht hatten. Ähnliches treffe auf die Mohammedaner zu, die jedoch leuchtendere Beispiele von Toleranz gegeben hätten als die Christen.

Der Entwicklung der Stadt schadete Rommels vergleichsweise zurückhaltender Umgang mit Glaubensfragen aber nicht. Seine Toleranz in der Kultur und seine Liberalität, die in jenen Tagen auch der zunächst noch städtischen, später dem Land unterstehenden Polizei bescheinigt wurde, lüftete die Stadt merklich durch. » ICH BIN GEGEN SCHWARZMALEREI, ABER AUCH GEGEN WEISSMALEREI. ICH BIN FÜR VERTRAUEN ERWECKENDE GRAUTÖNE. «

Einige Großveranstaltungen, die in Stuttgart ausgerichtet wurden, wie etwa die Leichtathletik-Weltmeisterschaften, bewirkten ein Übriges. Die Stadt sorgte für kurzweilige, fast ein wenig frivole Begleitveranstaltungen. Leicht geschürzte Tänzerinnen betraten die Bühne. Straßenfeste, die von Rommels Verkehrsdirektor Peer-Uli Ferber organisiert wurden, belebten die Innenstadt. Stuttgart flanierte und klappte, wie manche meinten, die Gehsteige abends nicht mehr so früh hoch. Sie hob sogar den amtlich verordneten Zwang für ihre Einwohner zur Kehrwoche auf den öffentlichen Gehsteigen vor den Privatgebäuden auf, was sogleich als Abschaffung der Kehrwoche auf den Privatgrundstücken missgedeutet wurde, bis Rommel für eine Klarstellung sorgte. Der Wandel Stuttgarts ist natürlich nicht allein Rommels Verdienst, aber vielleicht doch ein bisschen von ihm begünstigt worden.

DIE ÖFFENTLICHEN KRANKHEITEN

Wer so im Blickpunkt der Öffentlichkeit steht wie der Mann mit dem möglicherweise zweitwichtigsten politischen Amt in Baden-Württemberg, wird eine schwerwiegende Erkrankung nicht lang geheim halten können. Eine Zeit lang ist Manfred Rommel dieses Kunststück in der Schlussphase seiner OB-Zeit aber gelungen.

Zu Beginn, nach dem Amtsantritt, ließen sich die körperlichen Malaisen nicht verschleiern. Die früheren Rückgratleiden, die ihn schon in seinen Beamtenjahren geplagt hatten, waren mit Hilfe eines Medikamentes weggespritzt worden, das nach Rommels Erinnerung den bezeichnenden Namen „Tübinger Bombe" trug. Sie ermöglichte es ihm eine Zeit lang, seinen Dienstgeschäften im Finanzministerium ohne körperliche Schmerzen nachzukommen und auch gelegentliche Dienstreisen nach Bonn, bei denen er der Schmerzen wegen den Wagen mehrmals hatte verlassen müssen, wieder besser durchzustehen. Die Schmerzen stellten sich aber wieder ein. Kaum als OB von Stuttgart vereidigt und gerade mal ein Mittvierziger, musste Rommel sogar eine Ehrenformation von Soldaten mit dem Gehstock abschreiten. Ausgerechnet er, der Sohn des Generalfeldmarschalls! Hämische Kommentare wie der, dass sein Vater schon schneidiger dahergekommen sei, konnten nicht ausbleiben. Es hat ihn nicht erfreut.

1989 wurde Stuttgart durch die Schlagzeile geschockt, dass der Oberbürgermeister am 5. Juni zur Notoperation ins Katharinenhospital gebracht werden musste. Die Gedanken schweiften zurück ins Jahr 1974, als Arnulf Klett plötzlich gestorben war und die Landeshauptstadt eilends eine OB-Wahl anberaumen musste. Ähnliches blieb den Stuttgartern nun zwar erspart, aber Manfred Rommel hatte einen ersten Wink des Schicksals erhalten und zu spüren bekommen, dass das OB-Amt ihn an körperliche Grenzen brachte – zumindest aber sein Umgang mit den körperlichen Warnzeichen, die Rommel als Symptome eines beherrschbaren Unwohlseins aufnahm, das man aussitzen kann.

Im Rathaus war er zunehmend durch Gereiztheit aufgefallen. Bei seinen letzten Wochenendterminen hatte er, obwohl ein offizielles Essen mit dem Konsularischen Korps anstand, fast nichts zu sich genommen. Manche vermuteten, Rommel wolle wieder mal abnehmen, denn zur Vorbeugung gegen überflüssige Pfunde hatte er sich im Lauf seiner Amtszeit eine große Zurückhaltung beim Essen und Trinken im Dienst angewöhnt. Niemand vermutete, was tatsächlich die Ursache war: Ein Magengeschwür war durchgebrochen, der Blutverlust groß. Nach der umgehenden Notoperation musste Rommel zwei Wochen im Krankenhaus bleiben.

Die überstandene Krise diente ihm, wie hätte es bei diesem schelmischen Politiker auch anders sein können, als trefflicher Stoff für neue Reden. Bei der Ehrung von Blutspendern schilderte er, wie er die Symptome des Magengeschwürs zuerst für die sprichwörtliche Müdigkeit des Beamten gehalten habe, bis er nur noch einen Bruchteil der notwendigen Blutmenge in sich gehabt habe und durch Blutkonserven gerettet worden sei. Der Verdacht, dass es sich bei einem Blutspender namens „Späth" um den Ministerpräsidenten handeln könnte, habe ihn zu einer Nachfrage veranlasst. Der Verdacht habe sich zerschlagen. Bei der Eröffnung des Stuttgarter Weindorfs zeigte Rommel sogar einmal die Narbe, die ihm von der Magenoperation geblieben war, dem Publikum – worauf „einige Damen dann doch ganz bleich geworden sind". » HUMOR ZU HABEN, IST NICHT EINFACH. LETZTLICH MUSS MAN ÜBER SICH SELBST LACHEN KÖNNEN. DAZU GEHÖREN SELBSTBEWUSSTSEIN UND DISTANZ ZU SICH SELBST. «

Rund sechs Jahre nach der Magenoperation wurde zunächst auch nur im engsten privaten und beruflichen Kreis bekannt, nicht in der Öffentlichkeit, dass der Stuttgarter OB an Parkinson erkrankt war. An der Krankheit also, die wegen unkontrollierbarer Bewegungen auch Schüttelkrankheit genannt wird.

Dabei handelt es sich um die Folge einer Stoffwechselstörung im zentralen Nervensystem. Sie schränkt vor allem den Bewegungsapparat ein. Treffen kann es jeden. Wenn es der Fall ist, dann meist nach dem 50. Lebensjahr. Es sei ein Schicksalsschlag, erklärte die Parkinson-Vereinigung vor Jahren. Tröstlich sei immerhin, dass Parkinson nicht zum Tode und auch nicht zur Denkunfähigkeit führe. Im Alltag leiden die Parkinson-Patienten aber unter unterschiedlichen Beschwerden.

Öffentlich redete Rommel Anfang 1997 darüber, als er altershalber aus seinem Amt ausgeschieden war. Es sei eine leichte Form von Parkinson und mit Medikamenten zu steuern, sagte er. Freunde und enge Mitarbeiter wussten es schon länger. Die Diagnose sei ihm im Jahr 1996 im privaten Kreis von einer Tochter des damaligen Bahn-Chefs Heinz Dürr gestellt worden, die als Neurologin tätig war, verriet Rommel einmal. Sie konfrontierte ihn mit der Auskunft, dass ihn nicht nur ein Rückenleiden plage, wie sich später herausstellte mit einem „ungünstig austretenden Nerv im Rückenbereich, dem man sich nicht ohne Risiken mit dem geschliffenen Operationsmesser nähern kann", sondern dass er auch an Parkinson erkrankt sei.

Auffällig allerdings, dass Rommel bereits 1995 auf einer Dienstreise in den USA mit erheblichen gesundheitlichen Problemen zu kämpfen gehabt hatte, wobei auch schon das Stichwort Parkinson ins Spiel kam. Die damaligen Probleme begründete er allerdings mit seinem alten Rückenleiden, das ihn bereits kurz nach seinem Dienstantritt im Rathaus wieder ereilt hatte. Viel spricht dafür, dass Rommel mit Rücksicht auf das OB-Amt das Bekanntwerden über den Zeitpunkt seiner Pensionierung hinaus verzögern wollte.

Als diese Notwendigkeit entfallen war, ging Rommel, wie es seine Art ist, offen mit der Krankheit um, wie er bis zu einer gewissen Schmerzgrenze überhaupt bereitwillig über persönliche Dinge redete, wohl wissend, dass er das Interesse der Menschen weckte. Und selbst wenn das Thema auch unangenehme Seiten hatte, bemühte er sich doch, die Stuttgarter auch dabei mit Witz und Humor zu unterhalten.

2001 stellte sich Rommel als Schirmherr des Landesverbandes der Deutschen Parkinson-Vereinigung zur Verfügung. Sie hatte ihn darum gebeten, weil er ein positiv denkender Mensch sei, der sich „auch im Fernsehen offen zu der Krankheit bekennt und den Menschen zeigt, dass man auch damit noch Lebensqualität haben kann".

Tatsächlich richtete sich Rommel leidlich mit seinem Schicksal ein. „So ist es, so bleibt es – und jetzt mach das Beste daraus", sagte er sich. Springen wie ein Hirsch könne er zwar nicht mehr, aber geistig behindert fühle er sich nicht.

Von Anfang an ging Rommel mit Disziplin gegen die Beschwerden an. Mit Gymnastik hielt und hält er sich beweglich. Das Reisen vor allem wurde ihm beschwerlich. Im Jahr 2002 unternahm er seine letzte Flugreise. Die Begleitung von Freunden machte es ihm ein bisschen leichter, dennoch haderte er darüber, dass heute immer noch zu wenig getan werde, um Menschen mit Behinderungen oder Handicaps das Leben etwas leichter zu machen, nicht nur im Flugzeug, wo er auf der Toilette einen Kleiderhaken und einen Griff zum Festhalten vermisste. Er sei überzeugt, sagte er, dass so manche Barriere mit wenig Aufwand zu beseitigen wäre. Dem Enkelsohn Lennart konnte Rommel nun auch nicht mehr beim Spielen mit der Modelleisenbahn Gesellschaft leisten, weil er nicht mehr auf den Boden hinunterkam. Das war der Punkt, von dem an Lilo Rommel den Trafo der Modelleisenbahn bedienen und entgleiste Waggons wieder auf die Schienen setzen musste.

Mit 74 Jahren, gut sechs Jahre nach seinem Abschied aus dem Stuttgarter Rathaus, hatte Manfred Rommel sich mit seiner Krankheit längst arrangiert, sozusagen eine friedliche Koexistenz erreicht. Im Bett darüber zu sinnieren, warum es gerade ihn getroffen hatte, war nicht sein Ding. Schon der Vater habe sich stets mächtig geärgert, wenn sich jemand über Dinge aufgeregt habe, die doch nicht zu ändern waren. Man könne nur versuchen, das Beste aus seiner Lage zu machen, sagte sich Rommel. Wie schlimm die Folgen noch sein könnten, wollte sich Rommel gar nicht ausmalen. Von Prognosen, gleichviel ob von Ärzten oder anderen Patienten, mochte er nichts hören. Auch den lieben Gott wolle er nicht mit seinem Anliegen belästigen, sagte er in einem Interview.

Seine Hoffnung war es, dass ihm die moderne Medizin helfen würde, die Folgen von Parkinson erträglich zu halten. Dafür schluckte er viermal am Tag brav diverse Tabletten. Mit alternativen Heilungsmethoden experimentierte er lieber nicht. Er sei nun mal Rationalist, sagte Rommel, und die Schulmedizin scheine ihm immer noch am rationalsten zu sein.

Die gelegentlichen öffentlichen Auftritte genoss er noch immer. Den Gedanken, die „Karriere als Komiker“ zu beenden, schob er weg. Wenn man sich mal an die Öffentlichkeit gewöhnt habe, fehle sie einem, wenn man von ihr lasse.

Als im Lauf der Zeit die Krankheit auch dazu führte, dass ihm Speichel aus dem Mund floss, fielen ihm öffentliche Auftritte allerdings schwerer, musste er sich nun doch öfter mit einem Taschentuch das Kinn abwischen. Er empfand es wie eine späte Strafe dafür, dass er als Bub im elterlichen Haus in Hörweite eines Generalskollegen des Vaters gesagt hatte, der alte Mann „trielt“. Nun ergehe es ihm selbst so. An offiziellen Essen mochte Rommel jetzt nicht mehr teilnehmen. Er kenne die Regeln des Anstands, sagte er. Also komme er zum Termin, rede und gehe wieder.

EIN TRIUMPH ÜBER PARKINSON

Auch größere Rückschläge blieben nicht aus. Ausgerechnet vor seinem 80. Geburtstag am 24. Dezember 2008, der von der Öffentlichkeit mit Spannung erwartet wurde, musste Rommel im Sommer einen längeren Krankenhausaufenthalt antreten. Erstmals zwang ihn die Parkinson-Erkrankung in den Rollstuhl. Lange war unklar, ob der Empfang im Rathaus zu Ehren des Jubilars stattfinden könnte. Doch Rommel enttäuschte die Gäste nicht. Er ließ sich im Rollstuhl in den Sitzungssaal schieben – und wurde mit Ovationen gefeiert. Mit rund 300 Gratulanten beging er am Heiligen Abend seinen 80. Geburtstag, obwohl er bis zuletzt im Krankenhaus gewesen war. So wurde diese Geburtstagsfeier zu einem Triumph über die Parkinson-Erkrankung.

Sichtlich gezeichnet durch die Schüttelkrankheit und die Folgen eines Infekts, aber tapfer gestimmt, ließ er sich von seinem Nachfolger Wolfgang Schuster und dessen Frau im Rollstuhl zu seinem Platz schieben. Im Rollstuhl musste er sich auch zum Rednerpult bringen lassen, doch am Ende seiner kurzen Rede bedankte er sich mit Unterstützung von Helfern stehend. „Ich bin nach wie vor ergriffen und gerührt, dass man mich als Pensionär so gut behandelt“, bekundete er.

Sein 80. Geburtstag war für viele die Stunde, Rommel für seine Lebensleistung zu danken. Er habe sich in seiner Arbeit nie mit Oberflächlichkeiten zufrieden gegeben, hob Wolfgang Schuster hervor.

Ein ganz besonderer Moment: Manfred Rommel und Gattin Liselotte beim großen Empfang im Rathaus zu seinem 80. Geburtstag.

Politik sei für ihn die Verwirklichung von Werten gewesen. Schuster nannte besonders Rommels Liberalität, seine Suche nach fairem Ausgleich und sozialem Miteinander sowie seine Kontaktpflege mit dem Ausland. „Für mich wirst du ein großes Vorbild bleiben", sagte er. Im Umgang mit seiner Krankheit sei Rommel für viele ein ermutigendes Beispiel. Zuletzt habe er sich für die Feier entschieden, auch wenn er nicht dem gesellschaftlichen Trend zur Perfektion entspreche, der keinen Platz lasse für Krankheit und Gebrechlichkeit.

Der damalige Ministerpräsident Günther Oettinger bekundete Respekt für Rommels Leistungen, die der Demokratie und der Politik in Deutschland zu mehr Ansehen verholfen hätten. Er sei ein „Intellektueller mit Bodenhaftung", habe um die Wichtigkeit seiner Aufgabe als OB gewusst, sich aber nicht wichtig genommen.

„Deutschland, Frankreich und Europa können stolz auf Sie sein", urteilte auch André Bord, der in Frankreich Rommels Pendant als Koordinator für die deutsch-französische Zusammenarbeit war.

Keiner aber würdigte Rommel so treffend, so einfühlsam und zum Gefallen der Zuhörer auch so heiter wie der Münchner OB Christian Ude, zu dieser Zeit amtierender Präsident des Deutschen Städtetags. Rommel habe den Städtetag in 16 Jahren Engagement im Präsidium geprägt. Mit einem unverwechselbaren persönlichen Stil und großer politischer Kraft habe der damalige Stuttgarter OB „die kommunale Selbstverwaltung gegen staatliche Übergriffe, gegen Gängelung und gegen die Rechtsaufsicht verteidigt". Jahrzehnte vor den Bundespolitikern habe Rommel die Integration der Migranten vorgelebt, Weltoffenheit und Internationalität praktiziert. Nicht von ungefähr sei daher „in Stuttgart Liberalität zu spüren". Rommel stelle sozusagen den wandelnden Beweis dar, dass man Kommunalpolitik nicht mangels anderer Qualifikationen ausüben müsse, sondern mit Wirtschafts- und Finanzverstand, angereichert mit Bildung, Anständigkeit und Sinn für die Kultur pflegen könne. Rommel sei Homme de Lettres, Staatsmann und Inbegriff eines Stadtoberhaupts.

Ude bewies aber auch eine feine Antenne und stellte typische Urteile über Rommel infrage. Selbstironie, wie von Rommel praktiziert, sei auch ein Kunstgriff, sein Licht nicht unter, sondern auf den Scheffel zu stellen, dabei aber noch den Eindruck der Bescheidenheit zu erwecken. Rommel sei zwar krank, aber immer noch sehr präsent – und das sei gut so. Seine Stimme werde noch gebraucht.

Auch nach diesem denkwürdigen Tag ließ Manfred Rommel es sich nicht nehmen, bei besonders wichtigen Anlässen dabei zu sein, wenn es irgendwie ging. Sein Beispiel zeigt damit, dass Parkinson mit dem Willen zum Leben und mit Disziplin eingedämmt werden kann, regelmäßige Anstrengungen zur Lockerung der Muskulatur vorausgesetzt, die der Steuerung nicht mehr recht gehorchen will.

Doch Gefahr droht auch dann, wenn der Patient erleichtert ist, dass er auf Hilfsmittel wie den Rollator oder menschliche Unterstützung verzichten kann. In Momenten guter Beweglichkeit ist er verleitet, ohne Hilfe im Haus zu gehen, aber wenn der Weg nicht mehr zu bewältigen ist und der Körper nachgibt, kann ein Sturz zu drastischen Verletzungen führen. Anfang 2012 nahm Manfred Rommel zu diesen Problemen Stellung.

Herr Rommel, wie geht es Ihnen zurzeit mit Ihrer Parkinson-Erkrankung?
Das wechselt. Manchmal geht es mir recht gut, das andere Mal fühle ich mich wie teilweise gelähmt. Manchmal möchte ich länger reden, aber die Zunge liegt mir wie Blei im Mund. Nach dem Aufstehen gehe ich mit dem Stock herum oder fahre mit dem Rollator durch die Wohnung. Ich gestehe aber, ich sollte mich noch etwas mehr bewegen, doch ich habe Sorge, dass ich auf die Nase oder noch empfindlichere Körperteile falle und dass mir meine Frau oder die Pflegekraft aufhelfen muss, was bei einem Behinderten, der mehr als zwei Zentner wiegt, nicht einfach ist. Natürlich kann man sich bei so einem Sturz auch leicht verletzen.

Sie haben eine Pflegekraft im Haus?
Ja. Vor allem nachts ist das eine große Hilfe. Da bin ich oft recht unruhig. Im Traum muss ich oft wieder das zweite juristische Staatsexamen machen oder ich bin wieder bei meiner Heimatflak-Batterie wie zu Kriegszeiten. Manchmal marschiere ich im Traum auch in der Uniform des Luftwaffenhelfers durch die Gegend. Ich bin froh, dass andere an solchen Erlebnissen keinen Anteil haben. Zum Glück vergesse ich in der Regel wieder, um was es sich handelt. Sehr häufig springt auch noch mein schwerer Kater zu mir ins Bett und lässt sich nicht mehr vertreiben.

Machen Sie immer noch fleißig Ihre Gymnastikübungen?
Sicher. Eisern benütze ich jeden Morgen zwei Hanteln mit Gewichten und auch den Hometrainer, selbst wenn es manchmal nur zehn Minuten sind. Das ist besser als nichts.

Sie leben schon mehr als 15 Jahre mit der Schüttelkrankheit. Manchmal sind Sie im Rollstuhl, dann wieder tauchen Sie bei Terminen ohne ihn auf, nur mit Stock. Sie halten die Krankheit durch Disziplin einigermaßen in Schach?
Es ist nicht so, dass es mir heute schlechter ginge als vor ein paar Jahren. Ein Grund dafür ist die Disziplin, aber natürlich sind es auch die Ärzte und die Medikamente. Ich werde erstklassig versorgt. Es gibt Parkinson-Patienten, die leider nur noch liegen, nicht mehr gehen können.

Ein Manfred Rommel ohne Schreiben und Lesen ist kaum denkbar. Wie steht es damit?

Leider sehe ich nicht mehr besonders gut. Schreiben oder tippen kann ich zurzeit auch kaum. Da kommt schon etwas Langeweile auf. Wie ein Glücksgefühl ist es für mich deshalb, wenn ich vor der Bücherwand stehen und das richtige Buch rauspicken kann. Das ist schwierig. Allerdings spielt da auch eine gewisse Rolle, dass die Familie es sich nicht nehmen ließ, die Bücher nach Farben neu zu ordnen. Dieser Tage fällt mir das Schreiben zwar schwer, aber das wird hoffentlich bald wieder besser. Ich will meine Gedanken noch aufschreiben, solange ich die Hoffnung erfüllt sehe, dass eine gewisse Qualität vorhanden ist. Wenn ich die nicht mehr entdecke, höre ich sofort auf.

PRIVATLEBEN AUF SPARFLAMME

Manchmal schien es so in den letzten Jahren, als wäre die Zeit stehen geblieben in dem kleinen Häuschen in Sillenbuch. Hinter dem braunen Gartentor, das auf Knopfdruck der Hausherren geöffnet werden kann, liegt ein kleiner Garten, der anmutet wie ein kleiner Ausschnitt aus dem Killesbergpark der 1950er-Jahre. Rote Sandsteinplatten führen zu dem Gebäude mit einem Hauch von frühem Bungalowstil, in dem die Rommels seit Jahrzehnten wohnen. Ein Haus, dem man von außen nicht ansieht, wie viel Platz es auf drei Stockwerken bietet. So geschickt ist es in die Umgebung in Sillenbuch eingepasst.

Doch der Anschein, dass die Zeit hier nicht weitergelaufen wäre, trügt. In dem Haus, in dem sich der Oberbürgermeister all die Jahre daheim fühlte, lebt der Altoberbürgermeister nach seiner aktiven Berufszeit ganz anders, zumal seit dem großen Schub seiner Parkinson-Erkrankung im Sommer 2008, die ihn wenige Monate vor seinem 80. Geburtstag, überfiel. » SECHZIG ZU WERDEN IST EIN VERDIENST, WEIL ES SO VIELE GELEGENHEITEN GIBT, DAS LEBEN ZU VERKÜRZEN. «

Wenn die Krankheit gnädig ist und wenn sie Rommel einen guten Tag schenkt, öffnet er selbst die Haustür und empfängt den Besucher, der vom Gartentor zu ihm herunterkommt. Das ist für ihn dann Ehrensache. Das macht er gern, weil es so seine höfliche Art ist und der Anstand es gebietet. Doch es gibt gute Tage und schlechte Tage im Leben des früheren Oberbürgermeisters. Manchmal zwingt ihn die Schüttelkrankheit dazu, Besucher zu begrüßen, während er im Rollstuhl sitzt. Drinnen im Wohnzimmer. Gleich neben dem Fenster und dem Fenstersims, auf dem früher die Schreibmaschine stand, mit welcher der OB Rommel die Reden für die folgende Woche tippte, und als es mitunter schwierig gewesen sein dürfte, sich auf die Arbeit zu konzentrieren. Aber der Reihe nach.

Das Haus in Sillenbuch hat Rommel in den 1950er-Jahren zusammen mit seiner Mutter erbauen lassen. Sie brachte ihre Witwenrente in das Budget ein, ihr Sohn investierte das Honorar, das ihm aus der Zusammenarbeit mit Desmond Young, dem Biografen von Erwin Rommel, zugefallen war. Das Zusammenleben mit der Mutter, die Manfred Rommel sehr verehrte und der er auch noch in den reiferen Jahren ungern widersprach, war für ihn und seine junge Frau Lilo nicht immer leicht.

Bei Lucie Rommel stellte sich im Lauf der Zeit eine zunehmende Verbitterung über ihre Lebensumstände ein. Sie war wahrscheinlich der Unzufriedenheit mit dem Verlust der gesellschaftlichen Stellung geschuldet, die dem hoch dekorierten Offizier Erwin Rommel und seiner Gattin früher zugefallen war. Die Lust an gesellschaftlichen Ereignissen war bei Lucie Rommel auch stets stärker ausgeprägt gewesen als bei dem Schwaben Erwin Rommel, dem Rummel um seine Person, wie der Sohn meinte, stets unangenehm gewesen sei.

Die Aufteilung des Hauses in den Jahren bis 1971, als Lucie Rommel starb, sagte viel über die persönliche Bescheidenheit von Manfred und Lilo Rommel aus. Sie hatten ihre Zimmer im Souterrain auf einer Fläche von etwa 60 Quadratmetern. Immerhin konnte der Sohn im Obergeschoss neben einem Gästezimmer noch einen Arbeitsraum benützen. Zwischen diesen Ebenen, im Erdgeschoss, war Lucies Reich. Dort pflegte Manfred Rommel an den Abenden mindestens eine Stunde mit der Mutter zu sprechen, während seine Frau in der Wohnung unten oft ihren Unterricht im Königin-Katharina-Stift vorbereitete oder Klassenarbeiten korrigierte.

Es waren die ruhigeren, die beschaulicheren, die ritualisierten Jahre des Ehelebens. Jahre wie bei vielen Familien, nur ohne Kinder. Sie hätten gern eigene Kinder gehabt, Manfred und Lilo Rommel, aber „man kann nichts erzwingen“, sagte Manfred Rommel darüber.

Die hektischere Zeit in seinem Berufsleben und im Sillenbucher Häuschen war noch nicht angebrochen. Als Beamter hatte er vergleichsweise regelmäßige Arbeitszeiten und eine verlässliche Freizeit. » DER SCHWABE TUT SO, ALS OB ER ARM SEI, ABER ER IST BELEIDIGT, WENN ANDERE IHM DAS GLAUBEN. «

Freitagabends fuhr das Ehepaar oft zu Lilos Eltern nach Neu-Ulm. Während die Frauen sich samstags um den Haushalt kümmerten, spazierten die Männer durch die Stadt. In den etwas späteren Jahren auch mit Catherine, der Tochter von Lilos Schwester Hanne.

Das Kind durfte stets darauf rechnen, in einem Spielwarenladen zu seinem Recht zu kommen oder wenigstens am Kiosk einen Superman-Comic zu erhalten. Den schnappte sich später nicht selten Manfred Rommel, um ihn unter dem Vorwand zu lesen, er müsse sich das Heftchen aus erzieherischen Gründen genau anschauen. Vielleicht hat er es sich dabei auch wieder mal so richtig auf dem Sofa gemütlich gemacht, wie Jahre zuvor während seines Studentenlebens bei der legendären Zimmerwirtin Lina Pfeiffer in der Ammergasse 11 in Tübingen, wo er schon mal lesend auf dem Sofa in der Stube posierte, während die resolute Vermieterin bügelte.

Die Samstagnachmittage in Neu-Ulm und Ulm waren von Rommel meist reserviert, um Ernst Ludwig, den Freund aus der Flakhelfer-Zeit und späteren Ulmer Oberbürgermeister, zu besuchen. Dann philosophierten die beiden gern über die Weltpolitik, nachhaltig unterstützt durch den Inhalt einer bauchigen Weißweinflasche.

Einmal nippte auch Catherine an einem der Gläser, was nicht ohne Spätfolgen blieb. Mit einem Schweigegeld in Höhe von fünf Mark, erinnert sich Catherine noch heute, wurde sie von Manfred Rommel veranlasst, den Vorfall später im Hause Daiber in Neu-Ulm nicht zu erzählen. Wie der Vater, so der Sohn. Schon Erwin Rommel hatte den kleinen Manfred mit fünf Reichsmark bestochen, damit er nicht erzählen sollte, dass er sich verletzt hatte, weil das Pferd Irma in Potsdam den achtjährigen Buben abgeworfen und mitgeschleift hatte. Damals kam irgendwann trotzdem ans Licht, dass es mitnichten ein Treppensturz war, der den kleinen Manfred so zugerichtet hatte. In Neu-Ulm flog der Vorfall noch schneller auf, weil die vierjährige Catherine abends vom Stuhl kippte und aufgepäppelt werden musste.

Der folgende Tag, der Sonntag, dürfte wie alle Sonntage an jenen Wochenenden verlaufen sein, an denen das Ehepaar Rommel zwischen Stuttgart und Neu-Ulm pendelte. Man ging auf der Schwäbischen Alb wandern. Lilos Vater war dabei, ihre Mutter kümmerte sich wieder um Haus und Versorgung.

1974 stiegen Manfred und Lilo Rommel noch tiefer in Erziehungsfragen ein. Zum neuen Schuljahr im Herbst nahmen sie Catherine zu sich, die jetzt in Stuttgart die vierte Klasse besuchen sollte. Sie war das aufgeweckte Kind aus der Ehe von Hanne Daiber mit einem französischen Studenten, der, wie Manfred Rommel schrieb, mit der Vaterrolle überfordert war. Sie lebte fortan in einem bürgerlichen Heim, in dem alles solide war, aber in keiner Weise modisch oder gar mondän. In einem Haus, in dem Erwin Rommel und die Familiengeschichte im Hintergrund immer zu spüren waren: in gemalten Blumen-Motiven und Handarbeiten früherer Familienmitglieder, in Aufmarschskizzen von Erwin Rommels Hand, in Gemälden aus dem Besitz des Generalfeldmarschalls und reichlich einschlägiger Literatur.

Catherine kam allerdings auch in einer Zeit des großen Umbruchs in Manfreds und Lilos Leben. Der Onkel, der ihr Adoptivvater wurde, befand sich jetzt im Wahlkampf um das Stuttgarter OB-Amt. Neben dem FDP-Kontrahenten Kurt Gebhardt, dem SPD-Mann Peter Conradi und den anderen Mitbewerbern gefalle er ihr am allerwenigsten, sagte sie Manfred, der damals lange Haare hatte und gern in seiner Cordjacke und mit einer Hornbrille aus dem Haus ging. Ihre Stilkritik ging einher mit den Bemühungen der Christdemokraten, ihren OB-Kandidaten vorteilhafter aussehen zu lassen – und am Ende beugte sich Manfred Rommel diesen vereinigten Anstrengungen.

Als Catherine herangewachsen war, tauchte sie immer öfter bei offiziellen oder halboffiziellen Anlässen an Manfred Rommels Seite auf. Das verschaffte ihr interessante Erlebnisse und entlastete Lilo Rommel. Denn sie hatte nie eine öffentliche Rolle gesucht. Die First Lady in Stuttgart wollte sie nicht sein. Ihr reichte es, dann und wann die Bekanntschaft mit besonderen Persönlichkeiten machen zu können. Wahrscheinlich, meint ihre Adoptivtochter, hätte sie gern ihre berufliche Karriere weiterverfolgt. Sie hatte allerdings das Gefühl, dass die Stuttgarter es gar nicht schätzen würden, wenn sie als Frau des Oberbürgermeisters noch eine Lehrerstelle in Anspruch nähme. Als Doppelverdiener mochte Rommel sich und seine Frau von den Stuttgartern nicht taxieren lassen, glaubte man damals.

Die Tatsache, dass statt Lilo Rommel nun ein Mädchen an der Seite des Stadtoberhaupts auftauchte, schien manche Bürger allerdings auch durcheinanderzubringen. Nach Fernsehbildern, die

Rommel mit Catherine bei einer Prunksitzung gezeigt hatten, meldete sich ein anonymer Kritiker bei Rommel mit den Worten: „Rommel, du alter Dackel, brauchst Du jetzt auch eine junge Frau?"

Dabei lag Rommel nichts ferner, als seiner Gattin den Laufpass zu geben. Es wäre auch gar nicht mit seinem moralischen Weltbild vereinbar gewesen, Avancen anderer Frauen anzunehmen, sagt die Tochter. Die Frage stellte sich also nicht. Liselottes strebsames Wesen hatte ihn angesteckt und zu seiner beruflichen Selbstfindung befähigt. Lilos geradliniger Charakter, so vermutet die Tochter, habe ihn auch bei ihr gehalten, als die ersten Jahre vorbei waren, in denen er für Liselotte Daiber aus Neu-Ulm entflammt war und als daraus ein Dauerpartnerschaft geworden war, außergewöhnlich und tragfähig wie wenig andere Ehen. Gesichert ist Manfred Rommels dankbarer Satz: „Sie hat mich auf die richtige Bahn gelenkt."

Nicht nur das. Seine Lilo wachte auch später darüber, dass nicht unnötige Irritationen das Leben und die Arbeit ihres Gatten durcheinanderbringen. Handwerker oder Küchenausstatter bekamen ganz selten die Chance, im Rommel'schen Haus einzugreifen und etwas zu erneuern. Falls doch, dann meist auf Druck von außen wie etwa von Rommels Protokollchef, wenn er die Neuerung für absolut zwingend erachtete.

Ihren Mann begleitete Lilo Rommel stets mit großem Verständnis und Wohlwollen. Ihre leise Art dominierte. Wenn sie sich jedoch zum Eingreifen genötigt sah, konnte es für den Oberbürgermeister brenzlig werden. Dass er, zu Zeiten als er noch leichtfüßig gehen konnte, in den Schweizer Bergen mit der Adoptivtochter von Stein zu Stein durch einen reißenden Gebirgsbach sprang und einmal das ins Wasser gefallene Kind nur noch mit knapper Not herausfischen konnte, war einer dieser Fälle. „Mich wunderte, dass der Gletscher nicht abrutschte", erinnert sich Catherine. Ihre Mutter sage zwar lange nichts, aber wenn sie die Stimme erhebe, dann gewaltig.

Kaum dass Catherine in Sillenbuch eingezogen war, wurde es nicht nur hektischer. Die Lebensgewohnheiten änderten sich grundlegend. Das zuvor recht beschauliche Privatleben, das durch Wochenendausflüge nach Neu-Ulm geprägt war, wich einem Privatleben mit Wochenendarbeit und manchmal auch terminlichen Verpflichtungen für Manfred Rommel. Schon seine Wahl zum OB von Stuttgart markierte diesen Einschnitt. Der zweite und entscheidende Wahlgang fand am 30. November 1974 statt, just an dem Tag, an dem Catherine ihren zehnten Geburtstag feierte.

Schon bald blieben auch Catherines Großeltern im Rommel'schen Haus in Sillenbuch. Opa Otto Daiber starb allerdings bereits im Jahr 1975, als Manfred Rommel im Rathaus seine ersten Monate im Amt absolvierte, bei einem Spaziergang mit der Enkelin an Herzversagen. Die Großmutter siedelte viele Jahre später in ein Pflegeheim in Baden-Baden um, wo mittlerweile auch Catherine arbeitete und sich nebenbei um die Oma kümmern konnte. Ermuntert von ihrem Mann, fuhr auch Lilo Rommel oft Richtung Schwarzwald, um ihre Mutter zu besuchen und zu umkümmern, so gut es ging. Bis das bewegte Leben der Griechin aus Istanbul, deren Weg durch halb Europa geführt hatte, zu Ende ging.

Für einige Jahre war es nach den Turbulenzen der ersten OB-Zeit im Hause Rommel wieder etwas ruhiger. Ab und zu führten die OB-Pflichten allerdings auch dazu, dass offizielle Gäste des Stadtoberhaupts aus dem Ausland sogar hier empfangen wurden. Dass er sich leger gekleidet mit dem Moskauer Amtskollegen auf der Terrasse bei einem rustikalen Vesper mit einem kleinen Fässchen Bier unterhalten konnte, ist Rommel sicherlich allemal lieber gewesen als ein offizielles Abendessen irgendwo in einem Restaurant oder im Rathaus. Die Idee, die von seinem Protokollchef gekommen war, wurde jedenfalls nachträglich als sehr gelungen beurteilt.

Es war auch eine schöne Gelegenheit, Manfred Rommel einmal früher daheim zu haben und ihm trotzdem die Erledigung seiner Pflichten zu ermöglichen. Normalerweise hatten Lilo und Catherine Rommel von ihm im Alltag sehr wenig, weil das OB-Amt ein ungeheurer Zeitfresser ist. „Ich dachte, er regiert Stuttgart. Es war aber so, dass Stuttgart ihn regiert hat", fasste Rommels Gattin am Ende seiner 22 OB-Dienstjahre die Situation zusammen.

Ihr Mann stand in der Regel um 6 Uhr auf. An seinen Arbeitstagen trainierte er auf dem Standfahrrad, um sich die nötige Fitness für den Dienst zu verschaffen und zu erhalten. Nur an den Wochenenden verzichtete er auf den Frühsport. Wenn er sich an Werktagen nach dem Frühstück zwischen 8.30 und 8.50 Uhr vom Chauffeur abholen ließ, hatte er in der Regel mindestens eine von zwei örtlichen Tageszeitungen gelesen. Zum verabredeten Zeitpunkt war er pünktlich zur Abfahrt bereit. Sein Fahrer Manfred Miller holte ihn an der Haustür ab und trug ihm die Tasche mit dem Vesper zum Wagen. Keine Nobeltasche, sondern eine Tragetasche mit Coca-Cola-Aufdruck. Darin waren manchmal Vesperbrote und ein wenig Obst, häufiger aber etwas Quark mit tiefgekühlten Heidelbeeren fürs Mittagessen, etwas Süßstoff und Tee. Im Dienstwagen blätterte Rommel oft noch die zweite Tageszeitung durch. Dann war er gerüstet, sich mit den Tagesaktualitäten auseinanderzusetzen.

Nach den laufenden Angelegenheiten beschloss er den Arbeitstag manchmal mit Arbeitsessen, die ihm Gelegenheit boten, mit wichtigen Gesprächspartnern, nicht nur aus dem Rathaus, dringliche Themen zu besprechen. An Werktagen traf er nicht vor 19 oder 20 Uhr zu Hause ein, nicht selten auch erst gegen 22 Uhr. Falls er noch nicht zu Abend gegessen hatte, sprach er einem Steak mit Salat zu, später am Abend auch nur Würstchen mit Senf, erinnert sich Catherine. Wann immer es möglich gewesen sei, sei er Büffets bei Terminen ausgewichen und habe die Teilnahme an offiziellen Essen gemieden. Er befürchtete, dass er an Leibesfülle zulegen und sein Gewicht dann nicht mehr kontrollieren könnte. Auch auf den Alkohol hat er deshalb bei seinen dienstlichen Terminen verzichtet. Daheim schränkte Rommel, der ansonsten öfters mal ein Viertele Wein oder auch zwei getrunken hatte, sich weiter ein, weil er befürchtete, dass der Alkohol irgendwann doch Folgen im Kopf zeitigen könnte. Der Korkenzieher kam von da an am ehesten noch sonntags zum Einsatz.

Die Schwaden des Tabakrauchs, die früher durchs Haus und durchs Amtszimmer gewabert waren, gehörten kurz vor Ablauf seiner ersten achtjährigen Amtsperiode auch der Vergangenheit an. Im April 1982 musterte Rommel die Tabakspfeifen aus, die vorher ein fast unverzichtbares Requisit gewesen waren. Die Rechnungen seines Zahnarztes hatten ihn beständig daran erinnert, dass das Pfeifenrauchen seinem Gebiss nicht zuträglich war und dass die Folgen ihn teuer zu stehen kamen – dabei hätte es an der Bezahlung des Zahnarztes sicher nicht scheitern müssen. Denn Rommel galt zwar stets als sparsam, andererseits aber auch als finanziell gut gesattelt.

Sonne, Strand und Sommerliteratur: Manfred Rommel macht Urlaub in Südfrankreich. Als OB bevorzugt er die Schweiz.

Der Oberbürgermeister von Stuttgart verdient zwar im Vergleich mit Wirtschaftsmanagern nicht üppig. Doch Rommel verfügte über nicht unbeträchtliche Nebeneinnahmen. Seine Gaben und seine

Popularität als Autor zahlten sich aus. Und das Leben im längst abbezahlten Heim war günstig. Einen eleganten, großartigen Lebensstil suchten Manfred und Lilo Rommel nicht. Ihr Heim war und ist Wohlfühlheim. Das reichte ihnen.

Wenn der OB Manfred Rommel daheim war, stand ihm der Sinn nach Ruhe, verriet Lilo Zeitungsjournalisten einmal. Dann absolvierte er abends auch ohne teuren Rotwein und ohne Tabakqualm die Pflichtlektüre an Dichtern und Denkern, ehe die Lichter in dem Haus in Sillenbuch ausgingen.

Und wo blieb Lilo Rommel bei alledem? Sie hatte an solchen Tagen oft einen Besuch im Mineralbad Leuze hinter sich, wo sie, von den anderen Badegästen nicht erkannt, ihre Bahnen zog. Wie irgendeine andere freundliche, gepflegte, aber so gar nicht mondäne Dame. Es waren ihre kleine Fluchten, ihre kleinen Versuche, auch auf ihre Kosten zu kommen. Denn der Ertrag, der Lilo Rommel aus der OB-Tätigkeit ihres Mannes zuwuchs, er war bescheiden. Sie hielt sich lieber im Hintergrund, war die Frau, die Unangenehmes von ihrem Mann fernhielt, aber gelegentlich sorgte sie dafür, dass er von dem Wohl und Wehe der Bürger in Sillenbuch erfuhr. Von Dingen, die vielleicht symptomatisch waren für die Anliegen seiner Stuttgarter, und die deshalb für seine Arbeit im Rathaus wissenswert sein könnten.

Da sie seine Reden oft gegenlas, ehe die Manuskripte das Haus verließen, konnte sie auch gleich überprüfen, wie ihr Manfred mit den Signalen aus dem wahren Leben umging. Manchmal griff sie ein, doch meist dann, wenn es ihr zu kernigen Witzen und schwarzem Humor neigender Gatter ein bisschen übertrieb. Und neben der Frau des Oberbürgermeisters, die sich im Hintergrund nützlich machte, war sie auch noch die oft ein wenig allein gelassene Mutter des Adoptivkindes, das das Ehepaar Rommel im Alter von neun Jahren zu sich genommen und adoptiert hatte.

Am meisten genoss sie die OB-Welt, wenn gelegentlich Gäste wie das Moskauer Stadtoberhaupt im Privatgarten in Sillenbuch bewirtet wurden. Noch mehr genoss sie es, wenn sie ihren Mann auf Reisen begleitete. Bei solchen Gelegenheiten traf sie faszinierende Persönlichkeiten. Nicht nur Teddy Kollek in Jerusalem, sondern beispielsweise auch Anwar El Sadat, den ägyptischen Staatschef, der ihr als „gut aussehender Mann und sehr beeindruckend" in Erinnerung blieb. Daheim kam sie in Kontakt mit Künstlern, Diplomaten und amerikanischen Offizieren. Aber nicht Extravaganzen und Glamour waren ihr Leben. Der Alltag dominierte es. In aller Bescheidenheit.

An Samstagen fand die Familie noch eher in einen Alltag, wie ihn andere Familien hatten. Da ging Rommel auch einkaufen in das Feinkostgeschäft, das es damals in Sillenbuch noch gab. Schon sonntags holte ihn aber die Arbeit wieder ein. Das war der Tag, an dem er die Reden schrieb, die er in der folgenden Woche halten wollte.

Ein anderer hätte das vielleicht nicht so wichtig genommen, hätte seine Reden auch mal schreiben lassen. Doch Rommel, der Mann des Wortes, der seine Wirkung zu einem guten Teil seinen unvergleichlichen Reden verdankte, gab diese Aufgabe nicht aus der Hand. Natürlich nicht. Schließlich wollte er nicht irgendeine Rede halten. Er wollte ja unterhalten, seine Zuhörer zum Lachen oder wenigstens zum Schmunzeln bringen, die Spannung aufrechterhalten und den Zuhörern die Ohren auch für die ernsteren Botschaften öffnen, die er unters Volk bringen wollte.

So ein Anspruch verpflichtet. Und er kostet Zeit. Wie auch das Bedürfnis, in Stuttgart zu sein, bei den Bürgern zu sein, falls sein Eingreifen erforderlich würde. Wäre er länger weggeblieben, sagte Rommel einmal in selbstironischer Überzeichnung, hätten die Leute bemerkt, dass sie ihn eigentlich gar nicht bräuchten. Jedenfalls gönnte er sich pro Jahr immer nur zwei Wochen Urlaub – in Grindelwald, wo das Ehepaar gern wanderte, als Manfred Rommel noch die nötige Beweglichkeit dazu besaß. Später in Zermatt.

Dazwischen, ab 1985, erinnert sich Catherine Rommel, habe es eine Phase gegeben, in der man eine Woche Grindelwald mit einer Woche Zermatt kombinierte. Beide Ziele wurden geschätzt, weil man ohne größere Vorbereitungen und ohne frühe Vorbuchung dorthin aufbrechen konnte, und vor allem von Grindelwald im Berner Oberland hätte man schnell nach Stuttgart abfahren können, wenn es die Lage in der Landeshauptstadt erfordert hätte.

So rückten die früheren Urlaubsziele in immer weitere Ferne. Und Grindelwald und Zermatt wurden für Rommel das, was Malbun im Fürstentum Liechtenstein für seinen Vorgänger Arnulf Klett gewesen war: das Urlaubsparadies Nummer eins. Ein Platz, an dem der Stuttgarter OB bestens eingeführt und bekannt war.

Das Hotel war immer dasselbe, das Zimmer auch. Von dort aus unternahm das Paar mit Catherine Bergwanderungen, an denen nicht selten Freunde wie sein Verleger und dessen Familie teilnahmen. Das Tempo ließ sich gemächlich an. Der Aufstieg ohne große Pausen konnte aber durchaus sechs bis acht Stunden dauern. Zur Belohnung für ihre Mühe durften die Teilnehmer dann aber mit dem Sessellift oder der Gondel gen Tal fahren, wo der Wandertag natürlich mit einem leckeren Abendessen beschlossen wurde.

Kleine Zwischenfälle blieben nicht aus. 1986 schlug der Blitz in die Bergstation der Sesselbahn in Grindelwald ein, mit der die Rommels und ihre Gäste gerade zu Tal fahren wollten, wie der Verleger Ulrich Frank-Planitz 1996 enthüllte. Der Sessellift blieb stehen, und die Stuttgarter Urlauber hingen für eine Viertelstunde bei Wind und Wetter und Gewitter über einer Schlucht, bis sich im Tal ein Notstromaggregat einschaltete. Dann nahm die Sesselbahn wieder ihren Dienst auf und brachte Stuttgarts Oberbürgermeister in Sicherheit.

Eigentlich sei ihr Manfred kein Reisemuffel, widersprach Liselotte Rommel 1996 den hartnäckig wiederkehrenden Äußerungen, dass ihr Gatte ungern den Koffer nehme und in unbekannte Gefilde aufbreche. Und auch Rommel selbst sagte vor Jahren zu seinen eigenen Gunsten aus, im Sillenbucher Heim gebe es Beweisfotos aus der Jugendzeit dafür, dass er mit Liselotte am Mittelmeer, am Matterhorn, bei diversen Loire-Schlössern, am Schiefen Turm von Pisa, am Mailänder Dom, an der Pariser Kirche Sacré Cœur und bei anderen Naturwundern und Baudenkmalen gewesen sei. Man habe die Aufnahmen nur nie öffentlich gezeigt.

Als Zeitangabe hat er allerdings recht unauffällig die „Jugendzeit" eingeführt. Danach dürften die Händler von Kleinbild-Filmen an Rommel'schen Urlaubsaktivitäten schwerlich viel verdient haben.

Einmal im Jahr hielt Manfred Rommel in Sillenbuch ein klein wenig Hof: an Heilig Abend, wenn er aus Anlass seines Geburtstages zahlreiche Gäste empfing. Neben den Freunden waren das wichtige Mitarbeiter und Vertreter des öffentlichen Lebens sowie der eine oder andere Journalist. Bei diesen Gelegenheiten äußerte er stets

Bedauern, dass die Menschen gezwungen seien, zu ihm zu kommen, während andere den Christbaum aufstellen und dekorieren, letzte Geschenke einpacken, das Abendessen vorbereiten und darüber nachdenken, welche Weinflaschen sie entkorken sollen.

In Wirklichkeit, sagen die Menschen aus seiner Umgebung, freute er sich über die Besucher. Vielleicht sogar ein bisschen mit dem kindlichen Glücksgefühl, das er empfand, als im Elternhaus trotz der abendlichen Bescherung seine Geburtstagsfeier und die Übergabe der Geburtstagsgeschenke am Mittag nicht vergessen wurden.

So ein Kommen und Gehen waren in Sillenbuch aber die Ausnahme. Wäre nicht Rommels Frau davor gewesen, die privaten Freundschaften hätten wahrscheinlich die Jahre mit den oberbürgermeisterlichen Pflichten nicht überlebt. Mit Liselotte Rommels Hilfe konnten einige gerettet und gepflegt werden.

Dazu gehört die mit dem langjährigen Ulmer Oberbürgermeister Ernst Ludwig, den Rommel in der Schulzeit und bei der Fliegerabwehr in Ulm kennengelernt hatte. Oder die mit Ulrich Weber, dem Pressechef des Ministerpräsidenten Filbinger und späteren Chef der Südwestfunk-Verwaltung, den Rommel seit seiner Referendarszeit kannte. Auch Gerhard Mayer-Vorfelder wurde von Rommel seit gemeinsamer Arbeit in der Landesverwaltung zum Freundeskreis gezählt – was viele verwunderte, hatten da doch ausgerechnet der Linksabweichler und der Rechtsausleger der CDU zusammengefunden.

Oft gesehen war im Sillenbucher Privathaus auch Walter Luz, der damalige Chef des Stuttgarter Hotels Dachswald, zu dem Rommel verwandtschaftliche Verbindungen hatte. Gesprächsstoff gab es genug – bis hin zum Afrika-Feldzug von Erwin Rommel, denn Luz hatte selbst als Soldat am Krieg in Afrika teilgenommen.

Als Helfer in vielen Lebenslagen bewährte sich bis zu seinem Tod Anfang 2007 jahrzehntelang der Unternehmer und norwegische Honorarkonsul Hans Joachim Schmidtgen. Der Schöpfer des Werbeslogans, dass „dem Wüstenfuchs sein Kleiner" der neue OB von Stuttgart werde, arbeitete fast 70 Jahre im Deutschen Roten Kreuz mit und unterhielt beste Beziehungen zu Stuttgarts Krankenhäusern. Er fädelte nicht nur für Stuttgarts Oberbürgermeister schnelle Hilfe ein, wenn sie nötig war. Wie im Juni 1989, als Geschwüre am

Zwölffingerdarm und eine Magenkrankheit Rommel unter das Messer des Chirurgen zwangen. Er kenne keinen hilfsbereiteren Freund als Schmidtgen, sagte Rommel. Wann immer er medizinischen oder sonstigen Beistand brauchte, war das Multitalent Schmidtgen da, dem man nicht nachsagen konnte, maulfaul oder ein schlechter Organisator zu sein.

Seine Kontaktfreude brachte ihn auch ins Spiel, wenn ein Mann für besondere Missionen gesucht wurde, die diplomatisches Geschick und Kontakte erforderten. Hohe Tiere der Politik waren ihm nicht fremd. Konrad Adenauer und Theodor Heuss hatte er schon im Elternhaus erlebt. Schmidtgen war einer von denen, die noch vergleichsweise oft in Rommels Haus vorbeischauten. Den Oberbürgermeister nannte er selten beim Namen. „Du, Rommel …" sprach er ihn meistens in seiner etwas norddeutsch, etwas militärisch geprägten Art an.

Manchmal brachte Schmidtgen norwegischen Lachs und andere Leckereien mit, um den Speisezettel bei den Rommels ein wenig aufzuwerten. Das war allerdings nicht überaus schwierig. Denn das Ehepaar Rommel lebte auch in dieser Hinsicht nicht auf großem Fuß. Den schwäbischen Sonntagsbraten jedoch gönnte man sich schon. Solche Essen seien eine feste Größe gewesen, erzählt Catherine. Manchmal sei man lange gesessen, habe zu den Gängen auch verschiedene Weine gekostet und das Mahl auch gern auf der Terrasse eingenommen. Liselotte Rommel musste freilich auch darauf gefasst sein, dass ihr Mann an manchen Tagen den Zeitplan der Köchin durchkreuzte. Wenn er am Fensterbrett auf der Schreibmaschine tippte oder gar am Esstisch an einer Rede feilte, opferte er dem Ideenfluss schon mal den pünktlichen Beginn des Mittagsmahls.

Die Gäste brachten auch gern ein wenig Kuchen mit, wenn sie das Ehepaar besuchten. Einer von ihnen war der Verleger Ulrich Frank-Planitz, der oft samstags seine Aufwartung machte. Der frühere Journalist, der knapp acht Jahre jünger war als Rommel, nahm unter den privaten Gästen des Oberbürgermeisters eine besondere Stellung ein.

Der vormalige Chefredakteur der Stuttgarter Wochenzeitung „Christ und Welt" galt ähnlich wie Rommel als Liberal-Konservativer und war damit fast so etwas wie ein Bruder im Geiste. Auch in der

Art ihres Humors waren sie sich ähnlich. Als Chef der traditionsreichen Deutschen Verlagsanstalt, die aus einem 1848 von Eduard Hallberger begründeten Verlag hervorgegangen war, nahm Frank-Planitz mit Geschick konservativ orientierte Historiker und konservative bis liberale Politiker als Autoren unter Vertrag. Mit der DVA und später mit dem Hohenheim-Verlag begleitete er den rasanten Aufstieg Manfred Rommels zum Bestsellerautor, dessen Bücher sich glänzend verkauften, wenn auch nicht so grandios wie Peter Scholl-Latours „Der Tod im Reisfeld", von dem weltweit eineinhalb Millionen Exemplare verkauft worden sein sollen.

Frank-Planitz wurde Rommels engster Freund in der zweiten Lebenshälfte, also nach der Karriere beim Land. Eines Silvesterabends erinnerte sich Rommel sogar des Umstands, dass er als OB auch der Dienstvorgesetzte der Standesbeamten war, und improvisierte kurzerhand eine Eheschließung zwischen dem Verleger und seiner damaligen Freundin. Am anderen Tag waren sich die Beteiligten aus gutem Grund nicht mehr sicher, inwieweit die Ehe nun tatsächlich zustande gekommen sei. So zogen es Frank-Planitz und seine Partnerin vor, den Bund fürs Leben bald darauf in aller Form noch einmal einzugehen.

Die Freundschaft mit Rommel hielt weitere dreieinhalb Jahrzehnte. Die Familien wurden in dieser Zeit auch durch gegenseitige Patenschaften verbunden. Im Mai 2011 jedoch, nur fünf Tage nach seinem 75. Geburtstag, starb Frank-Planitz überraschend und hinterließ im Leben der Rommels, denen er seit der Pensionierung des Oberbürgermeisters oft beigestanden und geholfen hat, eine Lücke.

Zu denen, die nach wie vor im Sillenbucher Häuschen ihre Aufwartung machen und ihre Hilfe anbieten, zählt Rommels früherer Umwelt- und Finanzbürgermeister Klaus Lang. Auch den Kontakt zum Nachfolger Wolfgang Schuster hielt Rommel im Rahmen des Möglichen aufrecht. Außerdem hat er in Manfred Miller, seinem einstigen Fahrer, dem er früher bei langen Hochgeschwindigkeitsfahrten nach Bonn oder sonst wo in der Republik bereitwillig sein Leben anvertraute, immer noch einen verlässlichen Helfer. Was einmal mehr unterstreicht, wie wichtig im Leben des Politikers dienstbare Geister und Vertrauenspersonen wie Fahrer und Vorzimmerdamen sind.

„Nur fliegen ist schöner", sagte Rommel bei seinem Abschied aus dem Amt über seine Mitfahrgelegenheiten. An Millers Seite genoss er auf Fahrten durch Deutschland bei freien Straßen auch mal Tempo 260, obwohl Rommel selbst ein recht gemächlicher Fahrer war, wenn er privat am Steuer saß. Fast immer saß der OB vorne auf dem Beifahrersitz, nicht hinten.

So gern Rommel seinen Fahrer auch auf die Tube drücken und mit dem Dienst-Mercedes über die Autobahn flitzen ließ, das Privatfahrzeug durfte einige Nummern kleiner sein. Schnell und nobel musste es da keinesfalls sein. Den Wagen, die er im Lauf der Jahre besessen hat, hielt Rommel meist die Treue, bis ihr Verfall oder ein Unfall der Liaison ein Ende machten. Oft horchte er in sie hinein, versuchte ihren Eigenheiten und Tücken auf die Schliche zu kommen. Doch seine Möglichkeiten der Intervention waren eher bescheiden. Daher sah er es auch nicht als sinnvoll an, die Motorhaube zu öffnen. „Ich wüsste nicht, was ich tun sollte, wenn ich sie geöffnet habe", sagte er sich.

Beim ersten Gefährt, das er sich zulegte, kaum dass er im Alter von fast 30 Jahren die Fahrprüfung bestanden hatte, war sein Ehrgeiz noch ein bisschen größer gewesen. Den VW Käfer stattete er damals mit einem „Boschhorn" aus, einer lautstarken Hupe, die freilich nicht wie gemacht war für den Käfer. Nur ein paarmal hupen, schon brannten im Käfer die Sicherungen durch. Deshalb sorgte Rommel für genug Ersatzsicherungen, als er sich anschickte, mit dem Wagen die Alpen zu überqueren und etliche Alpenpässe zu befahren. Zur Not hätte er auch einen kaputten Keilriemen durch einen Nylonstrumpf ersetzen können, erzählte Rommel einmal. Doch der Beweis dieser Fertigkeit blieb ihm erspart.

Zusammen mit seiner frankophilen Frau unternahm Rommel damals, als er Regierungsassessor war, am Anfang seiner Beamtenkarriere stand und noch üppig Zeit dafür fand, viele Vorstöße ins benachbarte Ausland. Sie erkundeten diverse Regionen in Frankreich bis zur spanischen Grenze und gewannen mehr und mehr Sicherheit beim Fahren – bis Manfred Rommel schließlich sogar Kurs auf Paris nahm und sich der Herausforderung stellte, beim Triumphbogen und auf der Place de la Concorde im Großstadtverkehr mitzuschwimmen. Oft war neben dem Ehepaar und reichlich Gepäck auch Liselottes Schwester an Bord.

Daheim in Stuttgart startete das Ehepaar den Käfer an vielen Wochenenden, um nach Neu-Ulm zu fahren und Lilos Verwandtschaft zu besuchen. So ging es rund fünf Jahre, bis Rommel den Käfer durch einen elfenbeinfarbenen VW 1600 ersetzte. Es sollte nicht der Letzte sein. Drei Fahrzeuge dieses Modells hat er im Lauf der Zeit besessen. Vor allem der Letzte davon wurde zum Sinnbild der Bescheidenheit des Ehepaars.

Nicht nur in den Straßen von Sillenbuch, auch sonst in Stuttgart standen vor den Häusern längst repräsentativere Autos. Der Wagen der Rommels schwächelte manchmal auch schon. Bisweilen wurden sie gesichtet, wie sie ein wenig ratlos nach einem Leck im Kühler oder nach einem sonstigen Mangel spähten. Nach Defekten eben, die befürchten lassen mussten, dass die Fahrtüchtigkeit leidet. Dellen und Beulen dagegen haben die Rommels stets weniger interessiert, was den Nachbarn der Rommels und den Mitarbeitern im Rathaus nicht gerade standesgemäß vorkam.

Bei den Menschen auf dem Killesberg, wo von jeher feines Blech gepflegt wird, schien ein Großstadt-Oberbürgermeister mit so beachtlicher automobiler Angriffsfläche die Grenzen der Vorstellungskraft zu sprengen. Als Rommel in der Terrorismuszeit einem Industriellen die Ehre gab, alarmierte die Hausherrin die Polizei. Sie befürchtete, der postgelbe VW 1600 gehöre Terroristen, die die Gegend für einen neuen Anschlag auskundschaften. Die Polizisten, die dann anrückten, wussten es besser. Sie erkannten in dem verdächtigen Wagen Rommels Eigentum. Langsam, aber sicher neigte sich die Beziehung zwischen Rommel und Volkswagen danach aber dem Ende entgegen, zumal der Mercedes-Manager Werner Niefer die unvorteilhafte Verbindung längst kritisch beäugte.

Auch Rommels Protokollchef Heinz Hermann hielt den Zustand für nicht mehr länger tragbar. Eines Samstags im Jahr 1983, im neunten Jahr von Rommels OB-Tätigkeit, erschien Hermann mit einem Mercedes-Vertreter bei den Rommels in Sillenbuch und ließ erst den OB, dann dessen Gattin Probe fahren. Da endlich akzeptierte Rommel den „Daimler", den viele seiner Bürger längst schätzten. Da endlich nutzte der Oberbürgermeister der Automobilstadt auch privat eines ihrer Produkte, was eigentlich nur logisch erschien. Denn die Bedeutung dieses Industriezweigs für Stuttgart und seine Stadtkasse wurde er zu loben nicht müde. „Ein Verzicht aufs Auto wäre für Stuttgart eine regelrechte Katastrophe", warnte er 1994 zum Zeitpunkt der Wirtschaftskrise und der aufgeregten Umweltdebatten. Die Verkehrs- und Umweltprobleme müssten eben mit maßvollen Maßnahmen bekämpft werden.

Für die Freunde hätte Rommel als aktiver OB noch weniger Zeit aufbringen können, hätte er manche Termine nicht mit List und Tücke umgangen. Fußballspiele des Bundesligisten VfB Stuttgart mied er unter einem Vorwand. Er habe einfach das Gerücht in Umlauf gebracht, dass er der VfB-Elf kein Glück bringe, sondern dass immer eine Niederlage drohe, wenn er im Stadion weile. „Wie alles Absurde wurde es sofort geglaubt", schrieb Rommel später.

Tatsächlich glaubten bald alle an diese angebliche Gesetzmäßigkeit, und der OB konnte guten Gewissens behaupten, er beweise seine Verbundenheit mit dem VfB durch die körperliche Abwesenheit. Die Sportgemeinde im Stadion atmete auf. Rommels Fragen nach den Regeln des Spiels und die Missverständnisse darüber, die er vortäuschte, lenkten niemanden mehr vom Spielverlauf ab. Und Rommel konnte sich beruhigt daheim den Akten und Redemanuskripten zuwenden. Vorher, so behaupten manche Augenzeugen, habe er sie bisweilen auch ins Stadion mitgebracht. Der VfB Stuttgart aber reüssierte, errang 1984 die Deutsche Fußballmeisterschaft und versetzte die Fans in einen Freudentaumel, wohingegen der Verein 1975, in Rommels erstem Amtsjahr, noch in die Zweite Bundesliga abgestiegen war.

Dass er die gewonnene Zeit zu ausgiebigen Spaziergängen im Silberwald in Sillenbuch oder gar zu ehrgeizigerer sportlicher Betätigung genutzt hätte, kann kaum angenommen werden. Zeit seiner OB-Ära stand er unter dem dringenden Verdacht, er habe sich Winston Churchills Diktum „no sports" zu eigen gemacht. Zumindest für seine jüngeren Jahre mochte Rommel das nicht auf sich sitzen lassen. Zu Beginn seiner Berufslaufbahn will er an der Iller in Ulm frühmorgens oft sportlich sein Vorankommen gesucht haben. Aus seiner Stuttgarter Zeit ist davon wenig überliefert. Schon gar nicht aus seiner OB-Zeit, als ihn oft Rückenprobleme plagten.

Frischen Wind brachten schließlich, als Manfred Rommel dem Rathaus bereits Ade gesagt hatte, die beiden Enkelkinder Sarah und Lennart in das Haus in Sillenbuch. Lilo und Manfred Rommel genossen jetzt die Rolle der Großeltern. Der Zahlenfuchs Rommel übte nun manchmal stundenlang mit Sarah Buchstaben und Zahlen zu schreiben oder interpretierte die Zeichnungen, die ihm von Lennart vorgelegt wurden.

Als er sich seinem 80. Lebensjahr näherte, fiel Manfred Rommel das eigenhändige Schreiben zumindest zeitweise schwer – wie die Bemühungen, sich im Haus zu bewegen und aktiv zu bleiben. Manchmal gelang es ihm recht gut, sich mit Hilfe eines Gehstocks durch das Haus bewegen, dann wieder musste er sich auf den Rollator stützen. Die Parkinsonkrankheit hatte sich nachdrücklich in Erinnerung gerufen. Die Charakteristika, mit denen sie sich bemerkbar macht, sind wechselhaft. Um die Muskeln herauszufordern und um sich beweglich zu halten, benützt Rommel noch immer regelmäßig das Heimfahrrad im Souterrain. Mit Disziplin und mit Medizin hält er die Schüttelkrankheit in Schach.

Der Wille dazu ist groß, der Geist ungebrochen. Die Anekdoten aus seiner aktiven Zeit in Stuttgart und Bonn hat Rommel parat wie ehedem. Die Witze sowieso. Und häufig bleibt auch Liselotte Rom-

Porträt eines Skeptikers? Es gab Jahre des Zweifelns. Aber Rommel glaubt wieder „an die Fortschrittsfähigkeit der Menschen".

mel stehen, stimmt in die Erzählungen ein und ergänzt, was ihr Mann erzählt.

Manchmal gesellt sich der Kater „Montag" dazu, ein großes Tier, das nicht nur bei dem Hausherrn und seiner Frau Streicheleinheiten abholt, sondern gern auch Besucher auf ihre Affinität zu Katzen testet. Manfred Rommel, soviel steht fest, hat zwar seit seiner Kindheit ein gestörtes Verhältnis zu Hunden, ist jedoch mit Katzen stets bestens ausgekommen.

Früher lebten zwei davon, Moritz und Minka, im Haushalt der Rommels. Sie starben dann an einem Leberleiden, obwohl der Altoberbürgermeister, wie er in einer seiner Kolumnen schrieb, sich nicht daran erinnern konnte, dass sie jemals Alkohol getrunken hätten. Viele Jahre glaubte Rommel noch das scharrende Geräusch aus dem Wohnzimmer zu hören, als Moritz seine Krallen an den alten Möbeln schärfte, die Manfred Rommel von seinen Eltern geerbt hatte. Bald hätten sie ausgesehen wie Sperrmüll.

Später verlegte sich das Ehepaar darauf, zum Schutz der neuen Ledermöbel peinlich genau darauf zu achten, dass die Türen im Haus stets geschlossen waren. Eine Strategie, die eiserne Disziplin erforderte, wie sich Rommel erinnerte. Als Minka und Moritz das Zeitliche segneten, schienen irgendwelche Vorsichtsmaßnahmen nicht mehr notwendig zu sein. Denn die Rommels schafften sich keine neue Katze an, sondern bewiesen ihre Tierliebe fortan mit einer Mitgliedschaft im Verein Katzenhilfe.

Zum Andenken an die verblichenen Katzen stellte Liselotte Rommel gelegentlich allerdings ein paar Essensreste vor die Tür und rief damit irgendwann zwangsläufig die Katzen aus der Nachbarschaft auf den Plan, verriet der Kolumnist Rommel. Eine dieser Katzen hielt sich immer öfter auf der Terrasse auf und erregte bei Rommel bald den Verdacht, dass sie eine Hausbesetzung im Sinne hätte.

Als er gerade nachzurechnen begann, wie viele junge Kätzchen ihnen binnen kurzem beschert werden könnten, falls es sich um ein weibliches Tier handelte, wurde die Katze im Garten von einem vorbeigehenden Mädchen als ihr Kater erkannt – und mitgenommen. Das Problem war gelöst, freute sich Rommel. Doch irgendwie ist den Rommels das Leben ohne Katze offenbar etwas fade geworden, deswegen haben sie dann doch wieder „Montag" aufgenommen. Einen Hausgenossen, der bei den Rommels großes Gewicht hat und es manchmal auch einsetzt. Dieser „Montag" ist es, der in den Nächten auf Rommels Bett springt und sich nicht mehr vertreiben lässt. Für den Kater ist das Haus in Sillenbuch eben ein richtiges Wohlfühlheim.

So erlebt es auch der Besucher. Doch die Beschwernisse setzen Manfred Rommel manchmal zu. Längeres Reden fällt dem Mann, der virtuos mit den Worten umging, dann schwer. Ebenso das Blättern in den geliebten Büchern und in seinen schriftlichen Unterlagen. Wenn er zu ungestüm versucht, sich zu bewegen, besteht die Gefahr, dass er stürzt und sich schwer verletzt. So ist der Alltag in den letzten Jahren hier mühsamer geworden in dem Haus hinter dem braunen Gartentor, auf dem schlicht geschrieben steht: „Rommel".

WER IST DER GRÖSSERE ROMMEL?

Wer den Namen Rommel hört, denkt heute wahrscheinlich an beide: an den Kriegshelden Erwin Rommel und an den Versöhner Manfred Rommel. Wer hat die Menschen mehr bewegt? Wer muss im Urteil der Historiker in der deutschen Geschichte höher eingestuft werden?

Zugegeben: Diese Frage wird nicht definitiv zu beantworten sein, sondern sie wird immer wieder neu gestellt werden, so wie sich in den letzten Jahrzehnten auch die Urteile über Erwin Rommel immer wieder verändert haben. Die Frage, wer von den beiden im Geschichtsbuch besser abschneidet, mag auch von begrenzter Relevanz sein. Doch schon deshalb, weil der Sohn sich selbst immer wieder am Vater gemessen hat, schleicht sie sich ein, wann immer über die beiden nachgedacht wird.

Der Vater war Berufssoldat, der Sohn wurde zum Zivilisten durch und durch. Der Vater hat zwar früher als manche andere Offiziere bedacht, dass ein General auch dafür verantwortlich ist, einen sinnlosen, nicht mehr zu gewinnenden Krieg zu beenden – aber er hat es später und mit geringerer Konsequenz gedacht als die Offiziere, die Hitlers Leben am 20. Juli 1944 ein Ende machen wollten. Die Niederlage war zu dem Zeitpunkt, als Erwin Rommel handeln und den Krieg offenbar beenden wollte, schon besiegelt.

Hat er überhaupt die Verantwortung für Staat und Volk erkannt und sich davon leiten lassen? Die Meinungen darüber gingen auseinander. Dem Sohn war in seiner Berufszeit die Verantwortung der Bürger für ihren Staat und die Verantwortung der Politiker gegenüber den Bürgern allgegenwärtig, allerdings war er nicht vor so schicksalhafte Entscheidungen gestellt wie sein Vater, nach dem Krieg naturgemäß auch nicht unter Umständen, die größte Gefahren für Leib und Leben bedeutet hätten.

Erwin Rommel war zu seiner Zeit berühmter, ist es wahrscheinlich noch heute – und wird es vielleicht bleiben. In Zeiten, die wie ein lang andauernder Totentanz waren, in einem kriegerischen Inferno, das fast die ganze Welt erfasste, und angesichts einer Perfektionierung der Propaganda eröffnete sich für einen zeitweilig höchst erfolgreichen Feldherren freilich eine Bühne, die größer nicht sein konnte. Erwin Rommel – oder besser gesagt: das Bild des Generals, das so große Verbreitung fand – hat auf der ganzen Erde Menschen fasziniert. Doch es war, wie wir Nachgeborenen zwar nicht sicher wissen, aber zu wissen glauben, die Faszination einer soldatischen, einer technokratischen Leistung, die über Leichen ging. Zwangsläufig, weil Erwin Rommels Geschäft eben der Krieg war. Er wurde zum Superstar des Weltkriegs – und posthum fast noch berühmter, weil er von dem getötet worden war, dem er gedient hatte.

Sein Sohn hat die kleinere Bühne, die ihm gegeben war, blendend genutzt. Er hat die Lehren gezogen aus dem Krieg, der die Welt gespalten hatte, und er versuchte mit seinen Mitteln an den Bruchstellen die Fäden wieder zu knüpfen. Wohl wissend, dass die Welt nicht das Opfer eines einfachen Betriebsunfalls in der deutschen Geschichte geworden war, sondern dass bis dato Unvorstellbares Realität geworden war. Dass dieser Mechanismus unter Umständen in ähnlicher Form auch wieder greifen könnte, wenn bestimmte Entwicklungen und bestimmte Personen zusammenkommen.

Es ist sicher auch dieser Kontrast zwischen den beiden Rommels, dieser Spannungsbogen, diese Dualität, die so große Neugier auf Manfred Rommel weckte und ausgerechnet einem deutschen Oberbürgermeister so große Achtung einbrachte, gerade im Ausland. Ähnlich wie der deutschen Fußballnationalmannschaft, nachdem sie bei der Weltmeisterschaft in Südafrika ganz neue Tugenden vorgeführt hatte und das Publikum zu einer neuen Betrachtungsweise zwang. Das Bild der alten Mannschaft, gefürchtet als zwar faire, aber harte und effektive Turniermannschaft mit großer Teamleistung, in England nicht umsonst „the german panzers“ genannt, musste damals revidiert werden.

So war es auch bei den Rommels. Der eine, Erwin, steht für das alte, immer gefährliche, aber auch nicht sehr geliebte Deutschland. Der andere, Manfred, steht für das neue Deutschland, dessen Menschen sich, von beklagenswerten Ausnahmen wie den Ewiggestrigen abgesehen, im Großen und Ganzen erstaunlich gewandelt haben. Dieser Rommel hat sich in 44 Jahren beruflicher Karriere zu einem stilsicheren Demokraten erster Güte entwickelt, hat sich als durch und durch korrekt, wenngleich manchmal etwas schlitzohrig präsentiert. Man müsse halt seinen eigenen Stil entwickeln, hat er, nach dem Geheimnis der großen Sympathien der Menschen für ihn gefragt, einmal gesagt. Er hat wirklich seinen Stil gefunden und durchgehalten.

Überragt der schwäbische Politiker und Zivilist Manfred Rommel also den weltberühmten Kriegshelden Erwin Rommel in der Geschichte? Das wird jeder für sich beantworten müssen. Wer eher die zweifelnden, skeptischen Figuren der Geschichte mag, nicht so sehr die geradlinigen Figuren der Geschichte, die eher in einer kurzen Spanne hin und her gerissen waren und die sich zu anderen Zeiten ein wenig an sich selbst und an den eigenen Heldentaten berauscht haben, der wird sich wohl eher für den Zivilsten Rommel entscheiden, nicht für den Offizier.

Unter den diversen Sätzen, die Manfred Rommel in Stunden aufgewühlter Stimmung oder in diplomatisch heiklen Situationen formuliert hat, ragt vielleicht dieser eine Satz heraus, der ausgesprochen wurde, als diese Haltung noch nicht wohlfeil war: „Die Mehrheit der Deutschen weiß heute, dass es besser war, den Krieg zu verlieren, als ihn mit Hitler zu gewinnen." In diesem Satz liegt so viel von Manfred Rommel: die Bereitschaft, Konsequenzen aus der deutschen Katastrophe zu ziehen, ohne dass man deswegen gleich die lange Zeit heftig umstrittene These von der Kollektivschuld der Deutschen übernimmt. Die Fähigkeit, die Dinge auf ihren Kern zurückzuführen. Die Distanz des Urteils. Und die Bereitschaft, es schnörkellos und klar zu formulieren.

Das werden nicht alle so einschätzen. Aber alle werden wohl zugeben: Mit seiner Lebensleistung ist Manfred Rommel aus dem Schatten des von ihm so sehr verehrten Vaters getreten, auch wenn er selbst wahrscheinlich bis zuletzt, buchstäblich bis zum letzten

2008 wird Rommel vom Forum Region Stuttgart für seine Verdienste um Stadt und Region ausgezeichnet.

Atemzug, wie gebannt auf diesen Schatten blicken wird. Ganz sicher ist, dass Manfred Rommel 1996 Unrecht hatte, als er sagte: „In einem Jahr werden mich die Leute bereits vergessen haben.“

SCHLUSSWORT

Sechs Jahre lang konnte ich Manfred Rommel als kommunalpolitischer Berichterstatter der „Stuttgarter Nachrichten“ begleiten, als er das Oberbürgermeisteramt ausübte, manchmal auch außerhalb von Stuttgart. Auch in den Jahren seit Ende 1996, als Rommel das Rathaus der Landeshauptstadt verließ, ergab sich noch manche Begegnung. Besonders jene im Jahr 2008 für das Interview aus Anlass von Rommels 80. Geburtstag. Es wurde geführt, kurz bevor sich Rommel ganz unerwartet einer Behandlung im Krankenhaus unterziehen musste. Das Gespräch und die Freigabe des Textes verlangten ihm viel ab, ebenso dem früheren Ersten Bürgermeister Klaus Lang, der dem Interviewten damals im Kampf mit den vielen Manuskriptseiten beistand. Das sei hier noch einmal dankbar vermerkt, zumal dieses Interview den Anstoß zu diesem Buch gab. Die „Stuttgarter Nachrichten“ stimmten gerne zu, Texte für das Buch zur Verfügung zu stellen. Um die Ereignisse in der Ära Manfred Rommel wieder in Erinnerung zu rufen, waren als Quellen auch Berichte von Kollegen in diversen Zeitungsredaktionen und Rundfunksendern hilfreich, wovon die wichtigeren im Anhang genannt sind.

ANHANG

MANFRED ROMMELS STATIONEN

1928: Am 24. Dezember wird er in Stuttgart geboren.
1935–1938: Volksschule in Goslar und in Potsdam.
1938–1943: Gymnasium in Potsdam, Wiener Neustadt und Neu-Ulm.
Januar 1944–März 1945: Dienst als Luftwaffenhelfer.
März 1945–April 1945: Reichsarbeitsdienst.
April 1945–September 1945: Kriegsgefangenschaft bei den französischen Besatzern.
1947: Abitur in Biberach/Riss.
1948–1952: Jurastudium in Tübingen.
1952: Erstes juristisches Staatsexamen.
1954: Am 26. Juni Hochzeit mit Liselotte Daiber.
1956: Zweites juristisches Staatsexamen.
1956: Arbeitsbeginn als Regierungsassessor in der Landesverwaltung.
1959: Regierungsrat.
1971: Ministerialdirektor und damit Amtschef im Finanzministerium des Landes.
1972: Beamteter Staatssekretär im Finanzministerium.
1974: Am 30. November wird er erstmals zum OB von Stuttgart gewählt.
1975: Anfang Januar Amtsantritt im Stuttgarter Rathaus.
1977–1979: Präsident des Deutschen Städtetags.
1979: Von Juni an Präsident des Verbands kommunaler Unternehmen.
1980–1983: Erneut Präsident des Deutschen Städtetags.
1982: Am 7. November erste Wiederwahl zum Stuttgarter OB.

1983–1989: Vorsitz beim Städtetag Baden-Württemberg.
1984–1990: Präsident der Freiherr-vom-Stein-Gesellschaft.
1990: Am 4. November zweite Wiederwahl zum Stuttgarter OB.
1995: Ernennung zum Koordinator für die deutsch-französische Zusammenarbeit durch Bundeskanzler Helmut Kohl.
1996: Am 17. Dezember Verabschiedung in den Ruhestand.
2005: Ehrenbürger der Universität Stuttgart.
2008: Ehrenpräsident des Städtetages Baden-Württemberg.

DIE EHRUNGEN

1978: Verleihung des Großen Bundesverdienstkreuzes.
1979: In der ägyptischen Hauptstadt Kairo wird ihm die Ehrenbürgerwürde verliehen.
1982: Verleihung des Ordens des Großoffiziers im Orden von Oranien-Nassau.
1982: Die Fachhochschule für Technik Stuttgart ernennt ihn zum Ehrensenator.
1983: Er erhält die Ehrendoktorwürde der University of Missouri in der US-Partnerstadt St. Louis.
1985: Er wird Ritter der Ehrenlegion der Republik Frankreich.
1987: Die Stadt Jerusalem verleiht ihm den Titel Guardian of Jerusalem (Wächter Jerusalems) – Die Republik Italien zeichnet ihn mit dem Grande Ufficiale, dem Großoffizierskreuz des Verdienstordens, aus.
1988: Verleihung des Großen Bundesverdienstkreuzes mit Stern.
1988: US-Präsident Ronald Reagan würdigt ihn für die Verdienste um die deutsch-amerikanische Verständigung und als „positive Leitfigur in Europa".
1990: Ernennung zum Commander of the Order of the British Empire des Königreichs Großbritannien – Verdienstmedaille der Stiftung Deutsch-Amerikanische Verbundenheit.
1992. Ehrendoktorwürde der University of Maryland (USA).
1994: Ehrenbürgerwürde des US-Bundesstaates Alabama.
1995: Otto-Hirsch-Medaille für Verdienste um die Verständigung zwischen Juden und Christen.

1996: Ehrenkreuz der Bundeswehr in Gold – Ehrendoktorwürde der University of Wales in Cardiff. Ernennung zum Chairman of the joint chiefs of staff (höchste Auszeichnung, die der Oberkommandierende der US-Streitkräfte in Europa an Persönlichkeiten des öffentlichen Lebens vergeben kann). Ehrenbürgerwürde der Landeshauptstadt Stuttgart.

WEGGEFÄHRTEN UND BEOBACHTER ÜBER MANFRED ROMMEL

Heiner Geißler, CDU-Politiker: „Wer Manfred Rommel nachsagt, die Originalität seiner politischen Reden stehe im umgekehrten Verhältnis zu deren inhaltlicher Relevanz, tut ihm Unrecht. An Manfred Rommel habe ich stets seine politische Integrität geschätzt. Dies wurde besonders deutlich in der inhaltlichen Auseinandersetzung um die Ausländer- und Asylpolitik. Hier hat er Ende der Achtziger- und Anfang der Neunzigerjahre unkonventionelle Wege eingeschlagen, die mir sehr imponiert haben.

Seit 1974 hat Manfred Rommel die Geschicke Stuttgarts trotz wechselnder Mehrheiten im Stadtparlament, was das Regieren nicht immer zum Vergnügen macht, zum Wohl der Bürgerinnen und Bürger mit Geschick, gesundem Menschenverstand, Witz und Menschlichkeit geführt. Das heutige Stadtbild und Lebensgefühl der Schwaben-Metropole ist vom „Philosophen im Rathaus" in seiner 22-jährigen Amtszeit maßgeblich mitgeprägt worden.

Eines ist Rommel neben seiner kommunalpolitischen Kärrnerarbeit im Zeichen von Finanz- und Wohnungspolitik, von Gewerbeansiedlungs- und Strukturpolitik, von Umwelt- und Verkehrspolitik aber auch immer gewesen: Botschafter für die Völkerverständigung in Frankreich, Großbritannien und in den Vereinigten Staaten von Amerika. Für die Aufarbeitung der Geschichte des Dritten Reiches und für die Vermittlung zwischen den ehemaligen Kriegsgegnern war Manfred Rommel nicht in erster Linie als Sohn des ehemaligen Generalfeldmarschalls prädestiniert, sondern als kosmopolitischer Christdemokrat.

Er hat seine Oberbürgermeistertätigkeit dazu genutzt, aus der Provinz heraus durch den Aufbau von Städtepartnerschaften zahlreiche Kontakte in die große, weite Welt hinein zu knüpfen: Kairo,

Lodz, Brünn und Samara an der Wolga zählen zu den Städten, mit denen Stuttgart in der Ära Rommel in partnerschaftlichen Kontakt getreten ist.

Tatsächlich ist eines unbestreitbar: Manfred Rommel gehört auch in der Zukunft – und dies ist nicht nur eine Leerformel, sondern ein in Jahrzehnten erworbener Anspruch – zu Stuttgart wie das Rössle zum Stuttgarter Stadtwappen."

Peter Conradi (SPD), Rommel-Konkurrent bei der OB-Wahl 1974: „Manfred Rommel ist ein kompetenter, bundesweit geachteter Politiker, intelligent und gebildet. Er begreift Politik eher als Regieren, weniger als das öffentliche Gespräch über das Zusammenleben der Bürger in unserer Stadt. Ihm geht es nicht um das Herausarbeiten von Gegensätzen, um Zuspitzung und Entscheidung, sondern um den breiten Konsens. Rommels Harmoniebedürfnis ist stark: Am liebsten wäre es ihm, alle wären so vernünftig wie er.

Zu seiner Partei hielt Rommel Distanz. Oft war er mit der Politik der CDU nicht einverstanden, und gelegentlich hat er das auch deutlich gesagt, zum Beispiel in der Wohnungspolitik, bei der Steuerreform oder im Ausländerrecht. Den offenen Konflikt, etwa mit der CDU-Landesregierung oder mit dem reaktionären Stuttgarter CDU-Vorsitzenden Mayer-Vorfelder, hat er allerdings vermieden. Seine guten Wahlergebnisse machten ihn unangreifbar – kein CDU-Politiker hätte es gewagt, den erfolgreichen und beliebten Stuttgarter OB anzugreifen.

Rommels Verhältnis zur Kultur ist distanziert. Die Kultur ist für ihn eher saure Pflicht, und der Missmut, wie viel gutes Geld das alles wieder kostet, war ihm oft im Gesicht abzulesen. Von Lust keine Spur. Auch für Umweltfragen hatte Rommel – nicht zuletzt durch seine engen Beziehungen zur Stuttgarter Wirtschaft – wenig übrig. Seine Politik war eher auf das Heute als auf die Zukunft angelegt. In seinen Stärken und Schwächen entsprach er der Mehrheit, die ihn gewählt hatte. Manfred Rommel war ein guter Oberbürgermeister; er hat sich um Stuttgart verdient gemacht."

Gabriele Steckmeister, erste Stuttgarter Frauenbeauftragte (1985–1990): „Eine ehrenvolle Würdigung würde OB Rommel vermutlich mit dem ihm eigenen Sinn für gerechte Proportionen zurückweisen:

einen Preis für die weitsichtigste Frauen- und Geschlechterpolitik einer Großstadt. Die Sache mit den Geschlechtern, der Frauenbewegung und der Frauenbeauftragten ist Rommels Sache nicht. Er war stets davon überzeugt, dass er ohne Ansehen des Geschlechts handelte; und würde sich auch sicher heute noch dagegen verwahren, Frauen durch seine Amtsführung diskriminiert zu haben. Deshalb war ihm ‚seine' erste Frauenbeauftragte mit den Forderungen von Gleichstellung und Veränderung der Macht- und Arbeitsteilung wohl ein Gräuel, völlig überzogener Feminismus. Aber er löste den Druck in dem ihm eigenen Stil: In großer Liberalität ließ er Raum für neue Ideen – und schwieg. Erst als er seiner frauenpolitischen Inaktivität geziehen wurde und andere die Demontage der Frauenpolitik organisierten, schritt er ein und verwies die Frauenpolitik auf den letzten Platz der politischen Agenda. So blieb Stuttgart eine der Großstädte, wo über Frauenpolitik heftig gestritten wurde, sich aber faktisch nicht viel verändert hat. Aber das ist in der Rückschau für eine konservativ-liberale politische Kultur schon viel, wenn Köpfe leicht irritiert, verwirrt oder auch lernfähig verändert werden. Frauen- und Geschlechterpolitik wurde wie die Dackelin an der langen Leine gehalten: Stets hat Rommel das Gefühl vermittelt, Innovationen liberal zuzulassen, dann aber die Leine kurz gehalten, wenn Männermacht ein wenig angekratzt wurde. Ich möchte dieses politische Experiment nicht missen, denn oft kommt es nicht nur darauf an, ob frau etwas durchgesetzt hat, wichtig ist auch, ob alle ein Quäntchen dazugelernt haben."

Hans Filbinger (CDU), ehemaliger Ministerpräsident von Baden-Württemberg, im Jahr 1996: „Er vermag Vergangenes mit Gegenwärtigem zu verbinden, und vielfach gelingt es ihm, den heiteren oder auch komischen Kern der Dinge, die uns Zeitgenossen wichtig erscheinen, bloßzulegen. Deshalb wollen wir in dem, was Rommel in Zukunft schreiben wird, ihn selbst wieder erkennen, und es ist wahrscheinlich, dass dabei auch ein Stück Selbstverständnis für seine Leser herauskommen wird. Manfred Rommel war in den Augen der Bürger als Politiker auch Philosoph, der das Schmunzeln über die menschlichen Schwächen im Allgemeinen und über seine eigenen im Besonderen nicht verlernt hat. Ihm, Manfred Rommel, wird es, wie wir ihn kennen, recht sein, wenn er so in der Erinnerung der Bürger bleibt."

Lothar Späth (CDU), baden-württembergischer Ministerpräsident a. D.: „Zugegeben, es gab Situationen, da war ich sauer auf Rommel und er bestimmt auch auf mich. Das ist so, wenn man nicht immer einer Meinung ist. In der Rückschau ist aber alles nicht so schlimm. Da kommt die Gelassenheit des Alters hinzu. Ich jedenfalls habe Rommel immer bewundert, weil er im ständigen Dilemma zwischen philosophischem Eifer und philosophischer Resignation in der Realität des Daseins am Ende doch meist den Punkt an die richtige Stelle gesetzt hat. Merke: Manfred Rommels Weltanschauung dient uns allen zur Erbauung."

Erwin Teufel (CDU), damaliger Ministerpräsident Baden-Württembergs, im Jahr 1996: „Manfred Rommel ist populär, ohne Populist zu sein. Dem Geheimnis dieser Kunst kommt man am ehesten mit einem Zitat Rommels auf die Spur: ‚Wo der Klügere nachgibt, kommt nichts Gescheites heraus.' Tatsächlich ist das hohe Ansehen des scheidenden Oberbürgermeister nur zum Teil auf seine einzigartige Fähigkeit zurückzuführen, unangenehme Wahrheiten so humorvoll, so vornehm und so prägnant zu verpacken, dass die Adressaten der kritischen Botschaften zu Begeisterungsstürmen hingerissen werden. Dieses Ansehen, dieser Respekt hängen vor allem damit zusammen, dass Manfred Rommel nicht nur unangenehme Wahrheiten früh erkannt und konsequent ausgesprochen hat, sondern zu gegebener Zeit genauso konsequent handelte.

1972 sagte der Finanzstaatssekretär Rommel in einer Rede unter dem Motto ‚Wir leben über unsere Verhältnisse': ‚Wir müssen jetzt versuchen, in eine Phase der Politik zu kommen, in welcher der Schwerpunkt des Nachdenkens weniger darauf liegt, was wir wünschen sollen, sondern darauf, was wir leisten können.' 1992 warf der Stuttgarter Oberbürgermeister das Haushaltssteuer herum, als andere Kommunen noch wohlgemut zusätzliche Schwimmbäder, Stadthallen und Personalausgaben planten. Dass Manfred Rommel seinem Nachfolger eine geordnete Stadtkasse hinterlässt, ist eine seiner großen Leistungen.

Als ‚Rathausphilosoph' wird Manfred Rommel oft bezeichnet. Dabei trifft der erste Teil des Wortes nur die räumliche Herkunft Rommel'scher Weisheiten. Gültig sind sie weit über das Rathaus hinaus. Den Titel ‚Philosoph' jedenfalls verdient er wie kaum ein anderer. Nicht nur, weil er besser denken, als Bierfässer anzapfen kann: Er trifft nicht immer den Zapfhahn, aber immer den Nagel auf den Kopf."

Rolf Thieringer (CDU), ehemaliger Erster Bürgermeister von Stuttgart: „Kalkulierte Schlauheit ist Manfred Rommel ebenso wenig fremd wie knitze Methode: Er bestimmt das Ziel, lässt aber auf dem Weg dorthin auch andere das Rad vorwärts strampeln und teilt mit Gemeinderat und Verwaltung unter der Maske des beschlussfrommen Biedermanns den Erfolg zum von ihm selbst gesteckten Ziel. Seine eigene Meinung schätzt er hoch ein, aber ein vernünftiger Kompromiss ist ihm allemal lieber als Ablehnung ohne Ergebnis. Er wusste, dass derjenige, der das Unmögliche möglich machen möchte, das Mögliche unmöglich macht. Rommel lag daran, Kurs zu halten."

QUELLEN UND WEITERFÜHRENDE LITERATUR

Krause-Burger, Sibylle: „Über Manfred Rommel", Stuttgart 1982.

Puhl, Widmar: „Manfred Rommel – Der Oberbürgermeister", Zürich und Wiesbaden 1990.

Rommel, Manfred: „Trotz allem heiter", Stuttgart 1998.

Adieu, OB: Sonderbeilage der „Stuttgarter Nachrichten" vom 13. Dezember 1996 zum Abschied von Manfred Rommel aus dem Rathaus.

Manfred Rommel – Eine Ära geht zu Ende: Sonderbeilage der „Stuttgarter Zeitung" vom 13. Dezember 1996 zum Abschied von Manfred Rommel aus dem Rathaus.

Bayerischer Rundfunk: „Stuttgarts Alt-OB im Gespräch mit Jürgen Martin Möller" (28. Mai 1999).

Deutschlandfunk: Interview mit Manfred Rommel zur CDU-Spendenaffäre (22. Januar 2000).

Der Spiegel: „Kleines Glück" – über die Kür des Filbinger-Nachfolgers in Stuttgart (21. August 1978).

Der Spiegel: „Rommel: Ende einer Legende" (4. September 1978).

Der Spiegel: „Geld aus dem Fenster" – über Bestechungsaffären in mehreren Großstädten (17. März 1986).

Der Spiegel: „So dappig" – über den Stuttgarter Parteispendenprozess (2. April 1990).

Die Zeit: „Ich habe einen Traum" (14. Februar 2002).

Playboy: Interview mit Manfred Rommel (Juni 1982).

Stuttgarter Nachrichten: „Die Zeit ist noch nicht reif für den Regionalkreis – Interview mit Manfred Rommel" (26. Januar 1993).

Stuttgarter Zeitung: „Ein Kuvert mit Geld von anonymen Totospielern – Manfred Rommel über Zuwendungen, Kohl und die CDU" (20. Januar 2000).

Stuttgarter Zeitung: „Eine Rangfolge der Kulturen ist unsinnig – Manfred Rommel plädiert gegen die Leitkultur und für ein globales Bewusstsein" (11. November 2000).

Stuttgarter Zeitung: „So ist es, so bleibt es – und jetzt mach das Beste daraus" – Interview mit Manfred Rommel (31. Mai 2003).

Süddeutsche Zeitung: „Mister Jerusalem" (12. Oktober 1985).

Süddeutsche Zeitung: „Frau Rommel" (25. April 2012).

NAMENSREGISTER

H

I

J

K

L

M

N

O

P

R

S

T

U

V

W

Y

Z

BILDNACHWEIS

dpa picture alliance: S. 111 (dpa), 118 (dpa), 156 (Cornelia Bisagno), 169 (Norbert Försterling), 174 (dpa), 193 (Rene Paetow), 199 (dpa), 201 (Roland Scheidemann), 209 (dpa), 229 (UPI), 232 (UPI), 235 (Bernd Weißbrod), 236 (dpa), 267 (dpa)

©Pressefoto Kraufmann & Kraufmann: S. 183, 195, 294

Privatarchiv Rommel: S. 50, 51, 52, 54, 55, 56, 57, 60, 62, 74, 84, 89, 278

Horst Rudel Bildjournalismus und Fotografie: Bildtafel II unten, S. 100, 103, 105, 123, 173, 191, 222, 288

©Deniz Saylan Photographer: Bildtafel I, II oben, III, IV, V, VI, VII, VIII

Süddeutsche Zeitung Photo/ddp images/ AP: S. 93

Hinweise zu den Bildtafeln:

VI
Eine neue Erfahrung: Rommel hält 2002 sein erstes Enkelkind – Jahre später wird er mit Sarah malen, schreiben und rechnen.

VIII (oben)
Jahrzehnte gute Freunde: Gerhard Mayer-Vorfelder (links) und Manfred Rommel 2003 mit dem Unternehmer Günther Uhrig.